U0536852

让探究触及孩童心灵

指向深度学习的科学探究支持性策略

曹燕琴 | 编著

中国书籍出版社
China Book Press

图书在版编目（CIP）数据

让探究触及孩童心灵：指向深度学习的科学探究支持性策略/曹燕琴编著．--北京：中国书籍出版社，2021.8

ISBN 978-7-5068-8632-1

Ⅰ.①让… Ⅱ.①曹… Ⅲ.①科学知识—教学研究—小学 Ⅳ.①G623.62

中国版本图书馆 CIP 数据核字（2021）第 160834 号

让探究触及孩童心灵：指向深度学习的科学探究支持性策略

曹燕琴 编著

责任编辑 牛 超
责任印制 孙马飞 马 芝
封面设计 中联华文
出版发行 中国书籍出版社
地　　址 北京市丰台区三路居路 97 号（邮编：100073）
电　　话 （010）52257143（总编室）　（010）52257140（发行部）
电子邮箱 eo@ chinabp. com. cn
经　　销 全国新华书店
印　　刷 三河市华东印刷有限公司
开　　本 710 毫米×1000 毫米 1/16
字　　数 256 千字
印　　张 16
版　　次 2021 年 8 月第 1 版
印　　次 2021 年 8 月第 1 次印刷
书　　号 ISBN 978-7-5068-8632-1
定　　价 68.00 元

前　言

深度学习作为一种教育理念，是当今深化基础教育改革的重要抓手和使核心素养教育落地生根的重要途径。深度学习是一种回归人学习本性的学习方式，它是以学习者主动参与为前提，通过学习者的切身体验和深入思考，进而促进深度理解和实践创新的一种学习样态。在科学学科中如何引导学生进行深度学习，是当今科学教学研究的一个重要方向。

在实践中，我们深深感知，教师教学行为的转变是实现深度学习的必要前提。为此，我在“十二五”期间领衔了江苏省教育科学规划课题“促进小学生深度学习的教师课堂教学行为的研究”，并将研究成果整理成我的第一本个人专著《让儿童热爱科学——走向深度学习的小学科学课程实践》，那本书全面阐述了我的科学教育观点和主张，如实记录了我在探索小学科学学科深度学习中的所思所悟所行。此书出版后得到领导和专家的首肯，并有幸荣获了江苏省哲学社会科学优秀成果奖和江苏省教育教学与研究成果奖。

随着研究的深入，我也发现，在深度学习理念与教师教学行为之间还存在一个转化的中介，那就是指向深度学习的一些具体教学策略。所谓策略，就是从观念走向行动、从理论走向实践的操作系列。教师只有把正确的教学理念转化为具体可操作的策略，学生的深度学习才有可能真正实现。

对于科学学科而言，科学探究是学生学习科学的主要方式；对于深度学习而言，探究是实现深度学习的主要路径；对于学生而言，探究适用于不同学段的所有学生；对于学科而言，探究适用于所有学科，是各学科教学共同的研究课题。学会探究，对于改变学生的学习方式的重要性不可言喻。开展科学探究，对学生的要求很高，对教师的要求同样很高。如何在科学学科中，使用各种策略支持学生经历科学家的探究过程，让学生在潜移默化中掌握探究的基本方法，这是值得教师们锲而不舍追求的。

为此，“十三五”期间，我带领工作室成员开展了江苏省“六大人才高峰”高层次人才培养项目“深度学习观下科学探究的支持性策略研究”，我们希望通过此项目的实施，从深度学习的视域重新审视科学探究，通过改变教师的教学策略改进学生的科学探究，以推动科学课堂教学，实现深度学习。

我们依托名师工作室，坚持理论与实践相结合，从深度学习的视域对科学探究进行系统思考，边研究、边试验，边解决问题。经过几年的研究与试验，项目取得阶段性成果。一些成果陆续在《小学教学研究》《中小学课堂教学研究》《江苏教育》等刊物上发表。为了进一步深入项目研究和展现我们的研究成果，特出版本书，并命名为《让探究触及孩童心灵——指向深度学习的科学探究支持性策略》，期望本书能和上一本书一样受到一线教师的喜爱，并能切切实实地为广大教师提供科学学科实施深度学习的基本思路和具体策略。

本书共分为六章：第一章从深度学习的视域全面解析了科学探究的内涵特点，并提出指向深度学习的科学探究特征以及教学设计要点；第二章至第六章五个章节紧紧扣住科学探究“提出问题”“科学假设”“制订计划”“合作探究”“处理信息”“交流研讨”“拓展延伸”这几个主要要素，提出了指向深度学习的“问题解决”“有序探究”“团体探究”“理性探究”“主动探究”这五方面的策略系列。当然，这些策略的划分并不是单一的，策略之间也不是简单的对应关系，而是有着复杂的多向关系。本书只是给一线科学教师提供一个引子、一个思考的方式，以起到抛砖引玉的作用。

本书的撰写是在系统阅读国内外有关经典文献，积极吸纳相关的最新研究成果和鲜活经验的基础上总结完成的。本书的教学案例都是工作室成员亲身实践凝聚而成，这些案例见证了年轻人的成长历程。

在写作过程中，我们力图体现几个特点：一是以深度学习理念为指导，审视当前的科学教育，以期望对教学有所改善；二是以提高学生的科学素养为核心，提出的所有策略尽可能切合学生的实际，能对他们的探究性学习产生有力的推动；三是紧密贴合科学教学实际，力求做到深入浅出，简明扼要，既注重理论内涵的深度剖析，又注重实践应用的策略介绍。期待本书的出版能为中小学科学教学的深入研究提供新的思路，可以促进科学课程改革的不断深化。诚然，由于本人研究水平有限，时间也有限，书中还有很多需要丰富和完善的地方，期待各位专家和同行给我们提出宝贵的意见和建议，以实现我们美好的初衷！

于宜兴市城北小学

2021．6

目　录

CONTENTS

第一章

深度学习视域下的科学探究

深度学习视域下的科学探究强调以学习者主动参与为前提，通过学习者的切身体验和深入思考对科学学习内容融会贯通，从而促进深度理解和实践创新，进而对学习者产生深远影响。

第一节　深度学习和科学探究

一、深度学习的内涵及特点

（一）深度学习的内涵认识

提高学生的核心素养是当今基础课程改革的课程核心理念和价值追求，而目前深度学习被普遍认为是实现学生核心素养的重要方式，是落实学生核心素养的必然途径。那么什么是深度学习呢？国内外学者从不同角度对深度学习进行了界定。

通过文献资料研究，国内外学者对深度学习的内涵界定大致形成了四种观点：第一，深度理解说。这种观点将深度理解作为区分浅层学习与深度学习的显示器，认为深度理解既是深度学习的过程又是深度学习的结果，既是深度学习的目的又是深度学习的基础。代表人物是 Biggs、Entwistle 和

Ramsden 等学者，他们认为深度学习是学习者个体运用多样化的学习策略，整合资源、交流思想、建立单个信息与知识结构之间的联系、应用知识来解决真实情境中的复杂问题等，来获取对学习材料的理解。

第二，理解—迁移说。这是学者们对深度学习内涵的最为普遍的认识，其基本观点是不仅强调学习者对知识和技能的深度理解，而且强调在深度理解基础上，将知识和技能迁移应用到实际问题的解决中去，并反过来促进学习者对知识和技能的深度理解。这种观点的代表人物是 Eric Jensen 和 LeAnn Nickelsen，以及国内的黎加厚、安福海、郭华教授。黎加厚教授指出“深度学习是在理解的基础上，学习者能够批判地学习新思想和事实，并将它们融入原有的认知结构中，能够在众多思想间进行联系，并能够将已有的知识迁移到新的情境中，做出决策和解决问题的学习”，认为理解与批判、联系与建构、迁移与应用是深度学习的三大特点。安富海教授指出“深度学习是一种基于理解的学习，是指学习者以高阶思维的发展和实际问题的解决为目标，以整合的知识为内容，积极主动地、批判性地学习新的知识和思想，并将它们融入原有的认知结构中，且能将已有的知识迁移到新的情境中的一种学习”，认为深度学习具有注重批判理解、强调内容整合、促进知识建构与着重迁移运用等特征。郭华教授则认为，深度学习是在教师引领下，学生围绕具有挑战性的学习主题，全身心积极参与、体验成功、获得发展的有意义的学习过程，并具有批判理解、有机整合、建构反思与迁移应用的特征。

第三，体验学习说。这种观点的代表人物 Kolb，他从经验学习理论的角度出发，认为学习是改造经验和创造知识的过程，是掌握经验和改造经验的过程，是适应世界的完整过程。Kolb 等人整合经验学习和深度学习的理论与实践，将深度学习界定为“充分地整合了经验学习模式中的体验、反思、归纳、应用四个环节的一种学习”。

第四，三元学习说。持这种观点的代表人物 Laird 等人基于深度学习量表分析，发现深度学习可以解构为高阶学习、整合性学习、反思性学习这三个相互关联的部分。其中高阶学习是指学生在学习过程中充分运用分析、综合、评价、创造等能力；整合性学习要求学习者调动已有认知结构，整合多科知识、多渠道知识来对材料进行学习；反思性学习要求学生在学习过程中对自身的思维方式、学习方式以及解决问题的过程进行监控与反思。

尽管国内外学者们对于深度学习内涵界定的角度、方法以及侧重点上未形成统一概念，但不难看出，学者们都强调深度学习的几个基本特质：一是深层动机。不可否认，深度学习涉及的是深层的学习动机而不是浅层的学习动机，是内在的学习动机而不是外在的学习动机。二是切身体验—高阶思维。无论是知识的深度建构，还是问题的成功解决，抑或是自我的反省认知，深度学习在过程质量上都涉及切身体验和高阶思维两个基本特质。其中，切身体验指向于学生的感受与观察、实践与操作和感悟与体会；高阶思维指向于学生更为深刻的反思思维与批判思维、更为综合的整体思维与辩证思维和更为灵活的实践思维与创新思维。三是深度理解—实践创新。深度理解指向于学生对事物或知识本质的理解、对事物或知识意义的理解和对自我生命意义的理解；实践创新指向于学生的问题解决能力，包括迁移运用能力和融合创新能力。

为此，我们认为深度学习是一种基于深层理解的有意义学习，它并不追求知识的数量和难度，而是关注学习者的学习深层动机、关注学习者切身体验学习过程、关注学习者高阶思维的发展和实践创新能力的提高，是以学习者主动参与为前提，通过学生兴趣、意志、智力等的主动投入，经历理解、领会、体验、分析、综合、创新的学习过程，进而让学习者热爱学习的一种学习方式。

（二）深度学习的特点

我们所说的深度学习，是与传统的外部灌输、被动接受、知识符号的“浅层学习”相比较而言的，深度学习和浅层学习有以下不同：

	比较内容	浅层学习	深度学习
动机情感方面	学习动机	迫于外在压力，为完成短期学习	自身的内在需求，被学习本身吸引
	情感投入	被动学习，靠忍耐和毅力	主动学习，全身心投入，充实愉快

续表

	比较内容	浅层学习	深度学习
思维认识方面	思维方式	进行记忆、理解等低阶思维	进行应用、分析、综合、评价等高阶思维
	思维投入	缺少反思、被动思维	不断反思、主动思维
过程结果方面	学习过程	指向知识获得	指向问题解决
	学习内容	停留知识表层	深入知识内核
	学习结果	表层理解，不能灵活应用知识	深层理解，能把所学知识迁移到实践中
	价值取向	工具理性的价值取向	解放理性的价值取向

从这表格可以看出，深度学习和浅层学习相比具有明显特征：

1. 深度学习是强化情感驱动的学习

与传统的片面强调知识技能的学习相比，深度学习更关注学习本身对学生的吸引，关注学生深层动机的激发，强调让学习回归儿童本性，提倡一种“迷恋”和“忘我”状态的学习，从而让学生在学习中学会学习，在学习中热爱学习。种种研究表明，这种学习预示着更长久的成功，这种学习获得的素养在学生的核心素养体系中居于十分重要的地位。

2. 深度学习是突出思维指向的学习

“问题解决、批判性思维、开放性视野和创新能力”被国际公认为核心素养。深度学习不在于你学到了多少知识、解答了多少问题，而在于在学习过程中的思维参与程度，假设、推断、思辨、想象、联想比知识更重要。通过学习引导学生根据具体问题，独立思考、自主判断，比较和辨析不同观点，去发现新问题、提出新观点、探寻新规律，从而培养学生敢于实践、勇于探究的科学精神和追求真理、敢于质疑的批判性思维。

3. 深度学习是解决问题的学习

深度学习强调深入知识内核的学习，是深入把握事物本质和深层意义的学习。它不仅是以知识获得为目的的学习，而是强调让学生在真实情境里，通过自主与合作学习，迁移所学知识，解决实际问题。因为未来社会人们所遇到的情境和问题更具有开放性、综合性、不确定性和复杂性，学生只有在学习中获得多角度、多维度、系统性、综合性的知识和能力，才能适应社会发展的重要趋势。

4. 深度学习是重视学习意义的学习

深度学习重视学生对知识的理解、反思与建构，注重学习意义，而浅层学习往往是工具理性的价值取向。工具理性的价值取向是将学生学习与谋生直接挂钩，将文化实践活动庸俗化为市场交换行为，将知识等同化为一种可供买卖的商品。受此影响，学生以单向度的知识占有量为标尺，对知识加以死记硬背，缺少情感和体悟习得，造成知识难以有效转化为素养，学习创造力、批判力和同理心更是无从谈起。

深度学习秉持的是解放理性的价值取向，关注学生学习过程中人文精神和理性精神的养成。作为一种优化生命的活动，深度学习是转识成智、启迪智慧的过程，它源于生活并最终服务生活。生活不是“给予”“填充”“复制”，而是学生学会主动建构意义的过程，是人成为人的价值实现过程。深度学习注重学生在把握学习意义、体验成长收获中实现自我效能感的提升。学习的意义在于学生立足能够为自己理解的生活世界，从一种认知性信息加工活动，转变为实践性文化建构活动。

综上所述，正是由于“深度学习”具有区别于浅层学习的上述显著特征，就使得基于核心素养的教学方式变革，必然以引导学生走向“深度学习”为导向。具体地说，基于核心素养的深度学习应该是基于价值引领的学习、基于真实情境的学习、基于高质量问题的学习、基于学科思维的学习、基于探究性的学习。

（三）深度学习“深”在哪里

深度学习对于小学生来说，并不意味着知识难度的加深，也并不意味着完全脱离浅层学习，它的“深”是与浅层学习比较而言的，主要体现在：

1. 学习动机的“深”层性

小学生深度学习的目标不是肤浅地停留在获得知识上，而是着重于一个人的全面发展，着重形成学生未来发展的核心素养。深度学习是认知、思维、情感、意志等全方位投入的过程，是触及学生心灵的学习。深度学习不仅仅是掌握核心知识，更强调激发学生的深层学习动机，要关注学生学习的内在需求、关注学生对学习的投入程度，关注他们在学习过程中与同伴的合作、交流、表达，关注他们是否对学习产生发自内心的愉悦和接纳。在教学策略选择时，能否让学习者积极主动地参与学习最为关键，教师的权威将不再建立于学生的被动和无知的基础上，而是建立在学生的积极参与之上。

2. 学习过程的“深”切性

深度学习不是停留于知识表层的学习，而是深入知识内核的学习，是由浅入深把握事物本质和深层意义的学习。在深度学习的课堂中，教师不再把教学停留在机械记忆、简单提取、浅层理解等低阶思维活动上，而是关注对知识的深层理解和迁移应用，开展劣构问题解决、批判性思维等高阶思维活动。教师关注学生在解决问题中知识的获得过程和方法，注重学生思维的发展，坚持学生是自由意义的探寻者、发现者、创造者，关注学生在探究、合作、对话中是否建构对事物意义的理解，关注他们在过程中获得的意义和成长。

3. 学习结果的“深”刻性

深度学习是基于理解的有意义学习，也是基于挖掘学习者学习潜力的学习，它能改变学习者的生存状态和学习方式，能促进学习者进行持续的终身学习。深度学习注重新旧知识之间的联系，强调学习者能举一反三，用所学知识和习得的经验解决现实生活中的真实问题，提倡在问题解决过程中展开情境认知和实践参与，由此形成较为复杂的认知结构，从而深入地理解所学内容，形成解决问题意识和方法。

二、科学探究的内涵及现状

（一）科学探究的内涵

科学探究自20世纪90年代提出后，在国内基础教育领域得到了广泛的关注、研究与实施。美国1995年版的《国家科学教育标准》把“科学探究”

定义为：是科学家们用于研究自然界并基于此种研究获得的证据提出种种解释的多种途径。在教育层面上科学探究是指：学生用于获取知识、领悟科学的思想观念、领悟科学家们研究自然界所用的方法而进行的各种活动。《义务教育小学科学课程标准》提出：科学探究是人们探索和了解自然、获得科学知识的主要方法。以证据为基础，运用各种信息分析和逻辑推理得出结论，公开研究结果，接受质疑，不断更新和深入，是科学探究的主要特点。

科学不是一堆知识的集合，科学教育的目的不是将一堆堆的知识注入学生的头脑。科学是人类永无止境的探究过程，探究是贯穿科学发展始终的基本要素。学生获得真正知识途径的最高境界应该是他们自主的探究，是让探究贯穿于学习过程，达到学习即探究、探究即学习的自然状态。虽然，不是所有的知识都必须经过学生直接的探究，但若学生的科学学习中缺少足够的探究体验，科学知识在他们头脑中很可能只是作为一个外来物存在，而没有真正融入心灵，而且即使他们有幸获得了科学知识，但在获得知识过程中的缺失很有可能会使他们对科学的本质，对科学的发生、发展产生错误的印象。

科学探究的核心是用研究获得的可靠证据去解释世界，因此科学探究是一个过程，是一种学习方式和科学研究的方式，是一种学习科学观念、发展科学思维、形成科学态度和责任的手段和途径，同时也是一种综合能力。小学生的科学探究并不能完全像科学家那样进行科学探究，但他们进行的探究和科学家进行的探究，在本质上是一致的，只是他们的探究活动要在教师的指导、组织和支持下，主动参与、动手动脑、积极体验，经历科学探究的过程，以获得科学知识、领悟科学思想、学习科学方法。

探究式教学重视问题情境创设，重视学习者自主建构，强调做中学和学中思，强调证据的分析和培养学生高阶思维能力，这符合学生成长需要，对于促进学生发展、培育核心素养具有重要的价值，所以，探究式学习是学生实现深度学习的主要方式和途径。

（二）科学探究的现状

“让探究贯穿于科学学习的始终”这一理念已在广大科学教师心中扎下了

根，但工具性、功利性、单向性的学习观又使得科学探究在实际中被浅化和窄化，从而导致学生的科学探究表面化、浅层化和表演化。深度学习就是触及心灵深处的学习，是深入知识内核的学习，是对学生产生深远影响的学习。它的提出既为审视科学探究提供了一个新的视角，又为科学探究提供了一个努力方向。从深度学习的视角审视科学探究，会发现三个方面问题：

1. 主动探究热情不高，学习动机外在化

我们经常可以看到貌似热闹的科学课堂，但仔细观察就会发现：貌似热闹的科学探究后，学生的思维、情感、意志等并没有真正投入到学习中，他们只是在教师的提示和引导下进行被动操作，探究问题是由老师提出的、探究方法是老师教授的、探究结论也是老师得出的，学生常常游离在科学探究活动之外，热闹仅仅体现在实验操作时你争我抢、大声叫嚷。很显然，这种科学探究是游离于心灵之外，未能触及学生心灵深处。借用罗杰斯的话说，课堂教学大多“发生在学生的脖子以上”，难以触发学生深层的兴趣、情感和思维，课堂因此丧失了生命活力，学生自然难以获得知识的意义和生命的意义。深度学习视域下的科学探究应该是内在学习动机驱动下学生兴趣、意志、智力等的全身心投入，他们兴致勃勃自愿参与学习的时间比较长久，不会轻易被周围事物所吸引，注意力集中且没有被逼迫学习的现象。

2. 探究过程贪多求快，科学探究浅层化

在深度学习视域的科学探究中，教师更关注学生获得科学知识的过程和方法，关注学生在探究合作、对话中是否建构对事物意义的理解，关注让他们在知识获得的过程中是否对科学学习产生发自内心的愉悦和接纳，坚持让学生成为自由意义的探寻者、发现者、创造者，在经历理解、领会、体验、分析、综合、创新的探究学习过程，真正触及学习的本质。但当今科学课堂，普遍存在探究目标过杂、教学环节过多的问题，教师面对繁杂的目标和太多的环节，只能在每个环节停留极少的时间，为了赶进度，教师只能采用自问自答的形式，探究蜕变为符号形式的教学，有的窄化为科学知识的教学，较少引导学生去理解和把握知识背后的深层意义及深层结构。学生在探究中没有足够时间深入思考，没有时间多角度讨论问题，不去真正经历独立思考、充分交流、试错纠错的复杂科学探究历程，也不去经历归纳、演绎、分析、比较、判断、推理的思维过程，他们要做的唯一一件事就是揣摩老师的意愿走完探究流程即可。同时教师游离于学科本质和知识内核之外，对学科教材和实际教学内容的理解缺乏应有的深度，过于关注教材中的重难点知识，很少深入知识的逻辑根据和深层意义，更不能触及学科基本结构、基本经验、基本思想和基本价值等更富有教育内涵的层面，学科核心素养的培育也遥不可及。

3. 探究活动着重结果，知识理解肤浅化

深度学习是基于理解的有意义学习，对知识的深度理解是深度学习发生的重要标记。经过深度学习，学生能形成较为复杂的认知结构，能深入地理解所学内容，能形成解决问题的意识和方法，能更深入理解学习意义和创造性地解决复杂问题。但由于教师知识至上的观念根深蒂固，致使科学探究中重结果轻过程、重操作轻思想、重形式轻本质等行为在科学课堂中广泛存在。教师在教学中专注于知识获得而不去关注科学探究的过程、不去关注知识背后的深层意义，也不去触及科学的本质，他们把探究过程简化为教师指令下的动手操作，学生的思维没有真正启动，不敢大胆质疑和推测，不会自己去发现问题、思考问题，缺乏变通地分析问题和处理问题的能力；不善于全面地从事物的整体与局部、现象与本质、前因与后果、偶然与必然等诸多方面多层次、多角度地认识事物、处理问题；不能将所学的知识进行顺应同化，建立自己的认知结构，不善于处理自己所学的知识，呈无序散乱状态，构不成知识块，织不成知识网络，理不清知识层次，建不起知识系统；知识学习被简化为机械记忆，学生不能深入到意蕴层领会知识的真谛，从而患上了"知识脆弱症"，因而无法有深透的理解和灵活的运用，无法真正接近学科知识的内核，难以对学生产生深远的影响。

三、科学探究指向深度学习的意义

深度学习不是让学生获得一堆呆板、无用的知识，而是让他们能够积极、灵活地运用这些知识去理解世界、解决问题，从而去获得人格的健全和精神的成长，这高度契合以核心素养为目标的课程理念，和以学生核心素养培育为目标的教学改革。

科学的本质是探究，无论是科学技术的最初发现、发明，还是科学技术的传播、再生，都离不开探究与创造。“探究”不仅是科学技术专业人员的工作方式，还是科学教育的基本取向。从儿童认识事物的过程来说，本质上就是一个不断的探究过程，主动探究可以说是儿童的天性，他们一次次地遇到不解的现象、内心失去平衡而努力恢复平衡，而这正是其知识结构不断建构和丰富的最自然的过程。因此，让科学探究指向深度学习，实际上不过是一种回归科学和儿童本性的教育追求，它有以下价值和意义：

（一）摆脱浅层学习，促进深层理解

科学探究可以使学生获得对科学知识的深层理解，衡量学生是否掌握了科学知识的标准，不是学生是否把它记住了，而是学生是否理解它了。当学生运用他们对自然界的想法来进行探究活动或对证据进行讨论时，学生不仅加深了对现象的理解，同时也加深了对用于探究这一现象的工具的理解。学生要根据已有知识，在教师的指导下采用适当的方式进行探究，通过这样的过程获取的知识，较之传统方法，对于学生而言是更为深刻的。这种深刻表现在两个方面：一是对科学知识的表层理解更加深入，即对以书面语言形式表述的科学知识，理解更为深入；二是获得了对科学知识的深层理解，学生需要知道他们学了什么、怎么学、为什么学。科学探究是理解科学知识的强有力的方法。融合了科学知识的科学探究，是有内涵的；在科学探究中获得的科学知识是鲜活的。

（二）基于探究活动，重构学习方式

学生以探究的方式学习科学，不但能发展他们的探究能力，同时也促进他们对科学及科学探究的本质理解。学生在探究中理解：随着新的证据的产生、对证据进行逻辑分析和推理、新的解释的产生、对新的解释的争论，科学知识是如何产生和变化发展的以及为什么能够变化发展。学生对探究的理

解越深入，探究活动对学生而言越有意义。探究活动越深入，学生越可以加深对探究的理解。科学探究和对探究的理解，是相辅相成、紧密联系的。同时，科学探究和对探究的理解，与科学知识又是正相关关系。在科学教学中，教师要使学生在进行探究活动的过程中不断回顾与反思：我为什么要进行这样的探究？我同意谁的观点，为什么？哪些证据可以支持我得出这样的结论？不断的反思可以使学生逐渐加深对科学探究的理解，并最终获得对科学探究本质的理解，这种高品质的理解可以改变学习者的存在状态和学习方式。

（三）理解科学本质，形成科学精神

科学的本质，与科学认识论相关，科学是一种认识方式，或者说是与科学知识和科学知识的发展相一致的价值和信仰。学生需要理解，科学之所以是科学，并不是因为它是“正确”的，而是因为它是有说服力的。对科学本质的理解，小学生不可能像科学家或哲学家那样深刻，但他们应该有属于他们自己的、与他们的认知水平相当的对科学本质的理解。在科学教学中，教师通过各种探究活动使学生逐渐认识科学不等同于科学知识，让他们知道在课堂上进行的科学探究也是科学的一部分，理解获取知识的过程和知识本身同样重要，最终形成对“科学是什么”的理解。而学生们通过科学探究，理解、运用并解释科学家对自然现象作出的科学解释，评价科学证据和科学解释，理解科学知识的本质和发展，富有成效地参与科学实践和科学讨论，从而形成科学的思维方式和科学的价值观。

第二节　指向深度学习的科学探究

一、指向深度学习的课堂特征

从本质上看，教育学视野下的深度学习不同于人工智能视野下的深度学习，不是学生像机器一样对人脑进行孤独的模拟活动，而是学生在教师引导

下，对知识进行的“层进式学习”和“沉浸式学习”。“层进”是指对知识内在结构逐层深化的学习，“沉浸”是指对学习过程的深刻参与和学习投入。基于深度学习的内涵理解，可以发现指向深度学习的科学探究课堂具有以下特征。

（一）热切而能主动参与的学习主体

深度参与是深度学习的前提和保障，深度学习者具有内在的学习动机、积极主动的学习态度和强烈的学习兴趣，愿意主动参与到探究活动中，能积极与同学和教师进行互动交流，是深度学习发生的第一保障。传统的科学教育思想往往过多强调科学的规范性和严肃性，科学家给人的印象总是单调的、刻板的。科学教学：如果把严谨性放第一，学生也将很快失去对科学课的好奇和期待。以深度学习为目标的课堂，力求让科学学习成为一件有趣的事。在深度学习的科学课堂中，学生是科学学习的主人，学生亲身经历有意义的学习经历。学生进入深度学习状态后，对学习有强烈的自我需要，他们有饱满的学习热情，乐于探究和发现，对学习思维、情感、社交等能全身心投入，学习给他们热切和振奋的感觉，能真正享受到学习带来的幸福感与成功感。

（二）丰富而有学生意义的科学活动

深度学习注重学生在把握学习意义、体验成长收获中实现自我效能感的提升，它把认知性信息加工活动转变为实践性建构活动。这种问题驱动的实践活动而非机械的重复性演绎，这些活动遵循学习者的学习起点、认知规律以及学习知识的基本历程，以学生发展为中心，以探究为导向，构建富有意义的科学活动。学生在经历提问、猜测、预测、假说、探究这些丰富的真实活动中锻炼科学思维，在动手实践中发现新问题，在交流研讨中寻求客观事物的本质属性和规律……在这里，学习活动不再是“颈部以上的”冷冰冰的理智活动，而是理智与情感共生的，鲜活的、有温度的活动，学生以全部的思想和情感去感受和体验学习活动的丰富性和复杂性，真切地去体验学习活动带来的痛苦或欣喜。学生在生活中发现问题，揭示规律，完善认知结构。学生学会把握从“是什么”的问题认知到“为什么”的逻辑推演，进而上升到“怎样使生活变得更美好”的理性运用。

（三）积极而又高效的课堂氛围

快乐、和谐、平等、合作的课堂氛围是学生深度学习赖以发生的心理背景。深度学习的科学课堂呈现真实自然状态，是去功利化的，教师是学生的精神助产士，是学生学习的支持者，生生关系、师生关系非常和谐。学生没有精神压力，没有心理负担，在心境愉快，情绪饱满的状态下，能大胆、自信地在课堂上表达，他们既积极参与，又充分尊重他人，在讨论中敢于发表自己的意见，又要善于倾听他人意见。在深度学习课堂中关系和谐，“一个生命对另一个生命的影响”，课堂在师生互动、生生互动中，不断奏出激荡回响的“交响乐”。深度学习的科学课堂能“震撼心灵、开启智慧、健全人格”，学生会自觉走向自然、走向社会、走向现实生活。

具体地我们可以从以下几方面观察深度学习的科学探究课堂：

观察人		观察时间		观察地点	
执教人		执教班级		上课内容	
观察重点	科学课堂是否符合深度学习的特征				
观察记录	学生表现				结　果
	1. 科学探究主题学生是否感兴趣？				A　B　C　D
	2. 探究活动设计是否在学生的最近发展区？				A　B　C　D
	3. 是否创设了真实的问题情境？				A　B　C　D
	4. 是否有效激发了学生的内在动机？				A　B　C　D
	5. 师生关系是否融洽？				A　B　C　D
	6. 是否能倾听学生发言，并及时反馈				A　B　C　D
	7. 是否能及时搭建学生深入探究的支架				A　B　C　D
	8. 课堂氛围是否积极、安全、充满期待				A　B　C　D
	9. 生生间是否能相互倾听、顺畅交流				A　B　C　D
	10. 小组合作是否有效				A　B　C　D
总评					

二、指向深度学习的个体特征

从本质上说，深度学习是一种高度沉浸、不断持续深化、不断扩展延伸的学习方式。深度学习的学习者沉浸其中、精神高度集中、内心愉悦充实，处于一种“迷恋”和“忘我”状态，因沉浸其中，所以深度学习者往往忘记了时间和自身的疲劳，能够持续下去，乃至终身学习。在深度学习的科学课堂，学习者是否进入深度学习状态是衡量深度学习的重要标记，而教师的教学行为又往往对学生的学习行为起到关键作用。

（一）指向深度学习的教学行为特征

从教师个体来看，指向深度学习的教师教学行为有以下特征：

1. 清晰性：科学教学过程目标明确，结构清晰、学生对教学内容及概念理解透彻。教师能运用多种材料以及清晰、恰当的例子或通俗明白的语言帮助学生展开自主学习。

2. 互动性：教师不独霸课堂，科学课堂上特别强调课堂教学时空共有，内容共创，意义共生，成功共享，教学中师生间、学生间、小组间、个体与群体间、师生与教材间的沟通、对话畅通。

3. 积极性：教师在课堂中对学生学习成果的期望明确，学生与学生，学生与老师之间的关系积极，学生处于积极的情绪状态，课堂教学环境安全、积极、忙碌。

4. 适应性：教师课堂教学行为能指向学生丰富多彩的个性，支持学生的个性化发展以满足学生个性化需要为目标的。教师课堂教学行为是灵活的、多样的、富有弹性的，教师根据教学情境灵活多变地选择和组合教学。

（二）指向深度学习的学习行为特征

从学生个体看，指向深度学习的学习行为有以下特征：

1. 认知：深度学习状态的学生有强烈的自我需要，对学习是向往的，是积极的、主动的、自信而轻松的，能用自己擅长的学习方法展开学习，具备深入学习的动力。

2. 思维：深度学习中的学生思维具有独立性、深刻性、灵活性。学生乐于提出问题并且力求探索自己解决的途径，在处理问题的过程中能够进行创造性思考，善于揭示事物现象的本质及现象间的内在联系，能根据事物的变化，运用已有的经验，灵活地进行思维。

3. 情感：深度学习的学生有饱满的学习热情，乐于探究和发现，对学习专注，能全身心投入，学习给予他们热切和振奋的感觉，学生能乐在其中，课后能主动追求课程以外的知识。

4. 人际关系：深度学习状态的学生乐于合作与交流，乐于表达、善于倾听，尊重他人，既敢于质疑又善于及时汲取他人意见，生生关系、师生关系积极、和谐。

（三）深度学习状态的判断依据

1. 学习过程是否深度投入

深度学习是以学生的主动参与为根本，让学生亲历探究的过程，在彰显学生主体地位的同时，发展学生的思维能力。因此，学生的主动参与是深度学习发生的前提，只有学生主动参与了，进行沉浸式教学，深度学习才有可能发生。主动参与特指学习主体的参与状态，主动参与的状态反映学生的情感、动机、思维都参与进来了，包括以下几个方面：（1）是否深度参与——从学生参与面的广度、深度以及长度三方面评定学生的参与度。广度是指学生有强烈的自我需要，大部分学生在课堂上都能积极参与到学习中。深度是指学生能积极地全身心投入到学习中，注意力集中，不会轻易被周围事物所吸引。长度是指学生没有被逼迫学习、兴致勃勃自愿参与学习的时间比较长久，且在整个课堂上表现为少教多学。（2）是否深度思维——在课堂上学生善于思考，能倾听、理解他人发言并有问题意识，敢于质疑问难、敢于发表意见，学生能层层深入，由表及里，不断深化认知、提升认知的探究过程。（3）是否深度拓展——学生具备深入学习的兴趣和动力，课后能主动追求课程以外的知识，我们从学生课后主动参与学习的时间和追求知识的广度来评定。

2. 对科学知识是否深度理解

完整而深刻地处理和理解知识是深度学习的基础。艾根认为“学习深度”具有三个基本标准，即知识学习的充分广度、知识学习的充分深度和知识学习的充分关联度。这三个标准，也是深度学习的核心理念。（1）知识学习的充分广度。充分的广度与知识产生的背景相关、与知识对人生成的意义相关、与个体经验相关，也与学习者的学习情境相关。知识的充分广度为理解提供多样性的支架，为知识的意义达成创造了可能性和广阔性基础。（2）知识学习的充分深度。知识的充分深度与知识所表达的内在思想、认知方式和具体的思维逻辑相关，深度学习通过知识理解来建立认识方式，提升思维品质。深度学习强调学习过程是从符号理解、符号解码到意义建构的认知过程，这一过程是逐层深化的。（3）知识学习的充分关联度。知识的充分关联度，是指知识学习指向与多维度地理解知识的丰富内涵及其与文化、想象、经验的内在联系。知识学习不是单一的符号学习，而是通过与学生的想象、情感的紧密联系，达到对知识的意义建构。从知识的广度到深度再到关联度，学生认知的过程是逐层深化的。所谓意义建构，都需要建立在知识学习的深度和关联度之上。

3. 与学习同伴是否深度合作

学生深度学习过程不仅是一个个体心理过程，还是一个社会文化过程。真实的学生在学校情境中的深度学习更多地发生在群体情境中，而不是在一个真空中展开。这样的学习场域中，学生是在群体互动中进行共同学习。学习具有个体和社会的双重性，包含两个非常不同的过程，一个是个体与其所处环境的互动过程，另一个是心理的获得过程。深度学习中这两个过程必须都是活跃的，学生从中都有所收获。

具体地我们可以从以下量表观察学生是否进入到深度学习状态：

观察人		观察时间		观察地点	
执教人		执教班级		上课内容	
观察重点	学生个体是否进入了深度学习				

续表

	学生表现	观察结果
观察记录	1. 科学探究是否让学生振奋	A B C D
	2. 是否全神贯注投入科学探究中	A B C D
	3. 在探究活动中思维是否积极参与	A B C D
	4. 活动结束是否有继续探究的愿望	A B C D
	5. 在经历活动后能否获得探究结论	A B C D
	6. 能否应用科学知识解释生活中的现象	A B C D
	7. 能否举一反三应用知识解决实际问题	A B C D
	8. 能否在和同伴合作中发挥自身作用	A B C D
	9. 是否在科学探究中获得学习的乐趣	A B C D
	10. 合作学习后和同伴关系是否更紧密	A B C D
总评		

深度学习是一个自我唤醒、自我生成、自我创造、自我超越的过程。学生在指向深度学习的科学探究中所能学到的不能仅仅是知识或思维，抑或是解决问题等理智方面的能力，更应当是全面的发展，像情感、意志、精神、激情、卓越性、超越性等这些能够赋予学生的整体生活以意义乃至对于学生终身幸福至关重要的品质与价值。

三、指向深度学习的科学探究特征

当今的科学课堂不再单以传授知识为主，而是注重让学生亲自动手实践操作、亲身经历探究的过程，学生在科学课堂上动手的机会比以前增多了不少，课堂气氛也是“热闹非凡”。但我们往往会发现，很多探究忽视科学概念的领悟、忽视了科学思维的参与、忽视学生主体探究需求，它们是让探究流于形式的“伪”探究。

（一）指向深度学习的科学探究是“真”探究

1.“真”探究的科学问题适合学生认知水平

科学探究始于探究问题。科学探究问题的关键在于是不是“科学问题”，是否跟学生的认知水平有关。科学问题是探讨自然界机理问题，是暗含着理论假说的问题，问题解决需要用观察、实验或推理等方法解决。并且，问题适合学生认知结构。“超出”学生认知结构恰能激起其科学探究的主动性、积极性、创造性。“容易问题”学生不探就知，从而变成“伪”科学探究，结果是学生厌恶科学探究，不利于学生的发展。如教师让学生关注“吃食物”，然后让学生提问。学生可能会问：怎样让我国的食物更安全？今天吃了什么食物？吃下去的食物哪里去了？食物中的营养怎么变成长身体材料的？……显而易见，“怎样让我国的食物更安全”是个现实问题；而“今天吃了什么食物”是个容易问题，每个学生都能知道；而“食物中的营养怎么变成长身体材料的?”是一个超出小学生认知结构的问题；而只有“吃下去的食物到哪里去了”这问题才是适合学生认知结构的科学真问题，有利于孩子们沿着目标开展“真”科学探究活动。

2.“真”探究的过程以科学思维为核心

科学探究是通过不断的科学思维获取科学知识、实践技能以及创新精神的过程，真正的科学探究是以科学思维为核心的。实验原则和逻辑原则是近代科学思维的两个主要特征，即科学思维是一种建立在实验和逻辑基础上的理性思考。因此，科学探究过程中学生是否进行科学思维，这是判别科学探究“真”与“伪”的最基本尺度。“问题→猜想→验证→反思”是科学思维的内在机制，这一机制本质上是强调科学探究过程中的学生思维活动。

（二）向深度学习的科学探究是“品质”探究

指向深度学习的科学探究是有“品质”的，这品质体现在科学探究中对科学探究各要素的把握。当然每节科学课并不一定都体现科学探究各要素，也不一定严格按照“死”程序逐步执行。科学探究的时空安排也具有灵活性，可以根据需要选取适合探究的时空，不拘泥于课堂。

（三）指向深度学习的科学探究过程是自主探究

指向深度学习的科学探究是以学生为主的探究，学生是探究活动的主人，而教师只是活动的组织者、引导者和促进者。

综上所述，我们要判断科学探究是否指向深度学习，必须从三个方面判断：首先，要判别是否科学探究的“真”与“伪”，这两个要素即探究问题和探究过程中表现出的特征，二者缺一不可。其次，要看探究品质如何，即对“真”科学探究的综合评定，是基于科学探究各要素的特征描述，需要在案例分析基础上，最终确定的具体表现特征。最后，强调科学探究过程化，不仅重视最后结果的评价，而且特别重视整个探究过程的回顾和反思。我们可以从下面几点特征判断科学探究是否指向深度学习：

判断内容	判断要素	观察指标
判断探究“真”和“伪”	探究问题	是否是适合学生认知结构的科学问题
	探究过程	探究过程是否以科学思维为核心
判断探究品质	猜想和假设	基于经验和事实；猜想结果可检验
	制订计划	能制订较完整探究计划，有控制变量的意识
	搜集证据	能通过观察、实验等方式获取事实信息
	分析论证	能运用分析、比较等方法基于事实得出结论
	反思评价	能对探究活动进行反思，能以不同方式呈现探究
	探究流程	线性和非线性统一
	探究时空	灵活、合适
自主探究	学生角色	探究活动的主人
	教师角色	探究活动组织者、引导者

第三节　指向深度学习的教学设计

要实现深度学习，就要进行高品质的学习设计。所谓“学习设计”是为了学习者有效开展学习活动，从学习者角度为其设计的学习计划、活动和系统。学习设计是为学习者系统规划学习活动的过程，它为学生的学习提供了一个活动脚本。学习设计要遵循学习者的学习起点、认知风格和学习历程，揣摩和研究学生学习知识的基本历程：学习的起点是什么，需要经历怎样的学习过程，会遇到怎样的困难，可能会提出哪些问题，会采用什么样的学习方式和策略，最有可能在哪些方面得到发展等，并通过有效的设计将学习活动引向深入。指向深度学习的科学探究活动设计，需要围绕一个核心、紧扣两个关键，明确三个基本点。

一、落实学习主体的地位

实现深度学习的核心是真正落实学生在学习中的主体地位，“学生是学习的主体”，也是当今课程与教学改革的重要支撑点，而《义务教育小学科学课程标准》也一再强调要“突出学生的主体地位”。学生的学习，不是被动地去容纳外在知识的灌输，也不是从实践开始的盲目试错，而是通过主动的、有目的的活动，对人类已有认识成果及其过程的学习与体验，它需要学生全身心地投入，真正成为教学活动的主体。

学生是科学学习的主体，这理念改变了教师教学行为，强调教师要尊重学生的学习权利，把学习的主动权还给学生，把课堂还给学生，把时间还给学生，把话语权还给学生，把主演角色还给学生。在科学课上，我们要最大限度地给学生探究的时间、空间，为学生提供足够的交流机会。凡是学生能做的就让学生做，凡是学生能观察的就让学生观察，凡是学生能思考的就让学生思考，凡是学生能表述的就让学生表述，凡是学生能归纳的就让学生归纳，凡是学生能实验的就让学生实验，凡是学生能合作的就让学生合作，凡是学生能教学生的就让学生教学生，凡是学生能鼓励学生的就一定要让学生鼓励学生。

学生主体和教师主导并不是分离的，教师的教和学生的学不是分离的。只是教师要从“教”的中心转向“学”的中心，从“传递、讲解”转向“支援、帮助”，从“控制型”向“合作对话型”转型，营造民主、平等、和谐、快乐的学习环境，教师和学生建立良好的伙伴关系，在合作与互助中真诚交流、思维碰撞，促进学习者之间合作学习、相互帮助、共同研究、彼此分享、实现多元发展。学生与教师相互尊重、相互信赖、相互帮助、相互支持，学生尊严得到真正尊重、学生人格得到真正呵护、学生地位得到真正保障。

学生是科学学习的主体，这理念让学生成长为科学学习的“主人”。主人拥有学习的权利和地位，有学习的自由和空间，有学习的兴趣、爱好和愿望。但深度学习中学生的主体活动并不是自发的，而是依赖教师坚定的学生立场，有赖于教学过程中教师对学生有效的观察和悉心的引导帮助，以及教师对教学内容、学习过程与方式的精心设计。

教师在进行学习设计时，要围绕“学生是学习的主体”这一核心理念，明确在课堂中，学生的学习活动比教师的“教授”更重要，坚定地站在学生的视角，设计以问题解决为主线的科学探究活动。整个教学过程都是让学生自己去思考、去体验、去选择、去解决，让学生在这一过程中自己去判断是不是、能不能、该不该、值不值，自己经历知识的生成过程，他们的思维就会活跃起来，手脚就会解放出来，个性就会表露出来，在学习过程中锻炼了自主学习能力和知识迁移能力，逐步在原有认识上完成知识建构，逐步掌握自主学习方法，不断体验自我学习的成功愉悦，从“我想学”到“我能学、我会学、我爱学”。

二、深层动机和深切体验

学生主体地位的落实在于教师主导作用的发挥，在高品质的学习设计中，教师要紧扣两个关键，将外在的教育要求转化为学生内在的学习需求，将外在于学生的客观知识转化为学生的学习对象。

（一）激发学生的学习深层动机

学习是自我的内心世界之“旅”，是自身智慧的“上下求索”，是同自身内心世界的对话。美国著名教育家杜威认为“儿童的心理内容基本上是以本能活动为核心的先天生理机能的不断发展、生长。教育的本质和作用是促进这种本能的生长，除自身以外，没有别的目的”。这一主张强调了对学生本能、天性与兴趣的激发，也就是教学要激发学生的深层动机。

深层动机是深度学习的显性特征，学生个体内部促使其深度学习的内源力。深层动机是触及学习者心灵深处的学习动机，是触及学习者深层兴趣、情感和思维的动机。学习者在深层动机的驱动下，才会有强烈的学习愿望，才能将情感、意志、思维全身心投入到忘我的学习中，从而有更深刻的思维，实现真正意义上的学习。

激发学生的深层动机，帮助学生产生强烈的问题欲望和求知欲望，形成学习的渴望、期待和参与的心理需求，是教师存在的最根本理由和价值，也是教师不能被现代人工智能技术所替代的根本。教师在教学设计时，要重视学生深层动机的激发。

1. 精心设计问题情境，产生认知冲突

学生的学习动机最初产生于“学习困境”，这种不能解决、不能突破、不能澄清的状态也就是所谓的“认知冲突”，它是一种强烈的心理矛盾状态，引发探究冲动，不断寻求解决方案，这一过程包含了冲突、理解、分析、试错、验证、修正、重构等一系列心理活动，当学习者完成头脑中的思维过程以后，还要通过社会互动到他人那里去寻求验证或寻求新的解决方案，并通过倾听他人完善方案，从而更好地解决认知冲突，最终体会到学习的成就感和乐趣，这就产生了新的学习动机，从而使学习不断持续和深化。

教师可以根据教学内容，从学生心理特征出发，在科学教学中灵活地运用多种方式创设问题情境，抓住学生的注意力和好奇心，引发学生的思维，激发他们的探究热情，为他们顺利进入科学探究奠定良好基础。如在进行三年级上册苏教版小学科学《空气占据空间吗?》教学时，教者精心设计了“纸团不湿”的实验，当学生看到实验结果并不像他们猜测的那样时，学生的好奇心被激发，思维也瞬间被调动，学生的思维就集中在一个特定的问题上——“玻璃杯里的纸为什么没湿?”由于即将研究解决的问题是由学生自己提出的，此任务具有真实性，所以学生的深层动机被激发，兴趣、情感和思维也全部投入到问题的解决中。

2. 精心设计教学方式，让学更有趣

教育心理学指出：“教学内容和方法的新颖性、多样性、趣味性，是激发儿童学习动机的重要条件。”单一的教学方式是不能激发学生的深层动机的，针对学生好动、好奇、好探究、好想象的特点，灵活选择多样化、富有趣味的教学方式，有助于唤醒、激活孩子内心深处渴望和需要，全方位激发学生深层动机。

教师要从儿童心理特点出发，精心设计科学课上的探究活动，即通过对活动内容的精心安排，对活动形式的巧妙设计，让活动焕发出新的魅力，从而激发儿童参与探索的兴趣，调动儿童探索的积极性和主动性，促其真正参与其中，为有效的体验奠定基础。

对于比较抽象的概念、定理，儿童则不感兴趣，教师尽量要赋予科学知识以完整的艺术形式和生动的形象，从而提高学生学习的兴趣和发展学生的学习能力。教师可以利用现代信息技术手段（多媒体、幻灯机、录音机等）与传统教学媒体（挂图、教材、实验等），将所要教学的内容有步骤、清晰地呈现给儿童，尽量做到能听的让他们听，能看的让他们看，能摸的让他们摸，充分发挥各个感官的作用，让儿童全身心地投入到各种科学活动中，使儿童在愉快、和谐的教学氛围中完成学习任务。

（二）让学生在亲历探究活动中深切体验

深度学习离不开学生的亲身经历和切身体验。“活动”和“体验”是深度学习的重要特征。活动是指学生为主体的活动，而非生理活动或受他人支配的肢体活动；体验是指学生作为个体全部身心投入活动时的内在体验。活动与体验相伴相生。若是主动活动，必会引发内心体验，理性而高尚的体验，必是在有意义的社会活动中生发的。学生用眼观察、用手操作、用口表达、用脑思考，是属于亲身经历，而比较、归纳、猜测、验证，都是属于亲自探索。

学生的“活动”“亲身经历”既不可能也不必要像人类最初发现知识那样，而是典型地、简约地经历结构性的关键过程与关键内容。因此，教师要精心设计学生乐于参与的探究活动，帮助学生像科学家那样动脑思考，像工程师那样动手实践，让他们在亲历观察、实践与操作中亲身感受、感悟和体会，经历有意义的学习经历，从而完成知识的建构和问题的解决。

1. 精心设计科学材料，促进科学探究

有结构的科学材料能驱动学生经历科学探究。有结构的材料应具有内在联系并蕴含着某些关系和规律，其既要揭示探究现象，又要贴近学生的实际生活，符合学生年龄特征和认知规律，这样的材料能帮助学生探究问题，解决问题，获取新知。如在教学苏教版《科学》三下《声音的产生》时，教师精心设计了实验材料。第一次提供了橡皮筋、尺子、鼓等有结构的材料，这便于学生发现它们在发声时都在振动这一现象。而当发现吹空瓶子也能发声并产生困惑时，教师提供给各组一个泡沫小球，从而驱动学生进一步投入到探究活动中。

2. 精心设计思维的训练点，让思维成为核心

科学探究要以科学思维的发展为核心。教师要围绕探究主题精心设计各种思维链接点，让学生在质疑、批判、思辨、反思中发展思维，产生持久的学习动机。科学探究总始于问题，提出科学问题需要分析科学事物之间的联系及关系、分析实验事实与已有理论的矛盾、分析科学理论内部的逻辑困难、比较多种假说之间的差别、寻求客观事物的本质属性和规律等。教师抓住提问、猜测、预测、假说这些环节进行思维训练，可以让学生充分展现其内在的思维过程。学生在反思、筛选、修改、反驳中逻辑推理能力得到锻炼，质疑能力和表述能力得到提升。当选定了所要研究的问题后，学生必须搜集积累丰富的思维材料，进行理性分析，这其实是一项富有创造性的思维活动。因为搜寻事实的主要途径有观察和实验，而观察实验不仅仅是动手做，为了证明内心深处的某个预测或结论；动手做的目的是为了动脑，因为真正的学习并非发生在学生的手上，而是发生在他们的脑里。学生在动手中不断发现

新问题，在交流中运用了分析、综合、比较、分类、抽象、概括、推理、类比等思维方法，从而使思维得到很好的训练。

三、教学设计的三个要点

高品质的学习设计有明确而清晰的学习目标，也有“少而精”的学习任务，这就需要教师对学科本质充分研究，同时充分了解学生的原有知识基础、生活经验、学习困难与认知策略等，找到几者之间最为恰当的结合点，让学生聚焦核心问题，经历完整的学习历程和思维过程。

（一）找准学习的起始点

建构主义者强调：“每个学生并不是空着脑袋走进教室的，在日常生活和学习过程中，他们已经形成了相当的经验。”在教学实施前，每个学生对学习资料的认知水平也不尽相同，学生成长环境的不同，对知识的理解也会存在差异。在教学实践中，经常会有一位教师任教两个水平差异较大的班级，同一份教案却收获两份不一样的结果，这是因为没有考虑设计教学目标、教学内容等是否适合学生。

奥苏泊尔把全部教育心理学归纳为一条原理：“我将一言蔽之，影响学生唯一最重要的因素就是学生已经知道什么，要看这一点并依据此进行教学。”这句话非常有名，蕴含三层意思：第一，学生已经知道什么；第二，你要知道学生知道至什么程度；第三，你根据你所探明的这一点，实施针对性的教学。科学教学要找准学习的起点，不要把过去的教学经验简单移植到现在的学生身上，也不要把他人的教学经验简单移植到自己的学生身上。只有找准了学生“学”的现实起点，才能正确判断出教师“教”的实际起点。

维果茨基曾经提出，教师在教学前至少确定儿童的两种水平——“现有发展水平”与“最近发展区”。要确定最近发展区，前提是先确定学生的现有水平，教师要知道学生现在知道什么、能做什么、对什么有兴趣，能够操作的内容、能够以什么样的方式完成什么样的活动等，即知道学生“在哪里”。同时还必须确定学生的未来水平，这个未来水平就是学生凭个人现有能力和努力不可能在短期内实现的水平。在学生现有水平与较高的未来水平之间，便形成一个区域，即“最近发展区”。这个区域正是教师与学生交往、帮助学生发展的区域，也是学生以主体的方式从事学习活动、获得发展的区域。在学生的最近发展区设置学习任务，这样的学习任务既不会太容易也不能太难，学生跳一跳能摘到桃子。

找准学习的起点是学习设计的基础。教师可以通过细致的课前充分调查了解学情，找到学生的迷离概念和认知冲突以及学生的学习困难之处，进行“逆向”学习设计。一般来说，我们采用问卷、访谈、情景模拟、行为观察等方法从三个方面探测学情：一是对学生已有状况的了解。在新的科学探究活动之前，学生的认知程度如何，与科学探究相关生活经验是怎样的，已有科学探究技能、方法达到什么样的水平，对可能产生的科学事实具备怎样的思维能力等，都应该一一梳理，才能真正找到学生“学”的起点。二是对可能状况的预测。这种预测不是提出问题之后罗列出若干个备用答案，而是探究活动展开之后，对学生在习惯、行为、态度、误区甚至情感等方面可能出现的情况进行预估，以找到课堂中的教育机会。三是对学习状况的设计。基于学生状况对教学内容应该作出怎样的调整，会形成一种什么样的教学效果，这种效果与目标的吻合度是怎样的。“失之毫厘，差之千里”，当准确地知道“学生已经知道了什么？学生还想知道什么？学生自己能够解决什么？”时，也就找到与教学内容相关的储备知识，此时的学习设计才会帮助学生把新知识与原有认知结构合理联系起来，有意义的学习才会发生。

（二）找准学生的兴奋点

深度学习强调的是学生“乐学”“愿学”，学生以积极、投入、自觉的心理状态投入到学习中是深度学习的显性特征之一。只有“主体性卷入”的学习，才能触及学习的内核。深度学习的科学课堂摆脱了技术化、工具化教学的规限和束缚，它让教师不得不关注学生的学习兴趣，激发学生的学习动机并予以维持。

为此，教师要精心设计活动的兴奋点，帮助学生从“要我学”到“我要学”的行为转变中。教师可以在科学活动中精心设置悬念、制造谜团的方法来制造一些奇异现象，来抓住学生的注意力和好奇心，令他们产生探索的欲望；也可以针对学生好动、好奇、好探究、好想象的特点，设计多样化、富有趣味的活动，唤醒、激活孩子内心深处渴望和需要；也可以精心选择一个具体、明确、集中的科学问题作为探究活动的逻辑起点，让学生的情感、思维、意志活跃起来……学生在兴奋中才会主动参与，他们才会在经历中主动感知、主动质疑、主动探究、主动交流、主动建构、主动拓展。

（三）找准学习的落脚点

落脚点就是教学目标，也是检查我们有没有把学生带到目的地的标准。精准的目标定位，能给科学学习指明方向和目标。

教师在学习设计中要以深度学习为导向，系统、深入地精读课程标准，了解教学内容在课程标准中处于什么地位，接着教师要深入钻研教材，努力把握教材编写者的意图，了解编写者根据课标在教材中如何创设探究活动，活动之间采用怎样的顺序及相互之间起怎样的作用和关联。在厘清课程标准、教材的纵向、横向脉络后，教师对学生学情进行分析，对学习内容进行整合，精准定位每节课的学习目标，精心设计核心探究活动，站在深度学习的高度去帮助学生学习。（如图）

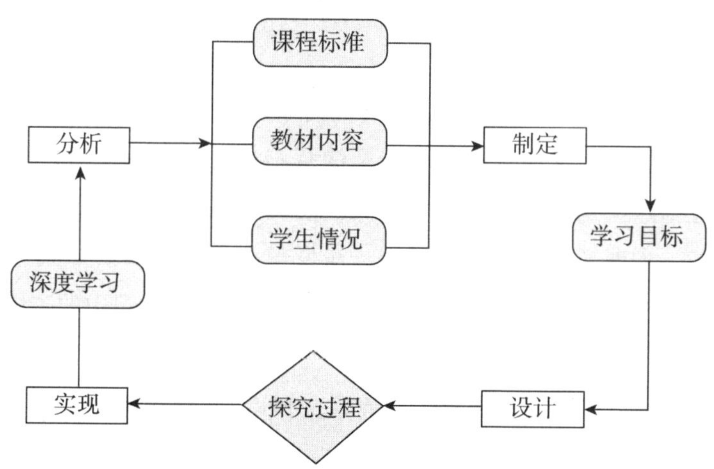

综上所述，指向深度学习的科学学习设计要围绕“学生是科学学习主体”

这一核心，紧扣两个实现深度学习的关键，抓住三个基本点，以促进学生“探究未知”为出发点，进行“逆向思维”，确定核心学习任务，然后在教学过程中不断优化科学探究策略，鼓励学生在具体任务或挑战性情境中主动探究，在实践活动中动手设计和创造，这样，学生的学习才会不断深化，深度学习才会发生。

教学案例　食物与营养

【教学内容】苏教版科学三年级上册第5单元《人的呼吸和消化》

【设计说明】

本节课研究食物与营养，主要分为两个部分：第一部分，认识食物的主要营养成分及作用，知道不同种类的食物含有不同的营养素。这部分内容分为两个小活动，阅读探究及实验探究。第二部分，知道不同种类的食物要讲究合理搭配，才能吃得营养又健康。这部分内容主要是先让学生设计菜单，数自己搭配的菜单中的食物种类，思考荤素如何搭配才健康？再通过食物金字塔、膳食平衡盘学习，对自己设计的菜单进行完善，修正其合理性与科学性。

学生对食物非常熟悉，知道饮食要荤素搭配，不能偏食、挑食，但对于为什么要这么做，以及这么做背后涉及的营养方面的知识却知之甚少。所以本节课关注重点就是针对这个问题。问题是探究的起点，更是贯彻整个探究活动的主线。本课通过故事情景导入，激发学生好奇心和求知欲，引导学生发现问题、提出问题、解决问题，真正实现学生在科学学习中的主体地位。

【教学目标】

科学知识：知道食物含有七大营养素，知道要合理搭配食物，不能偏食、挑食。

科学探究：通过滴碘液检测食物中是否含有淀粉，能设计一份营养又健康的菜单。

科学态度：对食物保持好奇心和探究热情，乐于参加科学活动。

科学、技术、社会与环境：初步了解科学知识在日常生活中的应用。

【教学过程】

第一课时

一、导入新课

1. 谈话：同学们，你们听过维生素 C 的故事吗？用动画将《航海家航海历险记》展现出来。

2. 提问：同学们，换了你是哥伦布，你会怎么想？

3. 讲解：科学家们通过大量研究发现，食物中被人体吸收利用的物质叫营养素。

4. 揭题：今天这节课我们就来学习食物与营养。（板书：食物与营养）

【评析】俗话说：民以食为天，食物是每个人天天离不开的物品，可并不是每个人对食物的营养都有关注。本课以故事导入，引起学生对食物的关注，激起学生对食物营养成分产生强烈的好奇心和探究兴趣。从每天吃的食物入手，让学生明白，原来科学源于生活，生活蕴含科学。生活中处处有科学，它和我们的生活是紧密相连的。

二、研究食物中的营养

（一）阅读探究七大营养素

1. 谈话：野果子里究竟有什么呢？我们可以通过阅读书本资料来找到答案。

电脑出示：看一看图片中有哪些食物，再看这些食物中有哪些营养？这些营养的作用是什么？

2. 指导阅读，选其中一幅图，结合讲解：米、面包、土豆都属于淀粉类食物，含有丰富的糖类，能供给能量。

3. 谈话：像这样读一读，找一找，划一划，想一想其他几幅图分别有哪些食物？又有哪些营养？这些营养有什么作用？

4. 学生阅读。

5. 交流汇报：图中有哪些食物，食物中有哪些营养，这些营养有什么作用呢？

结合讲解：油不能多吃，蔬菜既有维生素，还有膳食纤维，水是生命之源。

6. 小结：通过资料阅读，我们找到了食物的营养成分及作用，食物的营养就有这七大类。

（二）实验探究：食物中是否含有淀粉？

1. 谈话：话说当时由于船队携带的面粉数量不足，当面粉吃完的时候，大厨们就会把土豆蒸一蒸，捣成泥，做成土豆饼来代替面包。听到这里，你有什么想法？

2. 提问：有什么办法来证明你们的想法呢？

3. 讲解：我们看一下科学家们是如何研究食物中的营养的（课件）。学到这里，现在你会设计实验来检测食物中有淀粉吗？怎么做？观察什么？

4. 学生实验。

5. 交流汇报。

6. 小结：同学们，通过阅读资料，我们已经找出了每种食物中的秘密，现在你知道为什么船员能活着回来的很少了吗？原来真正的海上凶神就是维生素、无机盐和膳食纤维，因为这些营养素可以让身体保持健康。

【评析】本环节主要是探索食物七大营养素。通过阅读探究、实验探究两个活动来进行。在科学阅读中，教师通过指导阅读，组织交流，让每个学生参与其中，充分发挥学生自己的主观能动性。在探究土豆中是否含淀粉时，利用故事巧妙引入，启发学生思考，引导学生亲历探究过程，为能更好地理解食物中有哪些主要的营养素作铺垫。

第二课时

三、设计菜单

（一）经验设计

1. 谈话：同学们，假如时光可以倒流，你能为船员们设计一份健康营养的午餐吗？按照一人吃的分量进行设计，比如菜吃几份，肉吃几份。

2. 学生设计。

3. 交流。（找一份菜多、一份肉多的交流）

4. 师：究竟谁设计得更合理？怎样吃更健康？我们听听营养学家是怎么说的？观看食物金字塔视频及平衡膳食盘。

（二）科学设计

1. 修改设计：听了营养学家的建议，你能把你的设计重新改一下，让它更健康营养吗？

2. 交流。

3. 小结：船员的悲剧不会再发生，因为我们都已经知道了每种食物含有不同的营养，而每种营养的作用又不一样。

4. 谈话：想一想，我们平时应该怎么样吃更健康呢？

为了健康，我们要吃各种食物，补充全面营养。不吃垃圾食品，多吃安全、绿色食品。希望在接下来的日子里，每位同学都能吃得营养又健康！

【评析】通过设计食物菜单，引起学生对食物搭配的思考，再通过食物金字塔，平衡膳食算盘的教学，让学生关注到不同种类食物搭配的重要性，最后通过数的方式，了解在搭配时要注意量的多少，从而深刻了解平衡膳食算盘的意义，进而指导他们进一步完善自己的菜单。

【教学精彩片段】

师：话说当时由于船队携带的面粉数量不足，当面粉吃完的时候，大厨们就会把土豆蒸一蒸，捣成泥，做成土豆饼来代替面包。听到这里，你有什么想法？

生：土豆里的营养成分跟面包一样。

师：完全一样吗？

生：我认为不是，不然的话，土豆不就是面包了吗？

师：其他同学有什么想法？

生：我认为可能里面有些成分一样，有些不一样。

生：我觉得可能是主要成分一样。

生：我认为这两种食物中可能有碳水化合物。因为平时可以当作面包是主食，而面包里含有碳水化合物。

……

师：有什么办法来证明你们的想法呢？

生：实验。

师：我们看一下科学家们是如何研究食物中的营养的（课件）。学到这里，现在你会设计实验来检测食物中有淀粉吗？怎么做？观察什么？

生：我们可以先用碘酒来检测面包中淀粉，观察现象，然后再测土豆，观察现象。

师：好主意！

……

【片段赏析】

教师再一次巧妙地利用故事，引导学生猜想土豆中的营养成分，引起了学生的大猜想，激发学生进一步探究营养素的兴趣与热情。对于土豆中营养成分展开了大讨论，老师不放过学生思维活动的细节，步步引导，学生各抒己见，自圆其说。而学生的“各抒己见”正是“提出问题、作出猜测，设计实验”的过程，在这个过程中有生活经验的唤醒，有思维的碰撞、有深度的思考，最后达成共识，用实验来说明问题。这也自然而然回到了我们学习科学强调的要“动手做”，体现科学思维活动是科学探究的核心。

【教学评述】

科学课就是要让学生像小科学家一样去“亲历科学、感悟科学、体验科学”，因此教师要转变角色。教师在科学教学中不能只是知识的传授者，而应该是学生科学学习的引领者、帮助者。课堂上的教学不能一味灌输，而是点燃火焰，不是告诉答案，而是不断引导学生发现问题、提出问题、解决问题，要真正实现学生在科学学习中的主体地位。

本课教学通过故事导入，激起学生对食物营养成分的探究兴趣。如何获取这一科学知识，教师先引导学生学会阅读科学课本，指导阅读方法——“读、思、行”，还要再通过交流与反馈，经历一个个思维碰撞，在头脑中越来越明晰。在这过程中，教师只是在学生需要的时候适当点拨。这一活动的设计不仅让学生发挥主体作用，自己动脑筋获取有效信息，更使学生的科学学习更具实效性。

科学学习应以探究为核心，其本质就是带领学生对科学家从事的科学活动进行亲自体验，从而了解科学的性质、掌握科学的方法，领悟科学的精神。本课中认识土豆中含有淀粉时，教师巧妙从故事情节入手，让学生进行大胆猜测、设计实验、观察现象，从而得出结论。这一活动的设计目的就在于要带领学生经历学习活动，经历科学探究的过程。学生在经历这种认识与实践相互交错的过程中，从自己的经验走向科学，从而对食物营养有更深的理解。

在设计食谱教学中教师根据建构主义理论，从学生已有知识、经验出发，让学生为船员设计食谱，在这个过程中，学生的相关知识储存系统和路径被调动起来，思维能力在不断地激活。通过食物金字塔、平衡膳食算盘的教学，让学生关注到不同种类食物搭配的重要性。通过修改食谱深刻了解平衡膳食算盘的意义。从而指导生活中食物搭配更科学、更合理。

从活动的设计到学生的参与度，无不体现学生是科学学习的主人，科学学习在真正发生，学生在经历有意义的学习过程。

（吕跃春）

教学案例 认识固体

【教学内容】

苏教版小学科学三年级上册《固体和液体》单元第一课《认识固体》。

【设计说明】

《认识固体》是中年级物质科学领域的第一课。本课从深度学习理念出发，希望在“做”中让学生能理解、能有科学依据地判断什么是固体，而不是简单地记住固体的共同性质。同时，能运用所学的知识，积极动手动脑解决如何比较固体体积的大小问题。

【教学目标】

科学知识：知道固体有确定的形状、体积、质量。

科学探究：能选择合适的工具测量并比较固体的体积。

科学态度：能以事实为依据，理性判断什么是固体，得出自己的观点。

科学、技术、社会与环境：了解科学技术对人类思维方式的影响。

【教学过程】

一、初识固体

1. 欣赏自然风景。

2. 学生描述不同的物体在形状、存在的状态方面的特征。

3. 教师总结回答，引出课题。

4. 学生举例说明教室中的固体和非固体。

【评析】对学生前概念的了解能反映出不同学生的认知差异，能及时发现学生的认知误区，有利于新概念的建构。

二、发现固体的共同性质

1. 学生分类出现分歧较大的物体——红领巾，那到底有什么特征的才是固体呢?

2. 明确已经确认是固体的物体——烧杯、桌子、椅子、黑板，描述它们在形状、大小、轻重等方面的特点。

3. 学生讨论、汇报，教师汇总在黑板上，总结固体的共同特征：有确定的形状、体积、质量。

4. 再次判断红领巾是不是固体，说明理由。

5. 学生讨论，明确红领巾是固体。

6. 判断食盐是不是固体，说明理由。

7. 出示显微镜下的一粒食盐，明确食盐也是固体。

8. 判断被改变形状的固体——敲碎的粉笔、剪碎的纸、切碎的蜡烛还是不是固体，说明理由。

9. 小结：固体的形状或大小可以被外力改变，但物质状态不变，仍然是固体。

【评析】科学学习应以探究为主，科学学习探究结论也是具有开放性的，但在学生对事物认识不充分的基础上，引导学生正确认识事物的特点和性质是很有必要的。

三、比较固体的体积

1. 谈话：我们知道了固体都有体积，那你们会不会比较固体体积的大小？

2. 挑战一：比较3组不同颜色、相同体积的小方块组成的积木哪一组体积大？说明理由。

学生回答，揭示比较固体体积的第一种方法：划分出相同的小个体，数一数。

3. 挑战二：比较不同杯子装的木屑和玉米粉，谁的体积大？比较的方法？

学生讨论，教师引导，总结方法，实验探究。

揭示方法二：细小的固体可以放入相同的杯子比高度。

4. 挑战三：比较两个形状完全不同的玩偶，谁的体积大？你的方法？

学生讨论，教师引导使用教室中的器材，分组汇报，确定方案，实验探究。

揭示方法三：测量形状不规则的固体体积时，可以用排水法或填埋法。

5. 小结：要按实际情况选择合适的方法比较固体的体积。

【评析】科学探究是获取科学知识的主要途径，在三个挑战中，通过观察、分析、比较、概括，学会了在三种不同情况下比较固体体积的方法，在科学探究中，发展学生的学习能力、思维能力、实践能力和运用科学语言交流的能力。

四、总结延伸

1. 通过今天的学习，我们知道了哪些关于固体的知识呢？

2. 如果固体在外力的作用下，形状、质量、体积改变了，还是固体吗？请大家课后继续讨论，我们下节课将探究这个问题。

【评析】让学生在课后围绕课题思考、交流，从而进一步激发学生参与科学学习的热情。

【教学精彩片段】

（讨论并建立“固体”概念片段）

师：我们已经确认了这些东西（出示烧杯、桌子、椅子、黑板图片）是固体，说说他们的特征，比如它们是什么形状的？

生：烧杯是圆柱形的。

桌子是长方体的。

……

师：它们都有自己的形状，科学上称之为“有确定的形状”。（板书：有确定的形状）

师：除此之外，这些固体的大小如何呢？你能说说看吗？

生：（手比划）烧杯这么大，椅子比较大，桌子比椅子更大，黑板最大。

烧杯大概和我的水杯差不多大。

……

师：大家说的都很准确，其实刚刚我们说的物体的大小在科学上叫做体积，大家能描述出来这些物体的体积有多大，是因为它们有确定的体积。（板书：体积）

师：那这些物体的轻重怎么样，你能知道吗？

生：可以知道，可以用天平称出来。还可以用电子秤。

……

师：是的，同学们说得很对，我们可以通过一些工具测量出它们的轻重，也就是科学家说的质量。（板书：质量）它们也都有确定的质量。

师：现在你能告诉老师了吗？固体有什么共同的特征？

生：有确定的形状、体积、质量。

【片段评析】在这个阶段，不要求学生对固体的概念有深入的了解，但是要能够用科学术语进行描述，在学生确认了一些固体后，围绕这些固体的形状、大小和质量逐一仔细观察，在老师的引导下知道什么体积、什么是质量，再归纳出固体的共同特征，层层递进，如此，学生能够理性判断什么是固体，建立固体的概念。

（余婷）

教学案例　自然世界与人工世界

【教学内容】苏教版《科学》一年级上册

【设计说明】

本课主要是让学生了解什么是自然物，什么是人造物，并且能够区分自然物和人造物。在设计课程时我分成了四个环节，从概念教学到动手操作：了解自然物和人造物、认识自然世界和人工世界→动手区分自然物和人造物；再从概念教学到动手操作：了解自然物和人造物之间的关系→改造自然物，制作人造物。

根据学生的年龄特点和认知规律，我们要做的是引导学生多观察、多思考、多动手，让学生亲历科学探究，做到以儿童为本，从兴趣悟理。

【教学目标】

科学知识：知道什么是自然物和人造物，什么是自然世界和人工世界。

科学探究：能够区分自然物和人造物，能够亲手把自然物改造成简单的人造物。科学态度：通过分类活动、制作环节等，感受到科学探究活动带来的乐趣。

科学、技术、社会与环境：读图和回忆自己的生活经验，知道我们生活在自然世界和人工世界并存的世界里。

【教学过程】

一、认识自然物和人造物

1. 寻找自然物

出示风景图：这个地方美丽吗？是什么组成了这一美景？你能在图中找一找吗？

2. 寻找人造物

出示鸟巢夜景图：这个地方美丽吗？这是哪里，认识吗？这幅图中又有哪些景物呢？

3. 寻找自然物和人造物的区别

（1）这两幅图中的景物有什么不同？

（2）揭示自然物和人造物的概念

（3）小结：像湖泊、高山、花草树木、蓝天白云这些大自然本来就有的，我们称之为自然物；而像鸟巢、烟花、高楼大厦这些由人们创造出来的，我们称之为人造物，在它们身上能找到人加工的痕迹。

【评析】低年级学生对于色彩鲜艳的图片比较感兴趣，从两张风景图着手，自然风景与人造景物形成鲜明的对比，让学生在欣赏图片时不知不觉卷入科学研究状态。

二、区分自然物与人造物

1. 比较树叶和书签的不同

（1）出示树叶：这是什么？如果要把它贴在黑板上，应该贴在哪一边呢？为什么要贴到自然物这一边？

（2）出示塑封树叶书签：老师这里还有一片树叶，它又应该放在哪里呢？你怎么看出它是人造物的？

（3）小结：你们从它身上找到了人加工的痕迹，所以它是人造物。

2. 分一分，初步学会寻找分类证据

（1）出示物品，老师这里还找来了一堆物品，都认识吗？

自然物：蚕豆、树枝、贝壳、花生

人造物：瓶盖、玻璃球、塑料片、木块

（2）刚才我们知道了自然物和人造物的不同，你能把人造物从中挑出来吗？

（3）小组分类

（4）展示汇报

①展示：请学生将分好类的物品分别贴到自然物和人造物的下面。

②交流：你为什么认为它是人造物？这些又为什么是自然物？

3. 辨一辨，加深难度寻找分类证据

（1）分辨象鼻山和石雕大象

（2）分辨真鱼和塑料鱼

【评析】这一环节出示生活中常见的各种物品，让学生直观地认识到自然物与人造物的区别，通过小组分类活动区分自然物与人造物，从思考、讨论，到得出结论、展示汇报，让学生亲身经历完整的科学探究过程。

三、认识自然世界和人工世界

1. 谈话：今天我们分辨了很多物体，这边的都是什么？这些植物、河流、山脉、云朵等是自然界本来就有的，它们构成了自然世界。这边的都是人造物，人造物构成了人工世界。

2. 我们所在的这个教室是什么世界呢？那如果要去寻找自然世界，我们要到哪里去找？

3. 出示图片，学生分辨是自然世界还是人工世界。

【评析】从单一物品过渡到由各种物品组成的复杂世界，引导学生进入更深层次的思考，带领学生认识自然世界与人工世界的区别。

四、把自然物改造成人造物

1. 出示树叶：看，这是什么呀？你能不能把它改造成一个人造物，让它成为人工世界新的一员呢？你准备怎么做？

2. 介绍材料：水彩笔、剪刀、双面胶（使用剪刀时要小心）。

3. 学生改造自然物，教师巡视。

4. 展示汇报：你做的是什么？是怎么加工的？

5. 小结：来自自然世界的礼物，经过小朋友们的剪、贴、画等加工之后，就变成了一个个精美的人造物，成为人工世界新的成员。

【评析】让学生体验自然物是如何变成人造物的，更深刻地认识到两者的区别，学生运用课堂所学到的知识进行创作，更巩固了科学研究的成果。

五、全课总结，拓展延伸

1. 谈话：通过今天这节课的研究，我们学会了分辨自然物和人造物，认识了自然世界和人工世界。

2. 提问：那么，我们到底生活在怎样的世界里呢？让我们带着这个问题一起看一下下面几张图片。

出示图片：海中建灯塔、太空放卫星、小区里绿树环绕。

总结：我们生活在怎样的世界里？对，是自然世界和人工世界并存的世界，我们享受人工世界便利的同时，也依赖着自然世界的美好。

【评析】通过一组图片的展示，让学生明白自然世界与人工世界并不是独立存在的，让学生更深入地了解我们生存的世界是什么样的。

【教学精彩片段】

（交流研讨环节教学片段）

师：（出示风景图）这个地方美丽吗？是什么组成了这一美景，你能在图中找一找吗？

生：有蓝天白云、高山湖泊、花草树木。

师：（出示鸟巢夜景图）这个地方美丽吗？这是哪里，认识吗？这幅图中又有哪些景物呢？

生：有绚丽的烟花、灯火辉煌的鸟巢……

师：两幅图中的景物都非常美丽，它们有什么不同之处吗？

生：第一幅图中的都是自然景物，第二幅图是城市中的景物；

第一幅图中的景物是本来就存在的，第二幅图中的景物是我们造出来的。

……

师：同学们说得都不错，像湖泊、高山、花草树木、蓝天白云这些大自然本来就有的，我们称之为自然物；而像鸟巢、烟花、高楼大厦这些由人们创造出来的，我们称之为人造物，在它们身上能找到人加工的痕迹。

【片段评析】孩子们通过欣赏优美的风景图踏入课堂，通过两幅图中景物的对比，让学生进行思考，其中的区别在哪里，从而揭示自然物与人造物的概念。教师在教学过程中需要引导学生自己说出其中的区别，让学生多思考、多发言，培养他们的科学思维与表达能力。

（张雅芝）

第二章

问题解决学习的支持策略

深度学习的最终目的是要解决复杂的真实问题。科学学习的主要方式是科学探究，探究学习也被称为“问题导向式”学习，科学探究是科学课程实现深度学习的重要路径。

第一节　科学课走向深度学习的路径

一、问题解决学习的内涵意蕴

（一）问题解决学习的渊源

问题解决学习的思想由来已久，从苏格拉底的谈话法到杜威的问题教学法、布鲁纳的发现学习法，虽然名称不同，但它们实质上都是以问题为中心的教学方法。

问题解决学习最早可以追溯到古希腊苏格拉底以问题为中心的谈话法，这种学习方法也被称为“精神助产术”“产婆术”等。苏格拉底谈话法主要特征有：（1）问题性。谈话法主要围绕某一或某些问题、以师生对话的形式进行，提出问题、回答问题、反复诘难来寻求普遍的定义、探索一般的真理。（2）试错性。苏格拉底的谈话法常常鼓励对方在回答问题中尝试错误。苏格拉底认为尝试并承认自己的无知是认识真理的第一步，是认识问题、获得真理的重要前提，只有不断地尝试错误、认识错误，不断清除错误观念后才能在真理的道路上前进。在谈论某一事物时，苏格拉底从不说出自己的看法，而总是以无知的态度向对方请教。当对方提出自己的看法之后，苏格拉底就举出一些事例揭示出这个观点在运用于这些事例时显得不恰当，使得讨论不断拓展、深入。

如果说苏格拉底谈话法只是一种问题教学的思想和理念，是教学方法上的一种价值取向，那么真正提出问题教学这一概念的则是美国教育家杜威。杜威的问题教学法基于他的思维理论。他在《思维与教学》中提出，一切教学首要任务在于“培养灵敏、缜密而透彻的思维习惯”，“学习就是学习思维”。在他看来，学校教学的重要任务是唤起儿童的思维，培养儿童的思维能力。而采用问题教学有助于学生的思维能力和思维习惯的培养。

由此可见，杜威倡导问题教学绝不仅仅是为了使儿童获得一些简单的操作技能，他的主要目的是为了训练思维、开发理智。杜威认为，人类解决问题的思维过程可以分为五个步骤，通称“思维五步”：（1）疑难的情境中发现问题。（2）确定问题。（3）根据对解决这些问题的设想收集可使问题得到解决的证据。（4）通过推理判断的思维活动提出关于问题答案的假设。（5）进行观察或者实验证实结论的可靠性，即检验或修改假设。杜威指出，这五个步骤并不是固定的。由“思维五步”出发，杜威进一步提出问题教学在课堂教学活动中的实施也相应地分为五个步骤：（1）教师给儿童提供一个与现在的社会生活经验相联系的情境。（2）使儿童有准备去应付在情境中产生的问题。（3）使儿童产生对解决问题的思考和假设。（4）儿童自己对解决问题的假设加以整理和排列。（5）儿童通过应用来检验这些假设。

美国布鲁纳提出的发现式学习，其目的是通过探索发现的学习活动，学会解决问题的各种策略。发现式学习主要以学科的基本结构为内容，使学生通过再发现的步骤来进行学习。在布鲁纳看来，所谓“发现”并不仅仅意味着人类对未知世界的那种科学发现，而更具意义的是那些学生凭借自己的力量对人类已有的文化知识所进行的再发现。

布鲁纳的发现式学习主要特点包括：（1）强调学习过程，注重学习过程中的探究性。认为学习是学生主动探究的过程，而不是被动接受作为产品传递的知识。教师的作用是给学生提供一个能让学生独立探究的情境而不是现存的知识。（2）强调直觉思维。直觉思维的本质是映像或图象性的，它的形成过程一般不需要言语信息，尤其不需要教师指示性的语言文字。所以教师在学生探究活动中要帮助学生形成丰富的想象，与其指导学生如何做，不如让学生自己试着做，边做边想。（3）强调学习者学习的内在动机。他重视形成学生的内部动机或把外部动机转化为内部动机。尤其是重视形成学生的能力动机，让学生对自己的能力提出挑战，通过激励学生提高自己才能的欲望从而提高学习的效率。（4）强调信息的灵活提取。他认为，学生亲自参与发现事物的活动，必然会用某种方式对它们加以组织从而有利于信息提取。发现式学习没有固定不变的步骤，学习过程因人而异，一般经历：提出假设——探究结果——检查验证三个阶段。

（二）问题解决学习的意蕴

近代基于问题的学习来自 20 世纪 60 年代末西方的医学教育，是教育领域中最具革新的一种教学形式，最近几年火热的 PBL 教学模式、项目式学习、基于设计的学习、STEAM 课程、创客教育等，都是直接或间接地引导学生在问题解决中展开深度学习的实践努力。

问题解决学习就是让学生围绕解决一些结构不良的、真实的问题而进行的一种有针对性的、实践性（不仅动脑还要动手）的学习，其目的是为了培养学生应用知识解决复杂和现实问题的能力，并帮助学生发展高阶思维，养成学生自我导向的学习能力。

简单地讲，问题解决学习的实质是让学生在问题解决中学习，让学生在问题解决的过程中学会知识建构、学会问题解决、学会身份建构和学会高阶思维。在实际操作中，强调问题解决学习，就是要让课堂学习发生两个翻转：一是将以知识为主线的学习翻转改造为以问题为主线的学习。过去课堂中盛行的是以知识为主线的学习，带有过分强硬的知识痕迹，其实质是强制学生与枯燥、抽象的书本知识直接发生关系。这种学习模式不仅难以激发学生的深层动机，而且难以引导学生达到对知识的深度理解和灵活运用，因而需要代之以问题为主线的学习模式。二是将先学后用的学习翻转改造为学用合一的学习。同样，以往的课堂盛行的是先学后用的学习，教师习惯于让学生先学书本知识或理论知识，然后再让学生迁移和运用知识，自然造成了学与用的分离。就其思想实质而言，这种学习模式将理论凌驾于实践之上，认为理论优于实践，理论先于实践。而在问题解决学习中，理论与实践构成的是平等共生关系，学生学习新知识的过程同时是运用知识解决问题的过程，反之，学生运用知识解决问题的过程同时又是学习新知识的过程。

二、问题解决学习和科学探究

问题解决学习实质上是一种探究性的教学模式，该教学模式以学生为主体，以小组合作学习为主要形式，课堂气氛活跃，学生的主体性得到了充分体现，学生的思维能力、小组合作探究能力得到了有效培养。深度学习倡导问题解决的学习，它要求教师不断更新观念，对教学内容进行二次开发，把握科学探究的重要环节，通过提高学习设计的规范性和系统性，增强学习过程的体验性、互动性和生成性。

探究式教学是科学课的基本方法，也是科学教学法的精髓。在科学教学中，教师创设有助于学生自发地产生思维与沟通互动的问题情境，将教学中有价值的、需要解决的问题置于情境之中，情境中真实的事例、新颖的背景、直观的感受、要给学生引人入胜的情境，从而使之浸润在探究式学习中获得知识和能力，并通过知识的运用来解决生活、生产实践中的相关问题。可以看出，学习者围绕科学问题展开活动是科学探究的一个基本特征。无论探究过程中涉及哪方面内容，探究活动都以“提出问题”为起点，然后围绕着解决这个核心问题而逐步推进展开。在指向深度学习的科学课堂中，教师只有以“提出问题”为导向，以“分析问题”为线索，以“解决问题”为驱动，将“基于问题的学习”贯穿于科学探究活动的始终，引发学生的深入思考，提高解决问题的能力。

促进学生深度学习的问题解决学习在操作上可以采用两种方式：一是课

题研究式学习，二是项目创作式学习。课题研究式学习与项目创作式学习在学习方式上都强调探究，但课题研究式学习更强调让学生去追究和发现，项目创作式学习更强调让学生去实践和创作。同样，课题研究式学习和项目创作式学习在学习成果上都强调学生的深度理解和实践创新，但课题研究式学习更强调让学生去发现结论（本质、规律、原因、思想、方法和价值等），项目创作式学习更强调让学生去创作作品（建立模型、设计方案、制作产品、创编话剧、组织活动等）。通俗地说，课题研究式学习强调让学生搞明白点事情，做个"小科学家"；而项目创作式学习则强调让学生做出一点事情，做个"小工程师"。

（一）问题解决学习的原则

科学课上的问题解决学习的实施要根据学生的实际情况、教学内容和教学目标灵活地加以运用，一般需要遵循以下几个原则：

1. 民主性原则

在教学组织形式及方法、师生关系和教学氛围的创设等方面建立自由、和谐的课堂。教学要民主，充分尊重学生的人格，做到"道而弗牵，强而弗抑，开而弗达"，师生间平等，学生以愉悦的心情学习，从而积极参与、大胆想象猜测，不断产生新的观点。

2. 问题性原则

教师要精心设计问题情境，呈现出来的问题情境要能引发学生的认知冲突，激发学生学习的兴趣，鼓励学生提出问题，对他们的标新立异要及时给出合理的解释，让学生从中体验到成功的喜悦。

3. 探究性原则

科学课程倡导自主、合作和探究的学习方式，问题的设置要突出探究性，问题的提出要能驱动学生的探究。从某种意义上来说，学生探究的愿望越强烈，探究行为越多，探究的效果越显著，这就表明教师的启发越有效，教师的主导作用与学生的主体积极性结合得越圆满。

4. 全体性原则

心理学研究表明，学生的创造力与智力、学习成绩没有太多直接的关系，因而教学上不能优胜劣汰，要为每一个学生的发展提供有效的帮助，做到有教无类，坚持面向全体学生、促进学生的全面发展，全面培养每一个学生，使其成为适应社会需求的有用之才。

（二）问题解决学习的环节

深度学习的发生，是基于一定思维空间和挑战性的学习任务或活动载体。问题解决学习在进行知识学习的同时，更要有意识地引导学生运用知识、探究未知、赋予学生更广阔的学习空间，从而进入情绪高投入、思维高层次、认知多体验的深度学习中。问题解决学习是提出问题、解决问题的过程，问题既是情境与教材的桥梁，又是活动的链接点，一般来说有以下五个环节（如图）：

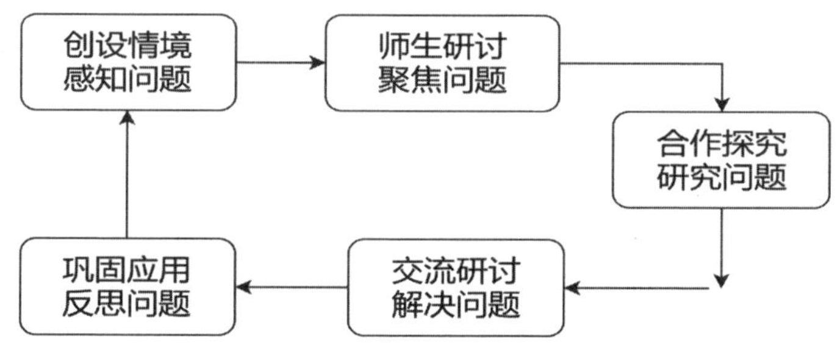

“创设情境—师生研讨—合作探究—交流研讨—巩固应用”五个教学环节，让目标问题贯穿于课堂的各个环节，从“感知问题—聚焦问题—研究问题—解决问题—反思问题”，整个流程一般在课堂内进行，也可以延续到课外继续探究。学习起始于问题提出，贯穿于问题解决，结束于问题解决，从其具体组织序列上可以看出是一个问题解决的过程。下面以苏教版小学科学三年级上册《空气占据空间吗?》为例展开说明。

1. 创设情境，感知问题

科学问题是开展探究活动的起点。教师根据学生的认知结构、已有经验和学习基础，为学习者设计一个真实的问题情境，让学生面临一个需要立即去解决的现实问题，可以激发学生主动解决问题的内驱力，促使学生以最佳的情绪状态，主动参与到学习中来。

问题解决式学习的首要环节是要创设恰当情境，让学生从中发现有探究价值的内容，并以问题的形式呈现出来，学生再根据兴趣与能力选择相应的探究题目。对于一堂新课来说，新颖独特的情境能一下子把学生的注意力吸引到课堂学习上来，引起学生求知的欲望和激发学习的兴趣，为进一步的学习做好充分的思想准备。如在进行《空气占据空间吗?》教学时，教者在实验桌上提供了水槽、玻璃杯、纸团，让学生动脑运用材料做实验，学生的好奇心被激发，思维也瞬间被调动。当教者提示性地播放一段实验视频后，学生对实验燃起了极大兴趣，同时对实验结果形成两种截然不同的猜测。此时学生的思维就集中在一个特定的问题上，探究“玻璃杯里的纸能不能湿?”

2. 师生研讨，聚焦问题

问题是思维的出发点，问题的出现自然会激发思维。教师有意识地对某个知识点设问，能使学生直观有效、透彻全面地解决问题；针对知识结构进行多点综合设疑，培养学生归纳综合、推理论证的能力；针对知识结构与知识体系的重点联系进行贯穿设疑，让他们聚焦问题，进行讨论、设计解决方案是最重要的环节，教师可根据教学内容及学生可能出现的认知障碍引入教学辅助，让学生通过小组讨论、课堂交流等方式想到解决问题的策略。在进行《空气占据空间吗?》教学时，学生实验 1 结束后发现纸团并没有湿时，教者又推波助澜，再次设置了挑战性的问题情境，学生在情境中思维被调动从而再次产生了问题：“为什么纸团不湿?”“水为什么进不了杯子中?”在聚焦这些问题并讨论设计问题解决方案后，教师就提供结构性的材料，根据自己设计的方案，在解决问题这一目标任务的驱动下实践探究。

3. 合作探究，研究问题

学生是学习活动的主体，一切问题的解决都是为了学生的发展，教学过程中要实现思维向纵深的发展，学生的思维能力、小组合作探究能力得到有效培养，这是课堂教学的核心。此时如果教师能设计一组问题链，那么学生的合作探究就会更高效。在《空气占据空间吗?》教学时，教者设计了三项环环相扣的实验活动：实验 1，装有纸的玻璃杯垂直压入水中，观察杯中的纸是否会湿。实验 2，竖直压下装有纸的玻璃杯，然后倾斜杯口，观察水杯子中的纸会不会湿。实验 3，竖直压下杯底有小孔的玻璃杯，然后打开小孔，观察杯子中的纸会不会湿。引导学生按照科学探究程序，层层深入探究。当实验 1 结束后，学生们惊异于“为什么纸团不湿?”，学生在这个真实问题的驱动下，主动猜想、判断、分析、推理、评价，在思维碰撞中，学生进入实验 2。当实验 2 结束，学生认为可能是“空气保护了纸团”的猜测得到同伴回应后，他们就开始投入到如何搜集证据、阐释观点中，解决问题的意识就显得更加主动。为了帮助学生深度体验，教师提供了精心设计的典型材料作为深入思维的支架。当教师出示底部带有小孔的杯子时，学生的思维再次被激发，学生第 3 次参与到实验中。

4. 交流研讨，解决问题

科学家以结果能够重复验证的方式交流和评价他们的解释。这就要求科学家清楚地阐述所研究的问题、程序、证据、提出的解释以及对不同解释的核查，以便疑问者进一步地核实或者其他科学家将这一解释用于新问题的研究。而课堂上，学生在探究活动后，公布他们的解释，使别的学生有机会就这些解释提出疑问、审查证据、挑出逻辑错误、指出解释中有悖于事实证据的地方，或者就相同的观察提出不同的解释。学生间的这种交流，能够培养学生尊重事实、自信表达、理性批判、合作共进的品质。同时，这种交流也有利于引发新的问题，有助于学生将实验证据、已有的科学知识和他们所提出的解释这三者之间更紧密地联系起来。最终，学生能解决彼此观点中的矛盾，巩固以实验为基础的论证。

在教学《空气占据空间吗?》这课时，学生在经历 3 次实验探究后，教师适时引导他们从纷繁复杂的现象中发现事物本质，引导他们把各种信息通过分析、比较、抽象，从而将其内部属性归纳为概念，可谓水到渠成。学生在搜集丰富思维材料的基础上，通过回顾反思、信息归类等思维活动，理性分析得出了“空气占据空间”的初步结论。在此过程中，教师只是个观察者和帮助者，必要时及时提供思维支架，帮助深入探究以加深理解。教者的适时点拨，帮助学生搭建了思维的支架，学生在问题解决过程中进行了由浅入深的体验，从而顺利地完成学习任务。

5. 巩固应用，感悟问题

要学生知道自己的科学结论是否正确，最好的办法是到实践中去检验。为此，教师要努力创造学习和实践相结合的机会，让学生再次在现实生活中感悟问题。在上《空气占据空间吗?》教学时，当学生通过反复探究终于验得出“空气占据空间”这一结论时，教者接着安排三个学用结合的场景：（1）往带有胶塞的漏斗里灌水，水能灌到瓶子里吗？为什么？（2）用气球嘴反套住瓶口，然后用力吹气球，气球吹得大吗？为什么？（3）你能用今天学到的知识解释“乌鸦喝水”吗？学生围绕这几个生活中的实际问题猜测、实验、解释，用自己得出的结论再去解决现实问题，从而使自己在这种思维活动中获得了科学知识的内化和迁移。

在科学教学中，教师要不断更新观念，对教学内容进行二次开发，把握科学探究的重要环节，通过提高学习设计的规范性和系统性，增强学习过程的体验性、互动性和生成性，帮助学生围绕“问题”开展自主合作探究学习，让学生在问题的驱动下进行由浅入深的体验，最终达到解决问题的教学目的。

第二节 探究从科学好问题开始

“让学生自己提出问题，解决问题比单纯的讲授训练更有效。”这句话明确地指出了问题的重要性，科学教学从学生发现问题开始，指向问题解决，到产生新的问题终结。

一、“提出问题”的意义及现状

（一）“提出问题”的意义

科学家波普尔曾提出：“我们不是从观察开始，而是从问题开始。”可见，问题是探究的起点，是探究发现的根源，处于探究过程的核心地位。科学探究通常涉及提出问题、作出假设、制订计划、搜集证据、得出结论、表达交流、反思评价（如图），而发现和提出问题是科学探究程序的首要环节。

“提出一个问题往往比解决一个问题更重要”（爱因斯坦语）。“提出问题”这一重要环节如果被简单化处理，会致使学生难以感受发现问题和提出问题的历程和艰难，也难以感受提出问题的重要价值和意义。《义务教育小学科学课程标准》对“提出问题”目标提出明确要求：1~2 年级，在教师指导下，能从具体现象与事物的观察、比较中提出感兴趣的问题；3~4 年级，在教师的引导下，能从具体现象与事物的观察、比较中，提出可探究的科学问题；5~6 年级学生能基于所学的知识，从事物的结构、功能、变化及相互关系等角度提出可探究的科学问题。

在教学中，按问题的来源又把提出问题分为四个由低到高的层次：（1）学生直接探究教师、教材给出的可以探究的科学问题；（2）学生从教师、教材所提供的科学问题中选择可以探究的科学问题；（3）学生在教师、教材提供的科学问题基础上，需要有所改变，提出可以探究的科学问题；（4）学生根据问题情境，自己提出可以探究的科学问题。教师在实际教学中，应根据教学目标、教学内容及学生特点来选择某个层次的教学，随着学习的进展逐渐提高问题开放的程度。

指向深度学习的问题解决学习特别突出“问题”这一要素的地位，前提是将书本知识改造为等待学生去解决的问题，教学全程体现知识问题化、目标问题化的理念，旨在追求以问题为主线的学习，让学生在问题解决中学习，让学生在问题解决的过程中学会知识建构、学会问题解决，学会身份建构和学会高阶思维。但如果问题的质量不高，缺乏那种牵一发动全身的“大问题、主问题、核心问题、高阶思维问题”，那么问题解决教学就会大打折扣。

适合的问题能调动学生学习的积极性，让学生积极反省，改善自己的认知结构。从心理学角度分析，思维靠问题激发，靠解决问题过程中不断出现的新问题延续、展开和深入。可以说，所有发现和创造，仅依靠事实材料是不够的，需要有核心内容凸显、思维跨度适中的问题链的引领，才能逐渐逼近对象的本质，进而不断提升建构的层次。

因此，发现问题和提出问题是指向深度学习的科学探究前提，问题的确立是学生探究的动因和目标，建构有价值的问题是深入开展科学探究的有效保证。学生如果能自主发现问题并提出问题，则探究性学习就能进入良性循环，深度学习也更容易发生。

（二）问题提出的现状

1. 忽视问题意识的培养

长期以来，课堂教学由教师主导，为了节约时间，教学中往往很少给予学生提出问题的机会。同时，因为课时的限制，教师对学生提出的课堂教学外的问题往往“熟视无睹”。这种教学处理看来直截了当，似乎提高了教学效率，其实质则是忽视问题意识的培养，忽视提出问题在整个科学探究中的重要作用。这种缺少激发学生产生疑问、质疑的教学处理，减少了学生体验发现、区分、提炼和表达问题的机会，制约了学生发现问题、提出问题的能力发展。

2. 忽视问题提出的质量

很多教师认为，只要有疑问就能自发产生科学问题，怎样提出科学问题无需专门指导。学生在提出问题时，往往只是将头脑中的疑问说出来而已，不知道这些疑问和科学问题之间的区别；有些问题脱离学生生活、缺乏真实性；而教师对此麻木而不予指点或启发。“问题”是科学探究的基础、关键和特征，科学探究的问题必定是接近学生生活的、真实的科学问题，问题一定不能脱离科学本质，离开了科学本质大搞科学探究，最后的结果一定是南辕北辙。

（三）问题意识的培养

“一个问题的产生通常要比它的结论得出更为重要。”问题的提出离不开学生问题意识的培养。为此，在科学教学中，教师应从各个途径入手，着力培养学生的问题意识。

1. 让学生从观察中发现问题

问题来源于观察，学生观察的越多、越细致，发现的问题就越多。如蜡烛燃烧这个常见现象涉及物质变化、能量变化等诸多方面，学生日常生活中也无有意识的观察，如果课堂上教师给予学生充分的观察蜡烛现象时间，那么学生就会发现一些燃烧现象：火焰有橙黄、棕黄和蓝色三种颜色；蜡烛燃烧时会出现蜡油；蜡烛燃烧时会有黑烟；蜡烛燃烧的气体能使澄清石灰水变浑浊；蜡油由固态变为液态再变回固态……学生边观察边思考，困惑也由此产生，为提出问题做好充分准备。

学生的生活和大自然中也蕴含着大量的科学现象和科学问题，学生都是生活在“问题”之中的，关键看有没有对问题的敏感。为此，教师可以鼓励学生养成有意识地观察生活、观察自然，并将自己的困惑和疑问记下来的好习惯。教师可以引导学生建立“问题本”，本子上可以记载“我观察到了什么?”“我有什么疑问?”“我的猜测是什么?”然后全班定期进行问题交流会、问题本展览会等活动，以此帮助学生留住“疑问”。有了这个“问题库”的训练，学生发现问题的能力将会大大提升。

2. 让学生从情境中提出问题

科学课要想引出问题，有意识地设计一个合理的问题情境是关键。如果问题情境设计得合理，就能最大限度地调动学生的探究热情，激发学生的学习积极性，为整节课的顺利完成奠定良好的基础。如在教学“空气占据空间”时，有教师找到一名身材高大的男同学和一名身材娇小的女同学到讲台前。拿出两个同样大小的空饮料瓶，将两个气球分别装进饮料瓶中，并把气球进气口套在瓶口上。老师请同学们预测，哪名同学会最先把气球吹起来。大家都认为男同学会胜出。经过比试，结果却出乎意料，娇小的女同学只吹了两下，气球就在瓶子里鼓起来了；而高大的男同学无论怎么用力吹，气球都无法在瓶子中胀起来。顿时，全班同学都惊呆了，这种情境让学生在惊异中发现问题，从而引发思考。

3. 让学生从平常处提出疑问

学生在学习过程中总会发现已有知识经验和新知识之间的矛盾，这就要鼓励、引导学生大胆质疑和提问，这不仅保护和激发了学生的好奇心，还能帮助学生进一步提出有价值的问题。在教学时教师要有意识地在可疑处求疑，如设计实验方案时，要引导其他学生针对“怎样做”“为什么这样做”“可以有几种方法做”“哪一种方法更简便”等质疑，以促使学生思考；当学生进行汇报时，要引导其他学生从“他们研究方法科学不?”“他们搜集的证据是否能得出结论?”等方面质疑，从而使研究更严谨。教师还要在无疑处求疑，让学生对所学知识和运用方法进行反思，以促进学习主体更深层次的思考。如在学习完“物体的形状变化了”后，学生对弹性和弹力有了一定的了解，此时教师再追问:“你们还有什么不明白的?”“生活中所有的物体都具有弹性吗? 能不能想办法证明?”“生活中哪些地方应用了弹力?”从而促进了学生的思维和知识内化，进一步推动课外探究。

二、辨别科学好问题的三个标准

好问题是深度学习发生的基本前提。好问题源自学习者的内在需求，模糊而开放，是对思维的挑战；好问题源自教师自身的真实困境，值得和学生共同思考和探讨；好问题，可以激发学生的独立思考，促进学习共同体的有效交流，在师生深度对话中建构意义，实现深度学习。大量课堂实践证明，有利于促进学生展开问题解决学习的问题需要满足三个条件：一是精妙和巧妙，即设计出能有效触及学生心灵深处和触发学生兴趣、情感与思维的问题；二是鲜活和灵活，即设计出尽量真实且具有探究空间的问题；三是综合和整合，即设计出能够统摄学习目标、学习内容和学习过程的问题。具体来说，科学好问题至少应该具备以下几个特征：

（一）好问题是适合学生认知的问题

好问题源自学习者自身的内在需求、符合学生的认知结构。学生天生具有好奇心，他们是通过提问来认识和探究这个世界的，所以好问题必然是与学生知识水平、生活经验等相适应，能启发学生思考，让学生经历思维挑战过程的，也就是说适合学生认知结构的才是好问题。

适合学生认知结构的问题正好在学生的最近发展区，具有适宜的思维挑战性。挑战是因为问题本身所形成的空间与学习者原有的认知能力之间存在落差，而弥补落差、找寻平衡又是学习者天然的心理诉求。原有经验与新的问题在学习中不断碰撞、磨合，问题才能获得解决，思维亦获得进阶。如果这问题只是换来学生不假思索、异口同声的回答，这样的问题质量肯定是值得怀疑的。

当然作为学习任务的问题，挑战性应当是适宜的，要让学生“跳一跳”之后就能跨越。过难的问题，学生不断地受挫、受阻，有可能会阻断学习的真发生。如在教学生“水的浮力”时，如果直接提出“物体的上浮和下沉与什么因素有关”这一问题，就超出了学生的认知结构，会感觉到挫败感；但如果仅仅问哪些物体会下沉，哪些物体会上浮，那么对于学生来说很简单，只要把这些物体放入水中即可知道，没有挑战性就没有思维的“压迫感”，深度思考与深度学习就难以发生；但如果老师有意识地提供一组体积相同和一组重量相同的物体，那挑战性问题就出来了：（1）体积相同的情况下，物体的沉浮与什么有关？（2）重量相同的情况下，物体的沉浮与什么有关？从而诱发思维活动的发生，进而展开进一步深入探究。

（二）好问题是可延展的科学真问题

科学探究的好问题必然是科学问题。科学问题对象是探讨自然界的，需要用观察、实验或推理等方法完成的，问题结果一般暗含着某种理论假说。如果没有一定的理论假说，过于开放性而没有结果的问题，谈不上是一个科学问题。来源于日常生活中的问题不一定是科学问题。比如，“哪种品牌的运动鞋更好?”“为减少污染和交通拥堵，应该限制小汽车的使用吗?”“应该鼓励市民乘坐公共交通工具出行吗?”等是个人爱好、道德判断、价值选择方面的问题都不属于科学问题。科学问题是针对客观世界中的物体和事件提出的，是能够通过收集数据而回答的问题。例如，“哪些因素影响水结冰的速度?”就是一个科学问题，因为可以通过实验收集数据予以解答。

好的科学问题一般有一定的延展性，能驱动持续性的学习过程。例如关于声音，学生提出“声音是怎么产生的”就是个好的科学问题。这个问题学生一眼看不到底，得不断开掘。学生用多种方法进行探究：皮筋发声实验、鼓发声实验、音叉发声实验，在这些实验的基础上，引导学生思考分析：虽然发声物体各不相同，它们发声的方法也不尽相同，但他们却有一个相同点即发声时都在振动，由此可以得出振动是产生声音的原因。而此时，吹空瓶子发出声音，学生立刻又会引发新的问题和思考，问题与问题之间会碰撞，环环相扣，学生由个别到一般，终于归纳出物体发声时的共同特征。由此可以看出，好的科学问题是学生不断引发新思考，不断产生新碰撞，不断迸发新观点的过程，这就是深度学习。

（三）好问题是具有现实性的问题

问题的现实性是指有关自然科学的问题必须是客观存在的现实问题，是紧密结合学生生活的，问题就在我们的身边，是可以组织和引导在现实中提出问题，经历探究，又回到现实中应用、印证的科学问题。例如在学习摩擦力时，教师让学生观察生活中的各种现象，并让学生现场玩地面拉人滑行的游戏，学生在思考中逐渐剥离出“摩擦力大小与哪些因素有关?”这个问题，由于这个问题是学生在现实学习生活中碰到的确实需要解决的，具有强烈的现实性，所以学生的探究积极性很高，等他们用小车、重物、圆铅笔、抹布、测力计等材料设计实验进行收集数据，并发现摩擦力的秘密后，他们又用这一研究结论去解释生活中的现象。枯燥的知识激不起探究的愿望，只有这些与实际生活息息相关的现实问题才能激发学生的好奇，从而培养学生关注身边与科学有关事物的习惯。

没有好问题，就无法诱发深入的科学思维，深度学习就不可能真正发生。我们只有根据学生的认知规律精心设计问题，用问题解决来驱动儿童的学习和深入思考，学生学习新知识的过程同时是运用知识解决问题的过程，学生运用知识解决问题的过程同时又是学习新知识的过程，整个教学活动都围绕问题展开，由浅入深，步步深入，环环相扣，从问题到问题，从问题走向超越。

第三节　好问题提出的支持策略

提出一个好问题能使学习者对学习产生浓厚的兴趣，在强烈的探究欲求驱动下，才能开展基于科学思维的科学探究。为此，教师要灵活应用各种教学策略，帮助学生提出和确定可以开展探究活动的科学好问题。

一、转化成好问题的技巧

科学探究最重要的基本技能之一就是能够提出可以探究的科学问题。学生有了问题意识，“问题”就会源源而来，但学生最初提的很多问题却无法研究或者没有价值。因此，仅有问题还不够，还要指导学生学会甄别问题或转化问题，提升学生提出问题的能力和水平，享受到探究的乐趣。

（一）把“为什么”问题转化为“怎么样”问题

科学问题主要研究的是“为什么”的问题和“怎么样”的问题。学生的疑问常以“为什么”的形式表达，“为什么”的问题范围更大，变量太多，难以操作。解决“为什么”的问题往往需要一系列“是什么”问题的解决为前提。而“是什么”的问题是指向事物的属性，可为后续的研究提供清晰的思路，并且会伴随着一个确定的答案：是或者不是。因此，在小学阶段的科学探究中，需要师生合力将“为什么”的问题转化为“怎么样”的问题，“怎么样”的问题范围更小、更明确，有助于提高探究的科学性和有效性。

教师可先对孩子们进行“是什么”问题的观察和训练，再进行“为什么”的解释性思考；学习“为什么”的主题，要有足够的对“是什么”问题的思考和观察训练的基础。对于小学低年级的孩子，应该主要进行“是什么”问题的探究活动，但鼓励对“为什么”问题的思考，不过不做严格的要求。对于小学中高年级的学生，要鼓励并强调解释。但是，即便是高年级的学生，解释性的科学问题，即“为什么”问题，也不会以符合逻辑的方式在活动之前就能产生，不会在教师的逼问下产生科学问题。而是经过了一段时间的活动后，甚至通过师生共同的讨论才会发现矛盾和困惑，从而提出对现象的解释。

（二）把笼统的问题转化为具体的科学问题

笼统的问题一般不利于研究活动的开展，把笼统活动转化为具体的科学问题，就便于学生探究。例如“为什么衣服晾在通风向阳处干得快?”这一疑问可以通过以下三个步骤转化为多个可以探究的科学问题：（1）第一步：甄别疑问中的日常用语，尽可能用科学术语表达。例如，把“干得快”转化为“水蒸发得快”；把“通风”转化为“周围空气流动的快慢”；把“向阳”转化为“水的温度”。（2）第二步：尝试将影响蒸发快慢的因素分开，就单一因素提出“是什么”的问题。例如，“空气流动的快慢是影响水蒸发快慢的因素吗?”“水的温度是影响水蒸发快慢的因素吗?”（3）第三步：在“是什么”的问题基础上，可以进一步就具体的关系提出问题。例如，“温度越高，衣服里的水蒸发越快吗?”“衣服周围空气流动越快，衣服里的水蒸发越快吗?”经过这样处理会有效降低提出问题能力的培养难度，大部分学生经过多次训练，都可以理解并熟练运用这种方式，将自己的疑问转化成可以探究的科学问题。

（三）把问题转化为可研究的科学问题

学生提问时，往往分不清什么是科学问题、什么是非科学问题、什么是科学性较低的问题，为此教师要帮助学生辨别什么是真科学问题，并把一些实际问题转化为科学问题。比如，教师出示一杯水，让学生开放式地提问。学生的提问可能会是“这杯水是哪里的水?”“水为什么是生命之源?”“被污染的水对人体有何危害?”“给烧杯中的水持续加热，水温会怎样变化呢?”……面对这么多问题，教师有效引导学生思考问题十分重要。因为其中并不是每一个问题都是科学问题，也并不是每一个科学问题都可以进行探究。这些问题中“这杯水是哪里的?”不是科学问题，而“被污染的水对人体有何危害?”则是科学问题。若问题太泛化或太模糊，小学生探究难以获取有效的数据。而“给烧杯中的水持续加热，水温会怎样变化呢?”这个科学问题只涉及两个变量，且都是可以观察到或测量出的，加热时间是自变量，水的温度是应变量，我们通过改变自变量就可以获得问题的答案，所以该问题就是可以探究的科学问题。

最后，在教学中教师要能区分“开放性问题”与“封闭性”问题。什么是“开放性问题”和“封闭性问题”呢？像“气球为什么会被吹大”是开放性问题，像“气球的大小与气球的硬度有什么关系？”属于封闭性问题。开放性的科学问题无边无际，封闭性的科学问题往往指向确定的答案。封闭性的科学问题往往产生于开放性问题的提出之后，没有开放性的问题就不会产生封闭性的问题。开放性问题往往暗含有多个“变量”，而封闭性问题只有两个以下的“变量”。小学阶段的学生，由于抽象能力不够，往往不能独立地成功地提出和解决一个封闭的科学问题，在教学中教师要在探究前引导学生将开放性的科学问题转化为相关联的一系列封闭性问题，学生才能够设计并实施探究来解决，从而最终得到圆满的结果。

二、设计驱动性的核心问题

问题解决学习不能片面理解为“提问教学”，提问教学所提的问题往往只需要学生对知识进行简单的回忆和确认，缺少更深层次的认知功能和驱动价值；问题设计与学生的已有认识脱节，没有促使学生产生认知冲突，没有激发学生的积极认知活动；问题设计不具有程序性，普遍缺乏中心或一定的逻辑性，使学生不能“有阶可上”。

而问题解决学习中，教师精心设计指向学习实质的、符合学生认识发展的驱动性问题，以问题贯穿整个教学过程，促使学生在设问和释问的过程中萌生自主学习的动机和欲望，在分析和解决问题的过程中获得知识和技能，逐渐形成问题解决能力。

良好的驱动性问题能有效地驱动和组织问题解决的过程，促进学生的认识发展；激发学生持续地探求答案的兴趣，激发学生对科学的热爱；培养学生获取信息、选择信息、分析信息的信息处理能力；真实还原科学研究的过程，使学生感受到问题解决过程的思路和方法；培养学生的问题解决能力和知识迁移能力。

要设计出高质量的促进学生认识发展的驱动性问题，教师需要对教学内容和学生的已有认识进行认真、细致的分析，然后才能对问题进行设计和选择。

（一）对教学内容和学生已有认识进行分析

对教学内容的分析，特别是对其具有的认识功能的分析，以及明确学生的已有认识，是设计促进学生认识发展的驱动性问题的关键。因此，在设计驱动性问题链之前，教师需要通过多种方法和途径，分别对教学内容和学生的已有认识进行详尽的分析。

教师注重研读课程标准和全套教材，找准每节课在整体知识体系中的定位，全面分析和了解教学内容所涉及的具体知识点，从教育教学价值、应用价值、促进学生认识发展等方面分析教学内容的功能，明确教学内容在促进学生认识发展方面的作用，确立学生学习教学内容之后认识发展的方向和目标。在此基础上还需要了解学生相关的已有认识，不仅要了解学生的已有知识，还要探查学生拥有了哪些认识。为了了解学生具有的已有认识，教师需要先分析学生已经学习了哪些相关知识，进而分析学生应该具有怎样的认识，然后通过调查问卷、个案访谈等，明确学生真正具有的已有认识。对学生的已有认识水平分析包括：有哪些认识角度、认识事物的思维特点是什么和是否具有清晰的认识思路三个维度。此外，对学生已有认识的分析也包括学生的偏差认识，这正是学生认识发展的生长点，针对偏差认识设计的问题，能够引发学生真正的思维活动，促进其认识转变。

在设计问题后，教师都需要首先判断问题是否基于学生的已有认识，是否能够揭示学生的已有认识，有利于形成认知冲突，即是否属于认识性问题。其次要明确问题的指向性和驱动性，分析与所学知识的研究对象是否具有密切的联系，是否能够激发学生的学习欲望。最后要识别问题的真实性和科学性。好的驱动性问题应该是尽可能把科学知识和真实世界联系起来的问题，是依据科学知识经过加工的真实问题或模拟真实问题。驱动性问题必须是科学、严谨的。不严谨甚至出现科学性错误的问题会将学生引入歧途，使其产生解决问题的困惑。第四，确认问题表述的清晰性和准确性，避免学生在文字理解上产生困惑或障碍。

（二）对问题的本体分析和教学分析

教师在面对一个来源真实、表述科学的问题时，对于它是否能成为教学中的良好驱动性问题，还需要作进一步的具体分析，包括问题的本体分析和问题的教学分析。对驱动性问题的本体分析和教学分析是问题设计的重要环节，它能够帮助教师更好地认识问题，更好地认识问题与学生之间的关系、问题与教学之间的关系、问题与学生认识发展之间的关系。

1. 问题的本体分析

每个问题都有其结构、组成要素和所处的水平。研究问题的结构和水平是认识问题的一个重要环节。问题的水平可以根据问题结构的三个维度确定：提供的数据、使用的方法和所要达到的目标。对于常规封闭性问题、复杂性问题和完全开放性问题这三类问题，教师可通过问题表述中所提供的信息是否完全、问题解决过程所用的方法是否准确、目标结果是否唯一等因素对问题的水平进行确认。问题水平的高低与教学的效果并没有直接关系，不是高水平的问题一定比低水平的问题好，关键在于问题的水平是否适合学生的已有认知结构和教学目标要求。即使是结构良好的问题，只要能引起学生的认知活动，也是好的课堂驱动性问题。

2. 问题的教学分析

驱动性问题是引导和组织学生进行学习活动的问题，要求教师在设计时必须考虑到学生因素和教学因素。首先，教师在分析问题结构时，应当结合教学内容分析，确认教学内容的结构与驱动性问题的结构之间是否匹配。真实的问题往往是复杂的，其结构可能与学科要求的内容结构之间不完全契合，这就需要教师深入分析两者之间的内在关系。如果问题解决的目的、问题解决的过程与教学内容的目标差距太大，此问题就不适合作为这一教学内容的驱动性问题；若问题的结构与学科内容结构之间是部分匹配的，教师可以尝试改变问题的侧重点或者改变问题的范围，使其成为教学内容中某一个具体知识的驱动性问题，还可以尝试将与问题相关的部分学科内容进行一定的整合或者结构调整，使得教学内容的结构与问题结构得以更好地匹配。此外，教师还需要依据学生的已有认知结构和能力水平，判断问题的难易程度，预期问题拆解的可能性与可行性，确保问题处于学生的“最近发展区”。研究表明，只有适度水平的问题，才会引起学生的学习动机，才能有效地驱动和组织问题解决的过程，才能够发展学生解决问题的技能和高级思维能力。教师对学生的情况预期得越充分，就越能有针对性地设计出更合理、更有效的驱动性问题。

三、从“问题”到“问题链”

探究活动的起点是“核心问题”，但解决了这个问题后，还会引发新的问题。如果一堂课的目的仅仅是为了解决一个问题，就还只停留在浅表学习层面。如果教师能基于学生原有的认知结构，分析知识点之间的关联性，不断地拓展、延伸，合理设计一连串具有内在逻辑性的“问题链”，每个问题都是由发现提出、分析解决、感悟再生三个环节构成，在教学中用“问题”引发学生思考，用“链”把问题引向深入，学生在不断地提出问题、解决问题的过程中获取知识和方法。

“问题链”从形式上看，它由一连串问题组成；从过程上来看，它体现为师生、生生间紧密围绕一连串的问题，从各角度各层次来探索和学习；从知识内容上看，它是逐步深入的学习，随着问题的逐步解决，学生的知识结构得到完善；从培养目标上看，它是以培养科学素养等能力为宗旨的。

（一）问题链的设计原则

1. 符合认知规律原则

维果茨基认为在进行教学时，新知识的建构应建立在学生的已有知识水平之上，故教师在设计问题链之前，需要了解学生已具有的基本知识和能力，根据学生已有的知识或经验，将教学内容转化为一串层次鲜明、具有系统性的问题链，师生双方围绕环环相扣的问题链进行多角度、多层次的探索和发现。

针对学生未达到的认知能力设计问题时可分层次多设计几个问题，以便起到降低难度的作用；但过于简单的问题，易造成课堂表面上的“积极”与“热闹”，而未能充分锻炼学生的思维。从教学过程来看，当课堂教学从“问题”发展到“问题链”，其转变的核心和前提仍然是“问题”；但是，如果“问题链”中的问题设计得太细太具体，则会导致教学内容被分解得支离破碎，既不利于培养学生思维的深刻性和独立性，也不利于学生形成相对完整的思维过程和掌握知识的整体结构。因此，从“问题”到“问题链”，教师更需要关注的是问题之间的逻辑联系，设计出合适的“问题链”，把学习置于一系列问题之中，让学生自主地发现问题、提出问题和探究问题，以此来促进学生思维品质的提升。

2. 整体实现目标原则

“问题链”设计时要考虑是否有利于教学目标的整体实现。教师按照知识点的教学功能和内在联系，将教学知识点转化成一系列问题，这些问题以链状结构环环相扣，形成问题链。有效的“问题链”设计，应当从整体上处理学习的重点和难点，按照知识的逻辑关系和学生的认知心理结构而设计的问题群，符合教学目标的要求。在实施“问题链”的过程中，教师以问题形式组织教学，让学生自己对问题进行分析、思考过程中，学会如何学习，引导学生在解决问题的过程中探索性的发现问题、解决问题，从而实现知识的意义建构，促进学生认知、技能、情感的全面发展。

3. 思维的发展性原则

“问题链”不是学习问题的简单堆砌，而是不同类型和功能问题的有机组合。设计问题链时，要考虑“问题链”是否为思维发展搭建了支架，是否具有层次性。设计的问题有核心问题、基本问题、具体问题之分。其中，核心问题代表着思维发展的方向，统领着其他类型的问题；基本问题是思维发展的支架，是为解决核心问题而设置的思维台阶，教师可以根据学生的实际能力设计“台阶”的数量，安排“台阶”的位置，并允许学生根据自己的情况，选择跳过某些“台阶”，或者暂时停留在某个“台阶”；具体问题承担着刺激、驱动学生思维发展的任务，一般具有趣味性。“问题链”应当具有层次性，意味着“问题链”尊重学生个体的差异，使用核心问题统领、基本问题辅助、具体问题刺激的方法，逐步推进学生思维的发展，才能让各个层次的学生都能有所收获。

4. 层次性原则

问题链设计是对教学思路的进一步教学化设计，设计好一节课的问题链框架，就能整体把握这节课的走向，使教学更具体、可操作性更强。“问题链”设计要关注认知的科学发展，要有梯度、有层次，应该围绕学生的认知水平和教学内容，由易到难、层层递进。问题与问题之间要具有一定的层次结构、逻辑关系和先后顺序，要考虑好问题的衔接和过渡，可以用组合、铺垫或设台阶等方法提高问题的整体效益，在教学中及时引导学生把问题讨论结果进行有机整合。依据教学的本质和规律设计出一组组思维要求由低到高的问题链，可以贯穿于整个教学环节，引发学生积极地参与到整个教学中，从而很好地调动学生的学习激情和求知欲，引领学生沉浸于问题情境中，从而引导学生的思维发展方向，形成系统的认知结构。

（二）问题链的设计形式

科学课中的“问题链”设计形式多种多样，可以是针对某一问题而设计的层层深入的纵向问题链，也可以是针对一系列问题而设计的横向问题链，或其他形式的问题链。一般来说，科学课堂常用的“问题链”有以下几种：

1. 引入性问题链

引入性问题链即教师在课前精心设计一个学生感兴趣的问题链，而该问题链与课堂所讲内容紧密联系，这样比较容易吸引学生的注意力，激发学生强烈的求知欲，学生通过亲身体验或讨论交流获得感性或理性认识，为本节课的成功打下基础，同时该问题链又能够为后面的教学埋下伏笔。

例如认识物体的弹性和弹力时，教师设计了这样一组“问题链”：

（1）给弹簧施加一个力，弹簧形状有没有发生改变？

（2）弹簧形状改变时，手有没有感觉到一个力？

（3）你对物体施加的力大小和方向是怎样的？你感觉到的这个力的大小、方向是怎样的？

（4）松开手后，弹簧的形状是怎样的？这时手还感觉到力吗？

学生在这组问题链的引领下，边用弹簧实验边体会，从而获得对物体弹性和弹力的感性认识。接着再让学生利用其他材料继续带着这些问题反复实验、交流，学生就很容易从现象到本质，归纳出弹力产生的条件以及弹力的大小和方向。

2. 探究性问题链

探究性问题链是教师设置情境让学生发现问题，学生在解决问题的基础上持续发现问题所在，对现象进行更深层次思考。探究性问题链所创造出来的课堂学习过程是一个连续的、系统的过程，它将课堂内容设计组成若干个教学问题，形成按顺序解决的逻辑链条，从而让学生在想方设法解决问题中，培养学生科学探究能力，促进学生构建自身知识结构。

例如：围绕认识空气的成分设计下面一组设计链。

（1）蜡烛熄灭是不是表示玻璃钟罩里没有空气了？

（2）如果玻璃罩里没有空气，那放在水里做这个实验，结果会如何？

（3）蜡烛熄灭了，但水没有全部进入到玻璃罩，这说明什么？

（4）既然玻璃罩内还有空气，为什么蜡烛熄灭了？

（5）玻璃罩内剩下的空气支持燃烧吗？

（6）空气是一种单纯的气体吗？

可以看出，问题 1 和问题 2 是希望同学们运用原有的空气占据空间这个概念进行解释，同时为问题 3 提供了思考的方向。问题 3 是“问题链”的核心。问题 3 引发思维的深入，但这还不是完整的思维过程，只是思维过程中的一个环节。第 4 和第 5 个问题的提出，是思维过程持续发展的需要，要求学生进一步思考和验证，解决了这两个问题，学生的思维过程才是完整的。这一连串由浅入深、由易到难、由低至高的问题，前一个问题的解决是后一个问题提出的前提或基础，一环扣一环、一层进一层地提出问题，引导着学生思维向着纵深发展，所以学生最后才会正确地回答问题 6，从而完成教学目标。

探究型问题链是一串层层推进的问题，里面的每一个问题都需要具有一定的驱动性效果，能不断激发学生的求知欲，推动学生独立、主动地观察事物，鼓励学生自由发挥自己的想象、联想能力，多角度、多层次地反复思考问题，力求寻找最佳答案，并从中发现新的问题。问题与问题之间具有逻辑性和激发性，教师帮助学生在不断地提出问题、解决问题的过程中获取知识和方法，这个过程是思维的连续而不是思维的不转换。探究型问题链以问题贯穿整个教学过程，促使学生在设问和释问的过程中萌生自主学习的动机和欲望，在分析和解决问题的过程中获得知识和技能，逐渐形成问题解决能力。

3. 迁移性问题链

美国心理学家比格指出“学习的效率，大半依靠学生们所学的知识可能迁移的数量和质量而定”，知识的迁移是影响学生学习效率的一个基本问题。迁移性问题链，指学生将先前的经验（概念、原理、技能、技巧、技术、态度、方法等）改变后选用于新情景。迁移性问题能够从横向或纵向孕育其他重要问题的解决方案，且这种问题链已经突破了传统的单一知识体系，使学生获得高度概括性的知识、经验和技能。

例如，在学生学习了“空气占据空间”这知识后，教师设计了“新乌鸦喝水”的问题链：

（1）乌鸦为什么把石子投入瓶子就能喝到水了？

（2）这个瓶子现在的空间被哪些物体占据着？

（3）没有石子，只有两根吸管和橡皮泥，如何让瓶子里的水出来？

（4）如何让空气进入瓶子占据空间？

问题链不是学习问题的简单堆砌，这组问题链中问题与问题之间是具有逻辑性和激发性的，前一个问题能为后面的问题积累必需的知识和方法经验，同时激发后续思考的求知欲，为后继问题指引解决问题的途径或方法；同时，后一个问题相对前一个问题，又能恰好地处于“跳一跳，够得到”的高度。问题链帮助学生搭建思维发展的途径，架设从此岸到彼岸的桥梁，让各个层次的学生都能有所收获。

4. 驱动性问题链

“驱动性问题链”是问题解决教学的核心策略。教师要关注驱动性问题链的逻辑性、激发性、程序性和策略性，使设计的驱动性问题链真正达到螺旋而上、层层推进。在驱动性问题链中，每一个问题都有其相应的地位和作用，而第一个问题具有最重要的指导作用和最关键的驱动作用，它的质量直接决定了驱动性问题链的教学效果。第一个问题的设计与呈现需要考虑：（1）具有足够的真实性和趣味性。它出现在课堂的起始环节，直接影响学生的学习情绪和心态。（2）与学生的已有认识产生较为强烈的碰撞，能够充分激发他们进一步学习和探究的动力。（3）后续问题的启示和影响。

为达到更好的教学效果，教师需要结合学生的认识特点对问题链赋予适当的问题情境，关注问题中所包含的信息的开放度与指引度，并注意从信息开放程度的角度来维持学生的学习动机，促进驱动性问题链更加有效地发挥作用。同时，为了更好地推动驱动性问题链的教学实施，教师应该为驱动性问题链配以丰富多彩的活动设计，提前预测活动的可能性与操作性，通过丰富多彩、形式多样的配套活动设计，使课堂教学避免枯燥单调，充分增强学生的关注度和参与度。

从“问题”到“问题链”，可以有效地驱动和组织问题解决的过程，促进学生的认识发展；也可以激发学生持续地探求答案的兴趣，培养学生获取信息、选择信息、分析信息的处理能力；也可以真实还原科学研究的过程，使学生感受到问题解决过程的思路和方法。

（三）优化问题链的设计

1. 问题链的设计流程

问题链的设计，从宏观入手，逐步过渡到微观，设计一连串的层次分明、系统性的问题，促进学生思维发展。

（1）精心设计问题链主链

问题链的主链一般能够统整全课或某一教学环节，是具有较大思考空间的核心问题。要设计问题链主链，首先，要研读教材，不仅要看到知识编排这根明线，而且要深挖隐含其中的思维训练线和科学思想渗透线，从本质上、整体上理解把握教材；其次，要了解学情，基于教材与学情，依据教学内容的科学本质及教与学的规律，确定教学的主要思路，再对教学思路进行问题化的设计，从各主要环节中凝练出核心问题，从而形成问题链的主链。

一般来说，问题链主链是教师精心设计真实的驱动性问题，以问题贯穿整个教学过程，促使学生在设问和释问的过程中萌生自主学习的动机和欲望，在分析和解决问题的过程中获得知识和技能，逐渐形成问题解决能力。

（2）细致设计问题链的子链

主链中的问题都是教学中的核心问题，具有较大的思考空间。学生在解决问题的过程中，往往需要把较大的问题逐步拆解成一个个的小问题，通过解决小问题，最终解决核心问题。在问题解决教学中，教师需创设一系列问题，形成螺旋上升的“问题链”，通过逐层解答，最终达到解决问题的教学目的。

2. 问题链的教学化设计

要真正发挥一个好的驱动性问题链的功能与作用，需要教师根据前期的分析基础对设计好的驱动性问题链进行教学化设计，主要包括情境设计和活动设计。

（1）问题链的情境设计

丰富的情境设置不仅可以反映所学知识在真实生活中的应用方式，保持真实情境的复杂性，还为学习者提供丰富多彩的、反映不同观点的信息源。创设问题情境的本质，是创设一种使学生原有的知识与需要把握的新知识发生强烈冲突的场景，从而激发学生探索的兴趣和动力。此外，问题的情境设计还需要从信息开放度的角度来维持学生的学习动机。教师在设置挑战性问题时信息的开放度要适当，能够激发并维持学生较强的学习动机。问题情境中信息的给予和开放度的大小，是值得教师反复斟酌、选择的。只有充分了解学生的所知、所想，将开放度控制好，才是真正有意义的、适当的问题情境。

（2）问题链的活动设计

不是所有的好的驱动性问题都可以设计出配套的学生活动，教师需要考虑问题解决过程能否设计成为学生可参与的课堂活动。教师需要判断子问题的解决活动是否是整个问题解决过程的关键环节，子问题的解决活动中是否包含着想要渗透给学生的研究思路和方法。如果是，教师应尽可能地创造条件，为学生提供具有操作性的活动空间。如提供解决问题所需要的相关信息，通过技术支持引导学生完成必需的验证活动；或改变学生活动范围的大小以兼顾时间的限制；或选择教师演示实验来代替学生实验，等等。如果“子问题”不是驱动性问题链所要解决的核心问题，教师可以改变问题信息的呈现量，避免这类问题的生成和出现；或者可以将这类问题留在课后，允许学生作进一步的研究。

如何将一个好问题链转化为配套的学生活动？在课堂教学中学生的探究活动是怎样的？需要做哪些准备？会遇到哪些困难？探究活动中可能出现的现象和结论，对于学生的问题解决会产生怎样的影响？教师对于这些问题，都要有所预期和设计，要确认与问题链相配套的学生活动的可操作性。教师要不断提醒自己：“这个活动是必需的吗?”“这个活动与这个问题之间是什么关系?”“活动的意义和价值有哪些?”这些提醒可以帮助教师在对问题链进行活动设计的同时，确认每一步活动的功能，进而完善对整个问题链的设计。

用问题引导学生学习，师生双方通过一系列教学问题及问题链的研究性学习，让学生不仅掌握科学的知识和成果，还要知晓这些知识和成果获得的过程、方法与途径，旨在强化学生的问题意识，发展学生思维的独立性和创造性，提升学生主动发展。

教学案例　水受热之后

【教学内容】苏教版小学科学四年级下册《冷和热》单元的第三课《水受热之后》。

【设计说明】

学生已经学会使用温度计和酒精灯的使用方法，也形成了连续观察与记录的能力，并学会通过绘制曲线图、分析数据，从而发现事物变化的规律，通过实验验证了冷和热对固体、气体、液体三种不同形态的物体会产生影响。

本课教学进一步研究水的三种形态：冰、水、水蒸汽，并通过冰和水受热的实验，建立融化和沸腾的概念，感受物质形态的变化，发现其中温度变化规律。

水是小学生非常熟悉而且常见的一种物质，但他们常把“液态水”称为水，认为“冰”和“水蒸汽”并不是水。因此，非常有必要使小学生认识到水、冰、水蒸汽是同一种物质的三种不同状态。这一学习内容对于小学生形成物体视角和物质意识具有非常重大的价值。学生对融化、沸腾现象并不陌生，会有一些直接感知。通过实验观察，丰富和深化学生的感知，训练学生的实验技能。通过数据分析，发现关联，有助于学生感受现象的本质。从表层的直接感知，发展到透过现象看本质的理性思维，提高学生的科学素养。学生在经历探究过程后，激发了探究物质世界奥秘的好奇心，逐步形成观察与实验意识和用事实说话的意识。

本课以科学探究为主要学习方式，引导学生有依据地猜想、有目的地开展实验和观察，收集数据，用科学术语、图示符号、统计图表等方式记录数据和信息，并能对记录和整理的信息进行分析，从而启迪学生尊重有证据的科学事实和严谨地表达对事物的认识的科学态度，发展学生的理性思维，提升学生的科学素养，激发小学生探究物质世界奥秘的好奇心。本节课堂应呈现明暗“双线”教学过程，“活动开展”为明线，“素养提升”为暗线，探究实验和探究问题是素养提升的主要载体。

【教学目标】

科学知识：知道冰、水、水蒸汽是同一种物质的不同状态。

科学探究：能够通过实验，认识到水受热以后形态会发生变化，建立融化和沸腾的概念，发现温度变化的规律；能以观察到的事实为依据，用科学词汇、图示符号、统计图表等方式记录和整理信息，并能对记录和整理的信息进行分析，发展学生理性思维。

科学态度：能够运用语言、文字符号等多种方式表达探究结果，并进行交流。

科学、技术、社会与环境：激发探究物质世界奥秘的好奇心，养成乐于观察、注重实施、勇于探索的科学品质，能分工协作。

【教学过程】

一、激趣导入，感知水的不同形态

1. 学生猜谜：①看上去亮晶晶，摸上去冷冰冰，走上去滑溜溜，烧热了水淋淋。②用手拿不起，用刀劈不开，煮饭和洗衣，都得请我来。③看不见，摸不着，不是空气，不是光。（各打一自然物）

2. 展示冰、水、水蒸汽的图片。

3. 讨论：冰、水、水蒸汽是同一种物质吗？它们有哪些相同和不同之处？它们能否相互转化？

4. 小组讨论，用简单图示表示三者间关系。

5. 全班交流。

【评析】利用猜谜语方式调动学生的积极性、活跃课堂气氛，并自然引出水的三种不同形态。通过讨论调动学生已有的生活经验，在比较冰、水和水蒸汽的相同和不同之处中，发现三者之间是可以相互转化的，猜想它们可能是同一种物质，引导学生通过图示符号表述三者间关系。

二、探究冰的融化

1. 展示冰冻闹钟图片。

2. 讨论：如何将冻在冰块中的闹钟取出？

3. 学生发表意见。

4. 谈话：冰受热以后会从固体变成液体，这种现象叫作融化。冰为什么会融化？冰要在温度达到多少度时才开始融化呢？冰融化的过程中，温度是怎样变化的？

5. 学生根据已有生活经验做出预测。

6. 谈话：你们亲眼看到过冰的这个融化过程吗？这节课让我们一起来做个实验看一看。

7. 学生分组探究实验，观察和记录冰融化的过程中温度的变化，绘制温度变化曲线图，整理和分析统计图表得出冰融化过程中温度变化的规律。

8. 问题链引导：冰块融化前，温度如何变化？冰融化时的温度是多少度？

冰融化的过程中，温度是怎样变化的？后续温度又发生怎样的变化？此时的冰块发生了什么变化？你发现了冰融化过程中温度变化规律了吗？跟你们的预测一样吗？实验过程中你是如何收集数据的？通过哪些方法记录和整理数据的？

9. 学生汇报、交流。

【评析】这个环节组织学生有目的地开展实验和观察，让学生亲历整理和分析实验数据信息，并将数据转化成折线统计图，逐步梳理出冰融化过程中的温度变化规律。环顾整个环节，对四年级学生而言，毫无疑问是个不小的挑战。因此教师应更多地巡视指导，同时利用递进式问题链，给学生搭建思维的脚手架，帮助学生思维的发散和落地，掌握科学探究的方法，形成观察与实验意识和用事实说话的意识。

三、探究水的沸腾

1. 猜想：如果继续给水加热，会产生什么现象？在这个过程中温度是如何变化的？水面位置会有什么变化？为什么会有这样的预测？

2. 学生发表意见。

【评析】由于有了冰融化实验的基础和丰富的生活经验，学生会很容易预测实验现象，通过问题引导，让学生作出有依据的猜测。

3. 学生分组探究实验，观察和记录水沸腾过程中温度的变化，绘制温度变化曲线图，整理和分析统计图表得出水沸腾过程中温度及水位变化的规律。

4. 问题链引导：水沸腾前，温度如何变化？水沸腾时的温度是多少度？水沸腾以后，停止加热前，温度是否继续上升？沸腾过程中观察到哪些实验现象？停止加热后，烧杯中水面的位置有什么变化？水面为什么会下降？水到哪里去了？你发现了水沸腾过程中温度变化规律了吗？跟你们的预测有什么不一样吗？实验过程中你是如何收集数据的？通过哪些方法记录和整理数据的？通过这两组实验，你能否用简单图示表示冰、水、水蒸汽三者之间的转化？你现在认为冰、水、水蒸汽是否是同一种物质？

5. 学生汇报、交流。

【评析】利用递进式问题链，给学生搭建思维的脚手架，学生在层层剖析、解决递进式问题链的过程中，运用解构、归纳等思维方法，发现实验现象中蕴含的物质变化规律。通过问题引导，帮助学生掌握收集信息、处理信息、得出结论的科学方法。

四、拓展

1. 讨论：满壶的水烧开后会产生哪些现象？为什么？

【评析】巩固学生对沸腾现象的认识，让学生关注到凝结现象，为下一课的学习做铺垫，同时引导学生透过现象看本质。

2. 播放北极冰川融化断裂视频。

3. 讨论：冰川大面积融化断裂是什么原因导致的？全球变暖是由于什么效应引发的？温室效应会给人类造成什么样的影响？

4. 学生讨论、交流。

【评析】通过北极冰川融化断裂的视频，启发学生思考温室效应带来的全球变暖会造成什么样的影响，引导学生关注环境问题。

【教学精彩片段】

（交流冰的融化过程）

师：冰块融化前，温度如何变化？

生：温度一直上升。

师：冰融化时的温度是多少度？

生：0℃。

师：冰融化的过程中，温度是怎样变化的？

生：温度保持不变。

师：后续温度又发生怎样的变化？

生：过了一段时间后，温度又开始上升。

生：12 分钟时，温度升到了 10℃，停止实验。

师：此时的冰块发生了什么变化？

生：此时烧杯里没有冰块了。

师：冰块哪里去了？

生：冰块都融化成水了。

师：你发现了冰融化过程中温度变化规律了吗？

生：融化过程中，温度保持不变。融化前和融化后温度都持续上升。

师：跟你们的预测一样吗？

生：不太一样。

师：实验过程中你是如何收集数据的？

生：每隔一分钟，观察温度计上的温度。

师：通过哪些方法记录和整理数据的？

生：每次观察后，及时将时间和温度记录下来，然后在曲线图上找到相应的点画出来，最后连成线。

（小组展示各组的温度变化曲线图）

师：通过折线统计图能够轻易看到冰融化过程中温度的变化情况。折线统计图是科学上经常用到的数据分析和统计方法，通过折线的高低起伏能轻易看出数据整体的变化趋势，才能够作出科学合理的数据分析。

师：经过这个活动，你们认为要想正确认识物质的变化，唯有通过什么方法？

生：做实验。

【片段赏析】

现在的教育理论特别强调自主性学习，但对于中年级学生来讲，在一个探究活动中要依次完成分工协作、实验观察、数据收集与记录、信息处理、归纳结论、发现规律等一系列探究任务还存在一定困难，因此不得不在教师的引导下学习。此处教师通过一系列的问题链，运用解构、归纳等思维方法，给学生搭建思维脚手架，帮助学生思维发散和落地，发现实验现象中蕴含的物质变化规律。同时帮助学生掌握科学的方法，养成尊重证据、严谨的科学态度。

【教学评述】

科学是一个探究的过程，这是自然科学的本质和特征之一。小学科学是以培养学生科学素养为宗旨的科学启蒙课程，这就要求教师在教学过程中不仅仅着重于科学知识的传授，更应让学生亲身经历科学探究的过程，从而了解科学的知识，掌握科学的方法，领悟科学的精神。授之以鱼，不若授之以渔。本课充分体现了新课标中学生是学习与发展的主体，教师是学习过程的组织者、引导者和促进者的理念，突出学生的主体地位。本节课立足于培养学生科学素养的目标，以科学探究为主要学习方式，设计了冰融化、水沸腾两个探究活动，此“活动开展”为明线。同时以探究问题链为辅，聚焦“素养提升”的暗线。在本课教学中，教师引导学生有依据地猜想、有目的地开展实验和观察，收集数据，用科学术语、图示符号、统计图表等方式记录数据和信息，并对记录和整理的信息进行分析，依托探究实验和探究问题串这两个素养提升的主要载体，从而培养学生实证、严谨的科学态度，掌握科学的方法，发展学生的理性思维，提升学生的科学素养。

（万黎敏）

教学案例　光的行进

【教学内容】苏教版小学科学五年级上册第二单元《光与色彩》第一课《光的行进》。

【设计说明】

本课是《光与色彩》单元的第一课，教材主要让学生在认识光源的基础上，探究光的传播路径。本课主要教学内容是层层递进的，第一环节是通过关闭所有光源，认识到光的重要性，因为有了光，我们的眼睛才能看到周围的一切。第二个环节是欣赏大自然中光的美景，观察找到其中的共同点，启发认识光源的概念，并按一定的标准为光源分类。第三环节是通过已有经验，为光的传播路径大胆作出假设开拓思维，引导设计“用光穿过三张卡纸的小孔在白板纸上留有光斑”和“透过吸管使光穿出”的实验并加以实施，来验证光沿直线传播的规律。

五年级学生对光源已有一定的感性认识，但学生很少会去关注、探究光的传播路径。通过本课的探究学习，引导学生有意识地关注更多的光现象，去观察、思考，甚至自己去探究。在教学过程的设计方面，围绕认识光源，根据光现象大胆假设光是怎样行进的，通过开拓思维设计实验验证，得出结论，表达交流，让学生在自主科学探究过程中了解、体验到光是沿着直线传播的，为以后更好地学习理解光的反射、折射奠定基础。

【教学目标】

科学知识：了解光源及其种类，知道光在同一种介质中是沿着直线传播的。

科学探究：能够根据常见的光传播现象对光怎样行进作出合理的假设。

科学态度：在研究光怎样行进的过程中体验到科学探究的乐趣。

科学、技术、社会与环境：培养严谨、认真的科学态度，感受到光学世界的神奇和奥妙。

【教学过程】

一、情境导入

1.（教师将室内所有光源关闭，拉上窗帘。）谈话：大家在议论什么？是啊，教室里太暗了，让人很不舒服也很不方便，设想一下，如果连这么点微弱的光都没有呢？

2. 交流：我们现在需要什么？对，需要光。有人将光比喻成大自然的化妆师，正是因为有了光，我们的眼睛才能看到周围的一切。有了光，我们的眼睛才能看到色彩斑斓的世界。

【评析】光是学生日常生活中常见的物体之一，因为太熟悉，一般情况下不能激起学生的学习兴趣。在这节课的开始将教室处于没有光线的情景下，让学生意识到当处于黑暗中，需要光将周围照亮才能重新看见，既活跃了课堂气氛，又明确本课的研究内容。

二、认识光源

1. 交流：下面请欣赏大自然中光的美景。通过欣赏这些大自然中光的美景，你的心情怎样，有什么想说的吗？请用一句完整的话表达出来。

2. 提问：这些画面漂亮吗？它们有什么共同的地方？

3. 谈话：我们把这些发光的物体叫做光源。你还能说出哪些光源呢？

4. 出示图片，有些并不是光源，你能把它们找出来吗？

5. 学生活动：给光源分类。

6. 介绍自然光源和人造光源、冷光源和热光源。

【评析】科学课程标准中强调教学要从儿童的认知水平、年龄特点出发。用问题引入教学，可以激发学生增加学习的兴趣和自主深入探究活动。在谈话中确定研究课题，调动学生探究的积极性。

三、初步认识光是沿直线行进的

1. 提问：同学们，能发光的物体被称为光源。那你知道光是怎样行进的么？即光的行进路线是怎样的？

2. 讨论：你对光是怎样行进的做了怎样的猜测？

学生根据自己的经验猜测一下，光可能是怎样行进的。

小组交流并说出自己猜测的理由。

3. 交流：我们可以大胆提出以下假设：

（1）光可能是沿着直线传播的。

（2）光可能是曲线传播的。

（3）光可能是折线传播的。

交流：你的猜测对吗？如何来验证你的猜测正确与否呢？

【评析】老师通过问题创设情景，让学生确定思维的指向，自主探究。

4. 谈话：哪种猜测是正确的呢？我们可以用实验来帮助验证分析。

5. 利用实验器材（可以弯折的吸管、线绳、三张带孔的卡纸、激光手电筒等）设计实验。

【评析】学生的探究，往往就探究而探究，动手研究前缺乏思考，缺乏对动手目的的思考。教师在动手实验前提问是让学生思考，让学生拓宽思维，为下一步的学习做好铺垫。

6. 开始实验

实验一：用光射向三张卡纸的小孔，在白板纸上留有光斑？

实验二：你透过弯折的吸管能射出光么？怎样使光射出吸管？

讨论：实验过程中我们可以用画简图的方法来做记录实验，提出实验中应该注意问题。

7. 进行实验验证假设。

（1）将三张带孔卡纸随意放置，三色光源一一照射。

我们可以看到，每一种光源在途中被遮挡住，不会在后面的白卡纸上呈现光斑。

（2）可以用线绳穿过三个小孔并拉直线绳，确保三张卡纸的小孔在一条直线上，再穿过小孔，可以看到每种光源在后面的白卡纸上呈现清晰的光斑，说明光是沿着直线传播的。

（3）将光源对准弯折的吸管。三种光源均看不到光射出来。

（4）学生将吸管折回成直线，光会从笔直的吸管射出来，说明光是沿着直线传播的。

8. 各小组汇报实验时出示实验记录表

9. 讨论：生活中你知道哪些光沿着直线传播的例子。

10. 交流小结：我们刚才通过各种方法：一对比实验验证、二从生活中找出光是直线行进的实例来验证，最后得出结论：光在空气中是沿直线行进的。

【评析】让学生动手实验，亲身感悟实验的奇妙和魅力。通过实验进一步培养了学生的动手能力和观察能力，提高学生的科学素养。

四、课后拓展

1. 交流：同学们，无论是了解光源，还是探究光在空气中的行进路线，同学们学得都非常认真，因为有光，我们也应该心怀感恩之情；因为有光，我们才能看到最美的风景。下面就请同学们在《天下最美》的动听旋律中，开动脑筋，小组合作，设计实验方案，继续探究光在水中的行进方向是怎样的，并将实验设计图试着画出来。（播放《天下最美》音乐，同时出示最后两个幻灯片。）

2. 谈话：下节课我们将继续学习光沿直线行进在生活中的应用，这节课大部分同学已经完成实验设计图，希望没有完成的同学利用课余时间完成。

【评析】肯定学生的学习，让学生体验到科学探究的乐趣，感受到光学世界的神奇和奥妙，为下次探究“光在水中的行进方向是怎样的”实验作铺垫，培养学生主动探究能力和兴趣。

【教学精彩片段】

（区别生活中物体是否是光源片段）

师：镜子、猫的眼睛、水晶这些物体是光源吗？说一说为什么？

生：镜子、水晶不是光源，这些物体不能发光。

生：猫的眼睛是光源，它能发光。

生：猫的眼睛不是光源，因为眼睛不能发光。

生：在很黑的夜里，我们可以看到发绿光的猫的眼睛啊！

师：猫的眼睛和我们人的眼睛结构基本相似，它不能够发光。如果眼睛能够发光，我们就可以直接看到不发光的物体了。猫、狗等动物的眼睛可以通过改变瞳孔的大小来改变接收光线的多少。到了晚上光线很弱的时候，它们的眼睛瞳孔变得很大，很弱的光都被它们收集起来，我们看到它们的眼睛很亮。所以，动物的眼睛不是光源。

师：月亮是不是光源？

生：月亮不是光源。

生：如果月亮是光源，我们看见的月亮就应该像太阳一样，永远都是圆形的。

生：因为月亮不是光源，所以我们才会看到不同形状的月相。

【片段赏析】

①我们引导学生区别生活中司空见惯的物体是否是光源时，很容易引起学生的误解。②引导学生联想动物的眼睛构造和人的眼睛构造是相似的，能使学生更好地理解动物的眼睛不是光源这句话。

（周星）

教学案例　心脏和血液循环

【教学内容】

苏教版小学科学五年级上册第四单元《呼吸和血液循环》。

【设计说明】

本课分为 4 个部分：第一，认识心脏，了解心脏的跳动。第二，了解心脏不断地跳动是在干什么，即心脏的功能。第三，讨论血液为什么要不停流动，即血液循环的意义。第四，讨论我们应该怎样关爱自己的心脏，即进行保护心脏的教育。本课的教学内容是认识心脏和心脏的功能从而认识血液循环系统。由于认识对象处于人体的内部，认识起来增加了难度，所以本课的教学引导学生由表及里的顺序，借助多媒体、平板等化抽象为具体的手段来认识并理解人体的血液循环系统。从而再逐个击破“心脏为什么跳动，为什么运动时呼吸和心跳是同时加快的”这些问题就容易很多。

【教学目标】

科学知识：知道心脏的形态和功能；认识血液循环及其作用。

科学探究：能准确地测定自己的脉搏。

科学态度：体会到模拟探究实验的乐趣，并认识到这是一种重要的研究方法。

科学、技术、社会与环境：意识到坚持锻炼有利于心脏健康。

【教学过程】

一、趣味导入，明确研究问题和研究方法

1. 播放音频：心跳声音，提问：这是什么声音？

2. 谈话：我们今天就来研究一下心脏。关于心脏，你已经知道了哪些？

3. 提问：看来大家对心脏是既熟悉又陌生，有一定的了解。关于心脏，你还想研究哪些？

出示学习单，老师把大家的问题整理了一下，请大家勾选自己感兴趣的问题。打开平板，扫码上传填报信息。统计数据，分析。

4. 提问：想要研究这些问题，我们有哪些方法？

板书：借助仪器、医学解剖、观察模型、实验探究、查阅资料、访问专家……

谈话：今天我们选择其中的方法一起来研究一下我们的心脏。

【评析】通过心跳声的音频，直入主题：心脏。心脏是什么样的，位置在哪里，让学生通过描述，贴近位置加深印象。最后通过问卷星，学生能选择自己感兴趣的问题，激发学生的探究欲。

二、查阅视频资料，认识血液循环意义及系统的构成

1. 谈话：刚刚同学们都对心脏为什么跳动、血液是怎样在体内循环的感兴趣，我们就挑这些问题开始研究。iPad 发送资料文件夹，打开，选择自己感兴趣的视频观看，没明白也可以反复看。

2. 交流：通过刚才的视频你都知道了哪些？出示图片，学生上台展示标注，讲解体循环和肺循环。

3. 小结：从心脏流出的血液是富含有氧气和养料的，这样的血管我们称之为动脉，血液一般是鲜红的；把流回心脏的含氧量低的在输送二氧化碳和废物的血管称之为静脉。

【评析】出示结果，明确研究方法，选择学生最感兴趣的问题开始研究。本环节让学生带着自己感兴趣的问题，通过视频的观看，学生观看时交流自己的想法与发现，最后小组总结发现，归纳收获，解决本课的难点：心脏的工作原理。

三、实验探究，认识心脏的工作方式及内部构造

1. 谈话：那你现在知道心脏的跳动是在干什么了吗？

心脏的每一次跳动，就是在将血液输出来，再回进去，如此循环，需要心脏不停地跳动。老师今天就带来了一个模拟实验，让我们通过实验一起来感受一下。

2. 实验探究：准备两个装有红墨水的瓶子，一个点滴管，将点滴管的两端分别放在红墨水中，反复挤压点滴管空腔，观察红色液体的流动方向，把你的发现用箭头画下来。

学生分组实验，师生讨论汇报。

3. 提问：心脏具有泵血作用，一泵，一股血液就会从血管中流出，你看得到自己身上的血管吗？我们看到的血管其实只是一小部分，我们身上其实还有很多深藏在肌肉深处看不到的血管。那你有没有感受到血管里血液在流动呢？或者有没有哪些部位能感受到呢？哪里有脉搏？为什么动脉就能感受到跳动呢？

4. 我们来测量一下自己每分钟的脉搏次数。

（1）学生分组测量，并记录汇报。

（2）谈话：上节课我们测了 1 分钟内的心跳次数，和刚刚你们测得的脉搏值比较呢？你有什么发现？

汇报心跳次数、脉搏次数。

（3）交流：上节课我们是用摸心跳和用听诊器的方法测量心跳的，生活中还有哪些可以帮助我们测试心跳次数的设备？出示一些智能设备图片，这些设备都没放在心口，怎么能测出心跳？你有什么发现？

（4）小结：心跳和脉搏是一致的。

5. 提问：上节课我们在测量呼吸和心跳的时候说到过，运动之后呼吸和心跳都会加快，你知道是为什么吗？那心跳为什么也会加快呢？

【评析】本环节设计了系列问题，循序渐进。结合小组实验探究，让学生再一次感受心脏的“泵血”作用，培养学生的动手与发现问题的能力。通过测量与对比，学生很快发现脉搏和心跳的次数是一致的，通过继续结合生活实际，再次提问让学生将所学的知识学以致用。

四、联系生活，知道保护心脏的方法

1. 总结：经过我们今天的学习，我们知道了心脏和血管是人体血液循环的器官，他们的作用重要吗？那你觉得我们怎么来保护心脏呢？

生：适量运动；合理饮食；保持心情愉快。

2. 看，大家感兴趣的问题，现在你解决了吗？

3. 谈话：同学们可以把今天所学的知识分享给爸爸妈妈，让全家都认真保护好心脏。

【评析】总结时回到课前的问卷星调查，出示学生感兴趣的问题，逐个验证，学生再一次的回答正是对本课理解的反馈，激发学生学习的兴趣和成就感。

【教学精彩片段】

师：同学们，通过问卷星的调查，发现大家感兴趣的问题有哪些？

生：心脏为什么跳动、血液是怎样在体内循环。

师：那我们就针对大家感兴趣的问题展开研究——心脏为什么会跳动呢？

生：心脏不跳我们就死了，心脏让我们维持生命。

生：心脏的跳动为了让我们血液流动。

师：是这样的吗？我们来看视频了解一下。大家拿出 iPad，老师已将相关视频发送到大家的资料文件夹，打开，选择自己感兴趣的视频观看，没明白也可以反复看，边观看边交流收获。

学生 6 人一组观看视频，并讨论收获。

师：看完了吗？通过刚才的视频你都知道了哪些？

生：血液从心脏动脉出来，携带氧气和养料到身体的各个地方，氧气消耗了，会把各部分产生的二氧化碳和废气物运送到排泄器官，最终流回心脏。

师：你刚刚说的血液从心脏出来又流回了心脏，老师这里就有这么一张图，你能指一指你说的是哪一段？

学生上台展示标注，讲解：血液从心脏的动脉出来，带着氧气和养料到达身体的各个部分，又消耗了养料和氧气，再把废物排放，最后又流回心脏。（边讲解边指。）

师：其实这样的一个循环我们称之为体循环；从心脏出来的血是什么样的？

生：富含氧气和养料。

师：真好，看来刚才的视频大家是看明白了，从心脏流出的血液是富含有氧气和养料的，这样的血管我们称之为动脉，血液一般是鲜红的；那回到心脏的呢？和之前的血液一样吗？

生：含氧量低，二氧化碳更多。

师：我们把流回心脏的含氧量低的在输送二氧化碳和废物的血管称之为静脉。

师：含氧量低的血液通过静脉回到心脏之后就结束了吗?

生：血液还会流经肺部，那边有更多的氧气，把二氧化碳排出。

师：你刚才说的血液又是怎么流的？在哪一部分呢？请你来指一指。

学生上台指出。

师：真棒，刚刚这位同学指的其实就是血液在心脏和肺部之间的循环。我们称之为肺循环。

【片段赏析】认识血液循环及其作用是学生感兴趣的问题，也是本课的重点和难点，很难理解。所以放手通过动画、视频，让学生以小组合作的形式，让学生选择自己喜欢的视频观看，并在小组中交流收获。动画是孩子们喜欢的教学好帮手，选择合适的动画，让本课的难点很容易被学生接受，再通过小组合作、交流收获，解决了个别学生的疑惑。

【教学评述】

小学生对周边的世界充满着好奇，因而想问，可是他们不会深入地去问，这是学生最普遍的现象。英国科学家波普尔认为：“科学的知识的增长永远始于问题终于问题，越来越深化问题，越来越能启发新的问题。”因此，作为科学教师要注意问题的层次性，循序渐进提高问题的梯度，问题不能过难，否则容易打击学生的学习积极性，也不能过于简单或者太多，这样学生会对问题疲劳，我们要引导学生渐进的思维，不断构建新的知识体系。

对于呼吸和血液循环的探究活动，学生已经掌握了呼吸活动与呼吸器官的相关知识。但还未涉及对血液循环的认知，学生会有很多疑问：人为什么会有心跳呢？心脏跳动和什么有关呢？解答这些问题，需要我们进一步探究心脏的活动。本课的知识学生很感兴趣，但是又比较难懂，尤其是血液循环。为此我调节了上课的前后顺序，先让学生提问，针对大家感兴趣的问题逐一击破。运用平板设备，让学生针对自己感兴趣的问题先自学，相互讨论、研究，学生在自己观看视频、动画演示等过程中，交流想法，很快就明白了血液是怎么循环的。

（谈金花）

第三章

有序探究的支持策略

指向深度学习的科学探究不是任意妄为的过程，而是教师精心设计的在有限时空下帮助学生深入思考，有计划、有顺序实现丰富而复杂教学目标的教学过程。

第一节　合理作出科学假设

一、科学假设的价值

在探究式教学中，假设是指学生接触到问题后，在已有的知识储备与生活感性经验的基础上，充分发挥思维的想象力和创造力，对所要探究的问题提出的一种初步设想。假设作为科学探究的一个环节有着举足轻重的地位，它对解决问题的方案作了一定的预见性思考，为收集信息、分析和解释信息提供了一个大致的框架，能够帮助探究者明确探究的内容和方向，指导探究沿预定的目标展开，避免探究的盲目性。

科学假设虽然是一种猜测，但不是无根据的幻想，不是主观臆造，它植根于学生知识经验的沃土，以已有的经验和已知的事实为基础，对未知事实或现象的原因作一定推测性或假定性的说明。在科学探究中，猜想和假设是关键要素，计划的制订、实验及证据收集都是围绕着它进行的，没有猜想与假设就没有方案的设计，实验就没有依据，结论就无从得出。

对于探究性教学来说，猜想和假设是一种重要的基本思维方法，它的基础是学生已有的知识储备与生活感性经验，它的主体是学生的主体性思维活动，它在整个探究活动中起到一种引导性作用，是探究活动的主线，是激发学生进行深度学习的“催化剂”。

二、促进假设的策略

（一）利用原有认知，启发科学假设

假设是学生在科学探究过程中，对发现或提出的科学问题，结合已有的知识和经验直接做出的推测性回答。假设本身就是一种把认识从已知推向未知的方法。要使学生能够进行合理的猜想，作出科学的假设，需要学生掌握一定的科学知识作为前提，如果没有足够的知识作为依据，猜想就成了主观的、凭空的想象，由此所作出的假设也就必然失去科学的意义。

学生在日常生活和学习中已积累了一定的日常经验和知识，这些已有知识经验的迁移能给猜想提供思路和依据。因此教师应鼓励学生围绕问题，调动已有的知识经验对问题进行初步猜想。通常可让学生为自己的猜想说明缘由，如“你为什么这样猜想?”或“你能说说这样猜想的理由吗?”等。猜想的过程是一个思维的过程，为自己的猜想说明理由是暴露学生思维过程的有效方式之一。以“解暗盒”活动为例，如果老师拿出一只盒子，问：“你们猜猜盒子里有什么?”学生的回答则是漫无边际的：“苹果”“书”“玩具”……老师最终只能无奈地说：“让我们打开来看看吧。”但如果老师让学生把盒子摇一摇、闻一闻，用手伸进去摸一摸，并追问：“是什么?”其情形就截然不同了，他们就能借助听觉、嗅觉、触觉等，唤起头脑中关于物体外形特征的已有表象，进行“言之有理”的猜想。

当学生对某一问题的猜想缺乏相应的知识经验时，教师应在学生作出猜想前，创设条件为他们的猜想提供感性认识和表象的帮助，有了一定的事实基础，就可使他们的思维有据可依，假设才会更具合理性。如开展“声音是

怎样产生的”探究，教师首先让学生利用各种材料、身体器官制造出不同的声音，并引导他们说说是用了什么材料、什么方法发出的声音。实际上，“制造”声音的过程就是学生实实在在地体验声音产生的过程。在这一过程中，他们建立起关于声音产生的丰富感性经验，为“你认为声音是怎样产生的?”这一问题猜想提供了足够的经验支持。

（二）设置问题情境，促进科学假设

尽管学生所提出的假设不一定是最终的科学结论，但学生所进行的猜想不是凭空而生的。猜想源于学生亲历的探究活动，依赖于学生在探究活动中对客观现象的好奇而产生的问题，教师通过创设丰富多彩的“猜想”情境，激发学生思维的兴趣，疏通学生的思维通道，调动头脑中已有知识与生活经验，突破原有的认知水平，进入猜想的最佳状态，从而真正启发学生进行有效合理的猜想，使学生的猜想有目的性、针对性。

教师可以根据学生实际，创设实验情境、生活情境、多媒体情境等激活学生的思维，引导学生注重观察、重视过程。在实验情境中，学生往往会被特定的实验情境所感染，并与学生原有的认知结构紧密相连，学生的思维就会进入主动探索状态之中，原有的认知水平才会得到提升，才会产生新的思路，启迪优化猜想。

对于实验结果的猜想，学生容易陷入一个误区，把实验之前对结果的猜想与实验结束对结果的解析这两者混淆，此时教师要加以适当的提示，寻找共同之处，辨析相异之处，做好这两者的区分。在熟悉的、有趣的、新奇的、体验性的生活化情境中，学生自然沉浸到富有生活化气息的情境中，入情入境，体验过程，激发思维的热情，学生围绕自己身边的问题积极主动地思考，自主构建出合理恰当的猜想。在具有文本、图形、动画、视频图像、声音等多种媒体情境中，生动活泼、形象直观，感染力强、动静结合的情境调动学生的视觉、听觉等多种感官，激发学生思维的自主性，使学生进入积极主动的认知状态，从而促使学生展开大胆的猜想。

猜想虽然来源于直觉，但其本身是一种思考，是有依据的思考。因此，教师在创设问题情境时，有时还需要在符合客观事实的基础上，蕴含一些问

题解决方式或答案的信息，使创设的问题情境对学生的猜想具有一定的启发和暗示，从而巧妙地打开学生的猜想思维，启发学生的有效猜想行为，使学生的猜想有一个明确的方向。以“使沉在水里的物体浮起来”活动为例，老师课前准备大小、轻重、形状不同的苹果、土豆、蜡烛等，让学生猜想这些物体在水中的沉浮，并说说物体的沉浮与什么有关。而这些材料本身就蕴含了丰富的信息，但这种启发和暗示不是问题答案的直接显露，因为如果没有思维的再加工，学生的猜想必然流于形式，失去其科学价值。学生在材料的启发下猜想：物体在水中的沉浮可能与物体的形状有关，可能与物体的重量有关……然后进行探究实验。学生发现实验结果有些与他们的猜测不一样，自然而然就会产生疑问：为什么一个苹果、一小块苹果在水中都是浮的，而一个土豆、一小片土豆都是沉的？此时学生的思维被激活了……可见最有意义的猜想应是学生在活动中、在充分观察的基础上引发的。

在科学探究中，还有很多提出猜想的方法，例如观察分析法、反向思维法、溯因判断法、因果判断法、概括外推法等。这就需要教师在教学时根据探究内容和学生的已有知识经验及客观事实对学生进行适当引导。

（三）开展头脑风暴，指明猜想方向

在具体的猜想验证活动实施之前，为了使学生的猜想有一个明确的指向性，必须要让学生知道“猜想什么”。因此在猜想过程当中，需要教师引导学生辨析猜想的问题，指明猜想的方向。小学生的诸多猜想中，有的是相互联系的，有的是重复的，有的则是漫无边际、不科学的。这时教师对他们猜想的支持，就不能一味地肯定和鼓励，而应在充分尊重学生猜想的基础上，帮助他们澄清思维，对猜想进行选择、修正和舍弃，使学生的猜想方向明确，思维严谨，为进一步验证猜想打下坚实的基础。

学生的科学猜想能力有限，对于同一个问题，有的能根据已有知识经验做出比较合理的猜想，有的则游离于问题之外，不能对问题进行合理的猜想，还常常会用猜想代替进一步的探究，其原因就在于猜想缺乏经验的支撑。引导学生对猜想进行头脑风暴的过程，既是教师帮助学生梳理思路、修正自己观点的过程，更是学生间相互启迪、分享经验和体验成功的过程。

教师要细致地倾听学生的猜想，敏锐地发现他们的猜想哪些是合理的、有价值的，哪些是不合理的、无价值的，哪些是相互联系的或是重复的，并探讨造成这些问题的原因。也许是他们根本就没听清教师的要求，也许是理解上的偏差，也许是缺乏相关的知识经验等。这就需要教师将自己的教育智慧融于科学教育的活动中，不断关注、判断、重组来自学生的各种信息，及时地将学生的疑问、需求等进行整合，这是帮助学生概括提炼猜想、澄清思维、培养思维严密性的前提。如果他们猜想的结果存在很大的偏差，讨论会促使他们多次调用已有的知识经验，通过思维碰撞肯定或否定一些猜想，最终得到他们认为比较合理的猜想结果。如果学生猜想的结果与他人达成共识，就能从自己的成功中体验喜悦之情。

（四）针对教学目标，处理假设结果

教师以学生已有认知与思维水平作为假设“出发点”，以学生原有的知识结构与初步设想作为假设的“生长点”，让学生积极主动参与体验猜想，并引导学生通过观察、实验等途径来验证假设。无论验证的结果与他们先前的猜想是否一致，对学生来说都是很有意义的，对学生验证的结果，教师应根据不同的情况恰当处置，让学生知道不仅仅只看猜想结果是否与科学事实相符，更要关注学生的猜想过程。

当猜想与实验结果相一致，学生发现事实证明了自己的想法，他们会感受到猜想的乐趣，教师应及时强化和巩固，对学生进行积极肯定的评价，让他们和大家一起分享快乐，从而感受到成功的喜悦，帮助学生把成功经验转化为能力，更好地发展科学猜想的思维能力。如学生在研究“降落伞下降的快慢与哪些因素有关”时，学生猜测可能与“伞面的大小有关”，通过设计方案实验验证，伞面果真是降落伞下降快慢的重要因素，学生很是兴奋。此时老师分享他们的喜悦，对他们的研究作出肯定，并适时布置个任务：“设计一个降落伞，能够安全地让鸡蛋从四楼着落地面”。由此，学生有了进一步探索的信心和动力。

当猜想与实验结果只有部分一致时，教师就要充分肯定学生做得好的地方，激励他们为了求得更完善的答案再次验证。同时教师要引导他们分析问题所在，调整实验或者重新推测，促使学生从实验中分析原因，矫正思维，寻求成功。如学生在研究“一杯热水在变凉过程中水温是怎样变化的”，教师课堂提供的热水温度有差异、有时由于课堂实验时间有限，以及学生实验操作中的误差，所以学生的实验结果往往只能和猜想部分一致。此时，教师首先要肯定学生，然后可以留下开放性的结尾让学生课外继续验证。

当他们发现事实和自己的猜想相反时，学生也许会感到很意外，但这种意外能留下深刻的印象，并冲击其原有的想法，及时修正自己的猜测。如路培琦上《连通气球》时，先让学生对两个气球连通后会出现什么现象进行猜想，大部分学生猜想实验结果应该是“大气球变小，小气球变大”。但当验证结果是“小气球更小，大气球更大”时，学生感到非常意外，惊奇的学生再次实验，可实验结果还是和猜想完全不一样，此时教师再对学生进行科学精神的教育时，达到事半功倍的效果。

总之，科学猜想需要教师根据学生的思维发展状况，鼓励学生相互交流、积极思考，让他们在这过程中理解科学本质，体会科学精神，使他们以更大的热情投入到后续的探究活动中去。

第二节　指导制订探究计划

在探究活动中，我们经常发现，刚开始多数学生对探究活动有浓厚的兴趣，能专心致志地开展探究活动。但是，随着时间的推移，学生的探究兴趣逐渐降低，往往只注重动手活动。如果碰到有趣的实验环节，学生就会顾此失彼，把探究的目标丢失，在活动中迷失方向，偏离主线，出现茫茫然的缺乏思维活动状态。指导学生制订探究计划，能很好地帮助学生摆脱这种状况，把探究向更深层次推进。

一、“计划”使探究有序

课程标准把发展学生科学探究能力作为义务教育阶段科学课程的一项重

要目标。标准中，不但对学生的科学探究提出总体目标，而且从提出问题、作出假设、制订计划、收集证据、处理信息、得出结论、表达交流、反思评价这 8 个要素描述科学探究的学段目标。关于“制订计划”这要素，课程标准作出了如下要求：1~2 年级在教师指导下，了解科学探究需要制订计划；3~4 年级在教师引导下，能基于所学知识，制订简单的探究计划；5~6 年级能基于所学知识，制订比较完整的探究计划，初步具备实验设计的能力和控制变量的意识，并能设计单一变量的实验方案。

设计实验与制订计划，是从操作的角度把猜想与假设具体化、程序化。制订计划既是科学探究的核心环节，更是学生探究思维与行动的指南和动力。制订计划能体现思维的创造性和周密性，体现出科学的独创性，展现科学独特的探究魅力，很好地避免科学探究中“动手不动脑”现象的发生。制订探究计划会使探究者明确收集信息的途径和方式，确定所收集信息的范围和要求，了解探究所需的材料以及建立分析数据的方法和思路。

制订计划会使探究更加有序，探究过程更加科学。假如没有探究计划，探究的操作就失去了依据，假如探究计划不当或实验方案不妥，也会直接影响探究目标的实现及探究结果的可靠性和科学性。

二、制订计划的基本策略

（一）放手——让学生经历制订计划

制订计划和设计实验往往是科学探究的难点，有些老师担心让学生自己设计实验、制订计划要求太高，需要的时间太长，怕难完成教学任务，因此只要学生照搬程序、机械实验即可。可长此以往，学生动手不动脑，创造力和解决问题的能力都得不到提升。因此，放手让学生经历制订计划，是培养学生探究能力的一项基本策略。

制订计划的程序一般这样的：（1）探究的问题或假设。（2）实验中应改变什么，怎么改变？（3）选取实验器材。（4）设计实验步骤。（5）设计记录实验数据或现象用的表格。每次制订计划都让学生按照此程序去思考，学生就会感到有规可循，思路明确。

让学生经历“制订计划”的过程，最主要是让学生明确探究的目的。探究的目的来自探究的问题，探究计划的具体任务来自猜想与假设。例如设计探究“水蒸发的快慢与哪些因素有关”研究计划时，学生提出了很多种假设，然后根据自己的假设设计实验方案。此时，教师要提醒学生在设计实验方案时，学生首先应该考虑自己是如何假设的，而不能人云亦云。

让学生经历“制订计划”的过程，还要让学生明确探究条件。有时教师可以直接告诉学生现在具备哪些实验材料，大家可以根据提供的材料设计实验计划。教师也可以让学生自由选择材料制订计划，但在制订计划前，要求学生选用日常生活中常用的材料以及实验室有、实验误差少、方便实验操作的器材。当然必要时，教师还可以根据学生有可能设计的实验准备一个“材料超市”，以便于学生选用。长此以往，有利于形成学生在制订计划时综合各个因素来考虑选择器材的意识，逐步提高学生选择器材的能力。

（二）讨论——引导确定最佳探究方案

计划可以由教师制订、教师与学生共同制订以及学生单独制订三种。其中教师与学生共同制订的，从学生的主动性和教师的调控程度来看，又可以细化为启发式制订出计划（如通过问题引导的方式）和直接式制订出计划（如通过简单的正误判断）。而学生单独制订计划的，从形式上可以细化为个别学生发言式制订计划、小组讨论式制订计划。

讨论是制订计划的一个重要策略。在小学科学课堂最常用的是小组讨论式制订计划。在制订计划时，教师可以根据之前的猜想与假设发动学生来讨论解决的方案，让学生分析探究实验要解决哪几个问题，每个问题有哪几种解决的方法，根据探究的要求和现有的条件，选用哪些方法。如在让学生设计“空气热胀冷缩”实验时，教师引导学生设计实验应该考虑“把空气装在哪里”“如何让空气受冷或受热”“如何封闭空气后，能看到空气体积的变化?”，同时教师提供“平底烧饼、气球、注射器、橡皮泥、带细管的瓶子、带盖的塑料瓶”等材料支架。学生在讨论各种方案的时候，教师以聆听者的角色来参与，让学生在讨论中充分地激发思维，就能组合和创造出更多的实验方案。

在学生给出的方案中，教师要领会教材编写者的意图，引导学生进一步开展深入的讨论和具体分析。通过恰当的指导，引导学生进一步分析自己的计划，如考虑实验的精确性、实验器材的选用情况等，引导学生相互交流探究计划，寻找计划中的不足，并预料其结果，最后再确定最佳探究方案。

学生对制订计划难度的感觉除了与探究内容有关外，还与学生在制订计划中的自主程度有关。在探究过程中要求学生自主解决的环节越多，教师的指导越少，探究的难度就会越大。因此，教师要把握好对学生指导的尺度，保持和增强学生解决问题的信心和制订计划的热情。

（三）训练——掌握控制变量的方法

学生在前面的猜想假设阶段已经认识到，在具体的科学问题中，因变量的结果常常由多个自变量决定，要确认每个自变量与应变量的关系就要控制其他变量的变化。这点对于小学生来说是有一定难度的，可以说是小学阶段科学探究的重点和难点，而达成此教学目标的基本策略就是“训练”。有针对性地训练，可以让学生逐步掌握控制变量的方法并灵活运用。

教师首先要引导学生进行案例学习，通过重现他人做过的控制变量实验，让学生得到启示，建立控制变量的意识。其次，有意识地引导学生采用列举和归类的方法，帮助寻找影响问题的因素，并教给学生控制变量的方法，告诉他们虽然各种因素之间是一种动态的关系，但在一定条件下，有时是其中的某个因素对问题产生主要的作用。教师可以针对具体教学情境，向学生反复讲清：要知道哪个因素是影响问题的因素，那就要改变某一因素，不改变其他因素，并进一步让学生说说该如何操作才能“不改变”，如何操作才能“改变”。最后，可以帮助学生把这些讨论结果落实到纸质的探究计划上。这样，慢慢就能让学生掌握在探究中使用控制变量法的条件和方向，并让学生在面对影响因素相对复杂情境时，熟练使用控制变量法来分析和研究问题。

制订计划是一种决策，没有计划的行动是盲目的行动。计划的好坏直接影响科学探究的成败，教学中要在学生制订探究计划后，引导他们分析自己的计划，同学间相互交流、比较、探讨计划，寻找计划存在的错误、疏漏与不当之处，作出修改、优化计划、优化实验方案，要让学生养成预见、分析的习惯，提高对计划与决策重要性的认识。

三、提升实验设计的质量

实验设计是制订计划环节最重要的部分，在科学探究中，设计出一个新颖的实验要比做一次实验更重要，而实验之前设计规划的思维价值也要远远高于实验之中动手操作的思维价值。

小学生设计实验可从实验目的、实验器材和控制变量法这三个方面对学生适当地引导和点拨，课堂上给学生充分的时间和空间，让学生学会思考，自己设计实验，从而完成实验设计。

（一）从实验目的出发设计实验

实验是验证各种假设正确性的，因此实验目的与猜想、假设是密不可分的。从实验目的出发，引导学生根据探究的目的来讨论、评议需要测量和收集的信息以及实验的方法，激发学生讨论和对比猜想需要解决的问题，从而指导学生制订最佳实验方案，不失为好的设计手段。

【案例 1】设计“探究小车运动的快慢与拉力是否有关”实验方案

师：喔，你们猜想小车运动与拉力有关，那要证明这猜想，需要获得哪些实验数据呢？

生 1：需要知道小车运动速度快慢与拉力大小。

师：不错，那我们怎么获得这些数据呢？

生 2：测量速度需要秒表；拉力可以用不同个数的钩码。

师：你想如何进行实验？

生 3：仍是先确立小车运动的起点和终点，然后用不同的拉力拉动小车，测试小车通过固定距离的时间。

师：一次实验能不能得出结论，怎样设计实验表格？

生 4：多次测量（至少三次）实验数据才能得出实验结论。记录表格时要考虑拉力大小、运动时间。

【评析】在此案例中，教师以实验目的为抓手，让学生通过实验掌握控制变量实验的方法，知道小车运动速度和拉力大小之间的关系。教师从实验目的出发，引导学生设计出实验器材。接着教师再次引导，让学生想出测量方法，学生说出测量方法，其实就设计出了实验步骤。最后，教师问学生如何记录实验数据，学生说出用表格记录，完善了表格中栏目的设计。由于教师设计的问题环环相扣，且在学生最近发展区，故学生只要略加思考，很容易完成实验方案的设计，为后面进行实验作好铺垫。

（二）从科学原理出发设计实验

实验原理是指自然科学和社会科学中具有普遍意义的基本规律，是在大量观察、实践的基础上，经过归纳、概括而得出的。既能指导实践，又必须经受实践的检验。小学生年龄小，设计实验的能力有限，为此，教师可以出示一些生活中常见的器材，让学生从科学概念出发，设计出解决问题的实验方案。

【案例 2】设计“测量物体运动的速度”实验方案

师：据我所知，实验室没有测量物体运动速度的仪器。同学们能不能想出办法测出物体运动的速度大小呢？

生 1：没有测量速度的仪器，说明不能直接测量物体的速度。我们知道了“速度是物体在单位时间内通过的距离”。我们只要测出物体运动的时间和距离就能算出物体运动的速度了。

师：你真不简单啊，根据速度的概念知道如何计算运动速度了。那大家想一想，我们需要测量我们自己的走路速度需要哪些实验材料呢？

生 2：测量物体运动的距离，需要尺。测出物体运动的时间，需要秒表。

师：那怎么测量我们走路的运动速度呢？

生 3：我们可以像运动会那样，在地上量出一定的距离，如 5 米，然后测量我们通过 5 米距离，我们走路需要的时间，算一下就知道我们的速度了。

师：真不错！还有谁有补充吗？

生 4：我们也可以固定好每人走 5 秒钟时间，接着量出 5 秒钟之内所经过多少距离，最后算一下就可以了。

师：两种方法都是从速度的概念出发设计的，很具有科学性。那我们实验一次，行不?

生5：不行，我们得至少实验3次，且每次都尽量保持自己平时走路的速度。

师：实验中，需要测量哪些实验数据，怎么记录这些实验数据?

生6：需要测量距离、时间，要把这些实验数据记录在表格中。

师：怎样设计实验表格?

生7：设计表格时要考虑实验次数、运动的距离、运动的时间。

【评析】在这个案例中，教师先说明实验室没有直接测量速度的仪器，让学生自己想办法测量物体的速度，学生根据速度的概念想到了间接测量速度的方法。接着教师又通过提问的方式提醒学生该怎么实验、实验几次。最后，学生设计出了满足数据记录的表格，整个实验方案都是学生自主完成。体现了教师在课堂起主导作用，学生才是课堂学习的主人。让学生自己设计实验方案，不仅培养了学生分析问题和解决问题的能力，而且发展了学生的探究能力，对学生的终身学习提供了很好帮助。

（三）控制变量设计实验

所谓控制变量法是指：在研究某个量与其多个影响因素之间的关系时，只改变其中的一个影响因素，而保持其他影响因素不变，从而确定这一影响因素与该量之间的关系。当我们研究的问题与多个因素有关时，运用控制变量法设计实验方案，就会使实验方案的设计变得简单明了。

【案例3】设计“摆的快慢与哪些因素有关”的实验方案

师：同学们猜想一下，摆的快慢可能与哪些因素有关?

生1：摆的快慢可能与摆线长短有关。

生2：摆的快慢可能与摆的重量有关。

生3：摆的快慢可能与摆角大小有关。

师：要研究摆的快慢与这些因素的关系，可以采用什么科学方法?

生4：可以采用我们学过的控制变量法。

师：研究摆的快慢与摆的重量是否有关时，应该怎么控制变量呢?

生 5：改变摆的重量，摆角大小、摆线长短不变。

师：研究摆的快慢与摆线长短是否有关时，哪些因素改变，哪些因素不变？

生 6：改变摆线长短，摆角大小、摆的重量不变。

师：研究摆的快慢与摆角大小是否有关时，应该怎么控制变量呢？

生 7：改变摆角大小，摆的轻重、摆线长短不变。

师：由于时间关系，我们每个小组只能选择其中的一个问题来研究，你们小组准备研究什么，选择哪些实验器材？

生 8：我们研究摆的快慢与摆的重量关系，需要一个摆、秒表和轻重不同的摆锤。

生 9：我们研究摆的快慢与摆线长短是否有关，需要一个摆、秒表和一把尺。

生 10：我们研究摆的快慢与摆角大小，需要一个摆、秒表和一把量角器。

师：你们准备实验几次，怎么记录？

生 11：实验 3 次以上，记录表格要考虑记录摆的次数，以及我们改变的因素。

师：你们设计的实验方案不错，既运用了控制变量法，又进行了多次实验并记录，保证了实验结论的可靠性。

【评析】在本案例中，学生先猜想摆的快慢与什么因素有关，引出了摆的快慢与三个因素可能有关，学生想到运用控制变量的方法来解决实际问题。教师让学生说说实验中该改变什么，什么保持不变，这样不仅复习了控制变量的科学方法，而且用科学方法来解决实际问题，发展了学生的探究能力。接着，教师引导学生选择其中的问题制订实验计划，思考需要哪些材料，该怎么记录，直指探究目的。通过让学生自主设计实验，使学生不仅体验了科学探究过程是来之不易的，领会了设计实验的过程及意义，还提升了学生的思维品质，学会了科学探究的方法。

第三节 精心设计学习单

科学学习是以学生为主体，亲身经历类似科学家探究的过程，旨在让学生在探究中学会探究，在探究中获得知识。但遗憾的是，学生年龄小，探究能力有限，常常在探究中会被一些材料、一些现象吸引，而忘了自己身在何处。为此，教师应依据教材和学情有针对地合理设计各类“学习单”，提供学生自主学习的支架，以此引导学生有目的、有计划地开展科学探究活动。

一、科学学习单的类型

科学学习单是学生探究活动的过程及结果的书面呈现，它清晰地体现学生学习活动的成长足迹，可以收集调查，可以合作探究，可以动手整理，可以评价激励，也可以拓展延伸，目的是帮助学生能够积极参与到科学探究中。按照学生科学学习的历程，我们可以把科学学习单分为以下几类：

（一）预学单

预学单是为课前学习设计的，小学科学的预学单往往用于学生预习以及科学前概念检测。预习单要遵循学生的认知规律和对教学内容的理解，预习单可以是科学前概念检测单，也可以是问题单。

1. 前概念测试单

前概念检测不但可以是书面的调查问卷，也可以通过画一画、答一答等方式进行形象化的检测。如在学《养蚂蚁》时，先让学生画一画蚂蚁的样子，知道学生的前概念。

2. 问题学习单

问题学习单是很好的一种预学单。以科学探究为主要方式的科学教学是以问题发现、问题生成、问题解决、问题拓展为主要脉络进行的。当面临一个真实情境时，学生往往会产生很多问题：有的是科学问题，有的是非科学问题，有的是值得研究的问题、有的是不值得研究的问题……让学生提出的问题设置在一个载体上，我们称之为“问题学习单”，也可称为“问题导学单”，具体也可称为“问题发现单”“问题生成单”“问题解决单”“问题训练单”和“问题拓展单”等。

问题导学工具单，可以鼓励学生在真实情境中发现问题的热情，可以帮助学生提高分析问题、辨别问题的能力，而且通过梳理可以帮助学生开展自主合作探究学习，实现学习目标。如在教学苏教版《人的呼吸》时，让学生针对人的呼吸提出自己想要研究的问题，结果学生在“问题单”上提出了很多问题：如“人为什么呼吸?”“人是怎样呼吸的?”“为什么人有时呼吸特别快?”“为什么人不呼吸就死亡了?”“人的呼吸道感染有哪些?”“为什么要用鼻子呼吸?””人呼吸时为什么身体会起伏?”……教师知道学生的需求后，通过和学生的分析，把问题聚焦到“人是怎样呼吸的?”和“人为什么呼吸?”上面，从而以此为中心开展探究活动。

（二）研学单

研学单是在科学课堂教学中使用的，也是使用最频繁的学习单，它根据教学需要和学生实际设计，引导学生一步步自主探索、合作交流、分析提炼，在生生、师生互助中构建知识体系。最常见的有以下几种：

1. 实验记录单

科学课中教师往往会留充足的时间让学生自主探究，但学生往往因为年龄或丰富器材影响，而使探究流于形式。而教师根据探究内容和学生实际能力设计的学习“记录单”，可以很好地成为学生自主探究的载体，它可以时时提醒学生探究中的下一个任务，从而使探究更有序更有效。

有的记录单根据探究流程可涵盖“研究问题、问题假设、研究方法、研究过程、研究结论”，如《摆》的记录表，可以很好地帮助学生在探究过程中，用控制变量的方法获得实验数据，从而得出结论。

探究问题	摆的快慢与哪些因素有关?
问题假设	
研究方法	改变的条件是________，不变的条件是________。
研究过程及记录	
研究结论	

有的记录单是根据某阶段训练点，对某个环节可以细化、强化或简化，如《空气占据空间吗?》这张记录单，是为了细化了实验环节，强化三年级学生对科学探究的认知。

问题	水能进入到杯子中吗?
实验猜想	水（能）（不能）进入杯子，杯子中的纸可能（湿）（干）。
实验过程	
实验现象	
实验结论	

2. 学习提示单

以学生为主体的科学探究中，学生还会遇到很多意想不到的困难。不可否认，给学生的自主空间越大，他们碰到的困难也会越多。此时，教师要不断给予各合作小组帮助和支持外，“学习提示单”是一个很好的有针对性帮助学生的工具。

所谓“学习提示单”，就是某些问题的解决办法或部分问题的答案提示，形式可以是“小纸条”，也可以是“锦囊妙计”，这可以降低探究难度、启发学生解决当前问题。如在进行《电磁铁》教学时，虽然学生对电磁铁的探究兴趣很浓，但在合作探究环节学生又会遇到各种各样的问题。教师为了保证学生兴趣的连续性和探究的完整性，故采取自由探究和“实验提示单”相结合的方式进行。当学生在自由探究中遇到障碍时，可以向老师求助，此时教师以帮助者的身份递上“学习提示单”，这样既可以不打扰大部分小组的自主探究，又可以一定范围内因材施教，给有困难的学生帮助，使他们在规定时间内完成预定的学习任务，使得整个探究高效、顺畅而愉悦。

（三）评学单

评学单是从情感态度、学习常规、探究合作、成果交流、我的收获等方面展开科学学习评价的单子。可以通过自我展示、组员评价，全班核定等环节，让学生进行个人、小组评价，有法可依、有章可循。评学单有两个基本目的：一是引导学生学有目标，学能达成目标。二是为教师教学自我检测提供即时信息，便于调整教学，个别辅导。

（四）拓学单

拓学单是科学学习课后使用的学习单，不仅能让学生在课堂上自主探究，还能把这种探究延伸到课外，使学生在离开教室、离开课堂的情况下，也能利用所学知识主动探究，从而提高创造力。拓学单可以延长学生学习科学的兴趣，延伸探究的时间和空间。拓学单在设计时要注意以下几点：第一，内容和难度要依据课标、教材和学情，确定合适的内容，为学有余力的学生提供拓展平台；第二，拓学单的形式应该丰富多彩，有适当的趣味性，如涉及一些实践性的题目，让学生觉得学有所用。

二、学习单的设计策略

（一）学习单设计的技巧

1. 了解原有认知设计学习单

高效的学习是有学生的前概念参与的学习，因此，教师只有充分理解学生的原有认知及其在每个个体身上的具体表现，课程、教学、评价才会得到改善。科学学习单可以给定学生一个情境，让学生自由地说出他的理解，画出或写出他的想法。教师通过能够体现学生前概念的学习单，可以把握科学概念教学的重难点，设计有针对性的教学活动，使学生建立新概念。以“种子里面有什么”一课为例，教师可以设定情境，让学生通过画图猜测种子里有什么。通过日常生活以及自身体验，学生能够形成对物体结构的理解。同时，教师可以鼓励学生以自己独特的思维方式，将他们在系统地学习科学概念知识之前头脑中形成的想法展现出来。如此，教师就能够实施更具有现实针对性的教学。

2. 结合认识差异设计学习单

不同的学生有不同的思维方式。在教学中，学生的个性差异和多样化的思维会成为课堂中宝贵的课程资源。在学习单的设计上，教师既需要引导学生分享观点，也要善于抓住学生的想法，启发学生关注差异，进而在更高层次上进行知识的建构。如学生在上“简单电路”一课中，教师让学生设计能够点亮灯泡的连接方案，但此过程缺少组与组之间的交流，从而很难找到成功点亮的共同点。对此，教师设计了含有学生所有不同设计方案的学习单，让学生边实验边记录，然后对不同的设计进行分析，找出成功的共同点，最后得出点亮灯泡的方法，这样的整合方式能够帮助学生对不同的现象进行整理，超越了学习单本身的价值。

3. 遵循认知规律设计学习单

学生已具有一定的科学知识储备和探究能力，但是在实践活动中还需要教师的引导和示范，这时教师可以根据学生学习情况和学习内容，设计不同形式的学习单，让学生能根据需要主动了解学习任务，并尝试自主合作完成学习任务。

科学学习单的设计需要遵循学生的认知规律。最初可以让学生用图画或选择等简单的方式进行记录，到后来可以根据示范进行文字记录，到高年级，教师需要根据学习目标，选择侧重要点设计开放灵活的科学学习单，让学生自主提出假设，进行观察、验证、猜想，以提高学生探究能力。

4. 关注主体评价设计学习单

学习单虽然是一节探究实验课的重要表现形式和载体，但它的价值不仅限于此，学习单还可以帮助学生了解课堂上自己的学习情况。如苏教版二年级上册专项学习“像工程师那样”，在学生完成设计并制作风向标的任务后，要求学生对自己的“设计”“测试”“展示”三个活动环节进行星级评定，而在三年级这个单元，要求学生对自己制作的手工皂直接给予星级评价。教师在学习单中加入自评学习单，能够将学生的实验记录与自评情况结合起来，充分了解学生的学习成果，发现学生在学习中感兴趣的环节和学习难点，帮助自己更好地改进课程，突破难点，同时这也充分体现了教师对学生能力的培养和发展的关注。

（二）学习单的设计形式

我们在设计学习单时，学生的记录能力是一个重要考虑因素。例如，低学段的学生识字量有限，书写能力不强，且无法将自身对事物的认知恰当地用文字表示出来，中高学段的学生在逻辑思维能力、书写表达能力方面都有大幅度提升，可以设计更开放的学习单。一般来说，学习单有以下几种形式：

1. 图文式学习单

小学生年龄小，认知能力弱，看懂学习单是有效探究的前提，因此实验记录单的设计要形象直观，使学生一看就懂。图文式是将图画与文字相结合，书写与绘画相结合，容易被低年级学生接受。

（1）标注位置

标注位置即要求学生根据自己的判断和已有经验在图上标出相应的位置。以苏教版一年级上册科学《小小科学家》一课为例，其中的实验为让两个小球从斜坡的红点和绿点两个不同位置滚下来，要求学生依据小球的轨迹在图上标注两个小球停止的位置。这种记录单内容简单，直观明了，很适合低年级学生。这份科学实验记录单能够完整地再现学生的探究和思维过程，对培养学生尊重事实的科学探究精神和良好的学习习惯具有重要意义。

（2）填颜色

一年级科学《树叶变黄了》一课，要求学生观察并画出几种树叶变黄的样子。学生在观察的基础上，用彩色笔表现树叶变黄的颜色层次变化。这一颜色的填涂要求完全基于学生观察的事实，不能有任何的想象。苏教版四年级下册《动物的繁殖》设计的记录单，要求学生在胎生的动物下面涂红色，卵生动物涂绿色。这种记录方法难度低，文字少，既培养了学生的记录能力又节省课堂时间。

（3）画图

画图即让学生根据自己的猜想或观察所得画出图画。科学教材中记录月相的变化、蚕及植物的生长过程，都可以用画图的方式更为简洁、真实。另外，低年级学生受识字量限制，绘画形式更便于他们表达，用图画来呈现自己的猜想或观察所得也更易于被学生接受。如苏教版一年级上册《暗箱里的秘密》教学时，要求学生把猜想的兔子在山洞里的逃跑路线画出来。在“我们周围的空气”一课“感知空气的性质”，为了充分调动学生的各种感官，使他们有意识地直接观察事物，在实验表格中画上眼、耳、鼻、舌、手五种感官的图像，学生一看就能明白图像的意思，直观形象，语言也浅显易懂。

而一些实验用图记录更为直观。如教师设计了水有表面张力的实验，实验要求将广口瓶用滴管装满水，直到能清晰地看到水的凸面为止；往盛满水的杯子里放曲别针，要一枚一枚慢慢放入，仔细观察水表面的样子，一直放到水溢出为止，记下放曲别针的数量。为此在设计实验记录单时要求学生将“我的发现”画下来，这样会更省时高效，便于实验结论的得出。

2. 补空选择式学习单

补空选择式学习单既适合低学段学生的认知水平，又能满足中高学段学生的发展需求，探究类科学学习课堂更适合采用勾选式、补空式的学习单。

（1）补空

针对实验中学生难以描述的结论，设计学习单时可给予提示，降低难度，补充文字就是一种适合小学生的简单而有效的记录方法。如“热是怎样传递的”一课热传导实验要求：将铜棒固定在支架上，在火柴头上抹少许凡士林，依次粘在铜棒的三个凹痕上，用酒精灯加热铜棒的一端，观察有什么现象。学生在填写记录单时，要先在每个火柴图像的上面标出数字表示掉落的顺序，然后将实验结论补充完整，这样的设计切实为学生进行探究性学习提供有利的指导，真正成为学生探究性学习的好材料。

（2）选择

营造自由的环境氛围是小学生自主记录的前提。为调动学生的积极性，发挥学生所长，实验记录单的设计要鼓励学生用自己喜欢的记录方式记录。如“传热比赛”一课中不同物体传热能力的实验，引导学生发现了非金属物体也可以传热，只是传导热的能力较差，金属传导热的能力强。为避免不必要的重复书写，学生只要在相应表格中选择一下顺序就能准确记录探索结果，简单易行，节省时间。

3. 连线勾选式学习单

（1）连线

这种形式一般用来巩固或检测学生的掌握情况。例如，一年级科学《借助工具观察》一课中设计一张让学生将眼、舌、手、鼻、耳图片与放大镜、听诊器、分贝测量仪、盲杖等观察工具相连的记录单，从而让学生牢固掌握观察事物的方法。

（2）用“√”标出

以“我们周围的空气”一课为例，通过运用各种感官看一看，闻一闻，尝一尝，了解空气的性质：没有颜色、没有气味、没有味道、透明，记录时学生只要在相应的空气性质后面打“√”，就能清楚地表现出空气的性质，这样的记录，学生最乐于接受。

（3）填序号

填序号即学生根据自己的观察来标注事物发展的顺序，各年级都有使用。例如，一年级科学《树叶变黄了》一课要求学生根据自己的观察结果给银杏树叶变黄的过程标注顺序。这既检查了学生观察是否仔细，同时也告诉学生一个道理：所有科学结论的得出都建立在事实的基础上。

（4）判断正误

这种形式操作简单，要求学生根据自己的已有认知来判别，但判断的背后是学生综合自己的分析、比较做出的。例如，一年级科学《上好科学课》

一课要求学生判断上科学课的过程中哪些学生做得对，哪些学生做得不对。记录单上展示了一节实验课的情境，哪些是对的，哪些是错的，学生一眼就能作出判断。

4. 图表式学习单

（1）表格式

表格式记录单是最为常用的记录单，它由表格和文字说明两部分组成。表格部分一般为实验数据，是学生实验结果的直接表达，务求准确；文字部分是表格内容的补充，行文必须简洁明了。采用表格形式不仅可以节省大量文字，而且表达清楚，使人一目了然。如在《认识矿物》这课时，教师设计表格，以提醒学生从“划痕颜色”“晶体形状”“断口光泽”“透明程度”“硬度”“主要用途”这几方面观察并记录“石墨”“云母”“赤铁矿”“石膏”这几种矿物，从而使得学生的观察更有序更全面。

（2）图表式

图表式将图画与表格进行结合，使其既具备科学的严谨性，又带有学生具体形象的图画形式，它是科学课中常见的记录单形式。如研究“一杯热水变凉的规律是怎样的”“冰融化的温度是怎样变化的”“水沸腾前后的温度是怎样变化的”，都可以设计图表式学习单，学生在表格中记录热水变凉的数据后，立刻转化在曲线图上，这样使得复杂的数据一目了然。

科学学习单的设计过程，既是资料搜集的过程，也是自主探究、评价的过程，也是运用所学解决问题的过程。对于学习单的内容，教师应根据学生的实际情况，结合对教材的理解，选择最有价值的活动以及重要环节进行针对性记录，引导学生科学严谨地完成探究，最大程度提高课堂效率。

三、科学学习单的使用

（一）科学学习单的使用时机

1. 科学学习单应根据教学目标、教学内容的实际需求进行选择和设计，并不是每课、每个内容都需要运用学习单。如果要解决的问题难度大，耗时多，需要用到课上无法提供的物、人、空间时，我们应该指导学生利用预学单在课前完成。

2. 如果学生在探究中遇到思维障碍，不能独立完成探究活动时，我们也应该使用科学研学单，给学生提供适当的支持和帮助，因为科学研学单是搭建思维发展最好的脚手架，它在学生最近发展区中提供必要的经验或联系，以促进其形成问题解决的组织良好的经验结构。在科学学习中，有些有难度的概念可以利用研学单把重点和难点进行合理的分解，帮助学生进行自主学习，进而提高学生课堂学习的效率。

3. 当学生抽象思维能力不足，很难对杂乱的数据进行分析时，我们也可以使用科学研学单，因为设计巧妙的记录单可以直观形象地呈现出探究过程中各种数据之间的关系，这样使学生分析数据的能力得到发展，也提高了他们把实验现象和数据转化为证据的能力。

4. 评学单一般一个项目完成或者阶段性学习之后使用，当探究实验完成后或者小组合作交流完成后，教师可适当地选用符合教学内容的评学单，并给予肯定和表扬。通过评学单可以发展学生的评价能力，使他们成为一个有独立探究能力的人，既充分体现对学生人格的尊重、能力的培养、发展的关注，又让学生体会到成功的喜悦。

5. 拓学单可以结合单元教学或主题教学，配合教学内容让学生带回家完成，可以有长探究，一个月一次或者一个学期一次，也可以有短探究，一个星期一次的。

科学学习单既是学生探究活动的记录，也是他们表达交流的凭证，同时还是教师评价学生科学探究的依据。各种类型、不同功能的学习单，都提供了学生自主学习达成学习目标的支架，在科学教学中扮演着各自不同的角色，我们可以适时应用，发挥它在收集调查、合作探究、评价激励、拓展延伸等方面的作用。

（二）科学学习单的使用原则

1. 从无到有，循序渐进

一年级学生刚开始接触学习单时容易感到困惑，需要教师及时提供帮助。

刚开始时，教师可采用先讲清，后动手，教师讲解示范、学生模仿的方法来入门。先让学生观察、认识学习单，它有哪些内容组成，每一部分有什么作用，需要我们怎样填写；再让学生看教师怎样填写；之后让学生试着填写，教师再进行指导。等学生逐渐熟悉简单科学学习单的使用后，教师可以循序渐进地教学生使用较为复杂的学习单，从图文、图标逐渐过渡到表格式。在高年级中，可以使用更开放的学习单，或者几种形式的学习单同时使用。

2. 记录规范，实事求是

记录要规范，数据要准确，不能用推断代替观察。记录要基于事实，这是科学学习的原则问题。低年级学生使用绘画方式记录时，喜欢使用鲜艳的颜色、夸张的线条，用想象替代仔细观察，这些不利于进行基于事实的科学记录。教师一定要引导学生：观察到的是什么样的就画什么样的，发现了什么现象就画什么现象，绝对不能随意改动。例如，一年级科学《盐和糖去哪儿了》一课要求画出盐、红糖、沙子在水中的最后情况，有些学生不认真观察就凭自己的想象画，给杯子涂上各种鲜艳的色彩，也不管眼前杯子里真实液体的颜色；明明盐和糖已经完全溶解了，有些学生还给杯子底画上星星点点。这时，教师就要引导学生仔细观察：杯子里的盐和糖还在吗？杯子里的液体颜色变了吗？再让学生对比自己画的是否符合事实。在这一过程中，教师需要不断引导、纠正，不断地强调记录的真实性，使学生形成良好的记录习惯。

3. 及时整理，发挥效能

科学教师一定要有收集整理学习单、发挥效能的意识，记录单不能上课使用下课就丢。科学教师要在下课前收齐学生的记录单，每隔一段时间就整理装订。一方面，它是重要的过程性资料；另一方面，针对上课时出现的一些问题，可以从学生的学习单中找到原因从而反馈教学。例如，研究摆的实验中，要求学生分小组研究摆的快慢与摆锤重量之间的关系。课后教师收集学生的实验记录单，发现其中一组的实验结果忽略了一个“14”的异常数据，于是教师找到该组学生，让他们重复实验，发现结果是 15，那“14”这个数据怎么得来的呢？学生回忆了当时的情景：最后一次实验时，一个钩码掉下来了，负责实验的学生觉得反正结果已经出来了，就把钩码往其中一个钩码下面一挂，开始了实验——事实上增加了摆长。问题找到了，教师也因此在执教其他班级时强调钩码的挂法，这便是教学相长。

学习单在学生的科学探究中起着不可或缺的作用，教师只有充分认识到学习单的重要性，才能以学生为中心，精心设计学习单、适时用好学习单，才会将学习单的作用充分发挥出来，学生的科学探究才会更有序、更高效，学生的自主探究能力才会有所提高！

教学案例　冷热与温度

【教学内容】苏教版《科学》四年级下册第一单元《冷和热》的第一课

【设计说明】

本课通过感受水的冷热差别，形成温度的概念，初步掌握温度计的使用方法。通过探究热水变凉的实验发现水温下降的规律；同时通过观察不同种类的温度计，认识温度计的基本结构和功能。并且初步学会记录和描述实验结果，和同伴交流实验结果，由此达到《课程标准》中能够使用简单的仪器测量物体的温度等常见特征，用温度表示物体的冷热程度的目标。

四年级的学生对生活中接触到的冷热现象有较普遍的关注，但没有形成科学的认知，利用生活中冷热的体验可以加强学生对本课学习的兴趣。结合生活中常见的热水变冷现象，充分利用实验和数据、图示等方法，帮助学生建构温度的科学概念，为本单元后面三课的学习起到总领的作用。

《冷热与温度》一课指导学生通过情景化的实验活动“手指感受冷热”获取科学认识温度的学习热情，接着从定性到定量，正确使用温度计测量水的温度。最后，通过连续测量一杯热水的降温过程帮助学生认识到“热水变凉”的温度变化规律。

【教学目标】

科学知识：掌握连续测量一杯水温度的方法，并分时段记录数据。

科学探究：学会测量水温的方法，并通过收集数据发现热水变凉过程中的温度变化规律。

科学态度：乐于尝试多样方法完成科学探究，体会创新乐趣。

科学、技术、社会与环境：了解科学技术对人类生活方式和思维方式的影响。

【教学过程】

一、感知温度

（一）建立温度概念

1. 出示三杯水：一杯冷水、一杯温水和一杯热水。

2. 演示并陈述：将两手的食指分别插入冷水杯和热水杯，5 秒后，再同时插入温水杯。体会一下，两根手指的感觉一样吗？

3. 学生分组体验，并描述自己的感觉。

4. 引导学生准确描述自己的感觉。

5. 光凭自己的感觉能准确判断物体的冷热程度吗？有什么办法可以知道？

6. 用温度计来量一量。

（二）学会使用温度计

1. 出示温度计，这是一个温度计，它可以准确地测量出物体的温度。

2. PPT 展示温度计的构造图，温度计主要是由玻璃管、玻璃泡、刻度三部分组成。温度的单位是摄氏度，在温度计上用刻度表示。一度是十个小格子，一个小格子代表 0.1 度。

3. 小组观察温度计，观察分度值、量程。

4. 如何正确使用温度计测量水温呢？

5. 学生分组测量三杯水的温度并记录。

【评析】温度是用来表示物体冷热程度的一个物理量，学生在生活中有一些零碎的感官经验，但不具体，无法就温度的概念作出准确描述。设计经典的手指感知冷热实验，让学生从课前的活动中再次体验，激发了学生的学习兴趣，这是深度学习发生的前提。让学生动手体验水的冷热到动手测量水的温度，这样的过程技能训练落实了小学科学课程中“学生要学会测量和描述物体的特征”的目标，是学生进入深度学习中表现出的学习热情和乐于探索的状态。实验是开启学生探究的兴趣之门，更是培养学生探究兴趣的保障。只有在规范操作、熟练掌握技能的基础上，学生才能更好地观察和发现事物的结构、功能、变化以及相互关系。

二、热水变凉

（一）提出问题

谈话：这是一杯热水，过一会儿就凉了，这杯热水变凉的过程中，温度下降的快慢有什么规律吗？

（二）做出假设

（学生的猜想可能是其他方面的，教师要根据实际的情况做相应的引导。）

学生猜想：

假设 1. 呈现先快后慢的规律。

假设 2. 呈现先慢后快的规律。

假设 3. 呈现匀速下降的规律。

假设 4. 温度下降没有规律。

……

（三）制订计划

师：如何证明你的假设是正确的呢？

生：用温度计测量，搜集数据来证明。

师：搜集什么样的数据？哪些数据可以证明？

生：可以固定时间，每隔相同时间测一次，并记录下读数。

师：还需要哪些实验器材？

生：热水、温度计、表、记录单。

师：实验中需要注意哪些问题？

生：温度计的正确使用，固定时间两分钟测一次等。

师：（再次用 PPT 展示温度计使用的注意事项。）请小组成员分好工，明确任务，准备实验。

【评析】制订计划是科学探究中的重要部分，让学生跟着老师的计划走是牵着学生的鼻子走，所以设计过程中用提问的方式引导学生对计划作出自己的判断，不但体现了学生为课堂主体的理念，也更好地展示过程技能训练中的操作性技能。

（四）搜集证据

师：统一发口令“开始测量”，每到两分钟时，提前五秒倒数，减少误差。

生：测量热水变凉过程中的温度变化，并记录。

（五）处理信息

师：如何整理数据，才能揭示热水变凉过程中温度变化的规律呢？

学生讨论并陈述观点。

师：展示一组的记录表，你能从数据中一眼看出温度变化的规律吗？需要我们计算数据后进行比较，很不直观。老师有个好办法，让规律一目了然，想不想知道？

（课件展示曲线图，我们可以用一条曲线图来表示温度的变化。坡度陡，说明什么？坡度缓，说明什么？）

师：讲解曲线图的作法。横轴表示时间，竖轴表示温度，示范①描点②连线作出曲线图。

生：整理数据，制作曲线图。

【评析】小学生处理数据信息往往只能停留在数据表面，对数据的深挖能力还不够。为此，教师引导学生用曲线图的方法寻找热水变冷的规律，教师详细介绍了曲线图的画法和表示的含义，有利于学生更好地理解本课的难点。

（六）得出结论

通过实验和曲线图可以发现，温度下降呈现先快后慢的规律。

（七）表达交流

1. 代表小组的曲线图展示到黑板上，作比较：

（1）刚开始的温度一样吗？最后的温度一样吗？

（2）我们绘制的曲线图，每个两分钟之间是直线还是曲线？

（3）如果我们在每个两分钟之间再多测量几次，根据我们得出的规律分析，每个两分钟之间的连线还是直线吗？应该怎样修改我们的曲线图？

2. 学生再次分析。

【评析】这项曲线图再思考设计旨在让学生尊重事实，形成用事实说话的意识，能够根据进一步的数据和证据，不断调整证据的结论和观点，培养求真求实的科学态度。

（八）反思评价

1. 学生讨论：为什么热水变凉会出现先快后慢的规律？

2. 拓展运用

（1）讨论：如果继续观测下去，温度会怎样变化？

（2）提问：是否一直这样降下去呢？会降到多少度呢？

【评析】深挖事实也是实践性科学的追求。从司空见惯的生活现象中通过实验认识了热水变凉的规律，这可能是大部分学生的第一次发现，本身给学生带来很大惊喜。继续深挖实验的续集有利于继续激发学生探究的动力。让学生全身心地投入科学学习，从而学会学习，热爱学习。

三、认识不同种类的温度计

出示多种生活中常见的温度计，了解它们的特点和用途。

【教学精彩片段】

制订计划中“搜集什么样的数据？”的教学片段

生：开始测量热水的温度，过一会儿的水温，最后的水温。

师：过一会儿的水温，过多长时间算一会儿？

生：5 分钟，2 分钟，1 分钟……

师：明白了，就是间隔固定的一段时间测量一次。那你们选择间隔几分钟，为什么？说说你们的理由。

生：1 分钟吧，这样我们搜集到的数据多，更能看出我们的猜测是否正确。

生：5 分钟吧，1 分钟内可能没有什么变化，看不出什么。

生：3 分钟吧，这个时间比较合适。可以看出温度变化，又不要观察得太累。

生：2 分钟也行吧。

师：我觉得都可以，只要间隔固定的时间测量。不过，课堂时间有限，不能无限时长地测量，同时也为了方便同学们测量记录，并能通过数据发现实验规律，我们选择合适的 2 分钟测量一次。

【片段赏析】学生不是老师的艺术品，随便老师拿捏造型。科学的本质是发现问题，然后解决问题，而发现的过程是学生亲历的科学探究过程，如果老师过于限定学生的思维，学生的科学素养得不到发展和提升。学生在讨论测量水温的间隔时间时，如果过早干预或限定时间，学生就不能畅所欲言，就不会由问题生发新的问题，更无从生成以学生为主体的课堂，更不利于深度学习的展开。

【教学评述】

小学科学的重要任务不是传授知识，而是以学生为主体，通过探究实验培养科学思维，从中获取科学知识。对于四年级的学生，生活中或多或少对冷热现象都有一定的认识，然而这种认识较多地停留在感觉层面，容易受客观条件和主观因素的影响，与物体的实际温度产生较大的误差。本课将学生从感觉上的冷热感受引向测量上的温度，用科学的办法解释温度，教会学生测量温度的方法。同时，沿着温度的轨迹，探究生活中司空见惯的“热水变凉”现象，引导学生通过科学探究发现热水降温先快后慢的规律，从而激发学生去探究生活中的问题。这正是从生活中来到生活中去的科学。学生在学习了科学技能的同时还依据证据运用分析、比较、概括等方法分析结果，发展思维，提高了科学素养。

（顾月明）

教学案例　建桥梁

【教学内容】

苏教版小学《科学》五年级上册第二单元《形状与结构》第三课

【设计说明】

1. 教材分析

苏教版小学《科学》五年级下册第二单元《形状与结构》有四节课，第一课《折形状》、第二课《搭支架》、第三课《建桥梁》、第四课《造房子》。本课是在学生学习前两课，认识了形状结构与承受力的关系基础上设计的。通过建桥梁的制作活动，引导学生理解形状、结构与承受力在生产生活中的应用，真正感受到科学技术在人类发展、社会进步中的重要作用。同时教给学生科技制作的初步技能，激发学生的创作热情，提高学生的动手能力。因此本课在第二单元中有着举足轻重的地位。

2. 学情分析

学生在本单元前两课的学习中，已经了解了形状与结构的初步知识，掌握了实验动手的技能，孩子的思维不断拓展，创新能力不断提升，在以往科学课程的学习中，学生通过对材料的了解，分类标准的划分以及比较实验中的“公平原则”的掌握，合作分工能力的培养，都为本节课的探究活动提供了很大的帮助。“桥梁的种类有哪些”“不同的桥梁有什么作用”“哪一种桥梁最坚固”向学生介绍一些浅显的桥梁知识，激发学生研究、建造桥梁的兴趣，培养学生的科技意识和科学探索精神。

3. 设计理念

《科学课程标准》强调：亲身经历以探究为主的学习活动是学生学习科学的主要途径。科学课程应向学生提供充分的探究机会。而且必须建立在满足学生发展需要和已有经验的基础上，提供他们能直接参与的各种科学探究活动。教师是科学学习的组织者、引领者和亲密的伙伴。学生是科学学习的主体，科学要以探究为核心；科学课程的内容要满足社会和学生的需要；科学课程应具有开放性，应促进学生科学素养的形成与提升。本课时遵循这些理念开展以引导、合作、探究的学习方式进行教学。

【教学目标】

科学知识：能根据自定义标准将桥梁分类，并能运用数学中比例的知识，测算模型制作的基础数据。

科学探究：能根据桥梁结构和承重力关系并充分考虑桥梁实际跨度和工程造价的前提下，设计并制作桥梁模型。

科学态度：意识到科学技术在建设桥梁中发挥的重要作用。

科学、技术、社会与环境：了解桥梁在生活中发挥的作用和桥梁存在的意义。

【教学过程】

一、复习旧知，导入课题

1. 出示各种桥梁图片，学生自定义标准给桥梁分类。

交流分类结果（按照材料分、按照形状分、按照地理位置分、按照年代分……）

板书：三种结构的桥梁名称（配合图片说明）

2. 在见识了形形色色的桥后，谁能告诉大家，我们为什么要建造桥梁?

【评析】通过引导学生发现桥梁之美，为后面学生设计桥梁时要兼顾美观埋下伏笔。再通过贴近学生的生活，熟悉家乡的桥梁，激发学生学习的热情，调动学生学习积极性。桥梁的分类为学生后面设计桥梁时桥型的选择做了知识储备，新课标强调科学课教学要遵循四维目标，“为什么要造桥”这个问题的设计，就是体现四维目标中“科学、技术、社会与环境”这一目标要求，让学生了解桥梁在生活中发挥的作用和桥梁存在的意义。

二、自主探究，搭建桥梁

（一）明确工程目标

1. 知道了为什么要建桥梁，想自己建造一个吗?（提出本课任务：为芜申运河宽 60 米某河段，按照 200∶1 的比例设计并建造一座既能满足承重要求，又不影响运河正常通行，且工程造价最为合理的桥梁。下面我们以小组为单位进行一项桥梁建设比赛。）

2. 我们来明确一下建造任务，出示工程目标：

①长度：跨度 60 米，根据比例不小于 30 厘米；

②宽度：桥宽 20 米，根据比例不小于 10 厘米；

③承重 55 吨，根据材料承重比不小于一瓶矿泉水重量，否则酌情减分。

3. 建造桥梁是个大工程，你觉得除了要考虑这些基本因素外，设计时还要考虑些什么？

4. 从实用和工程造价的角度，你们觉得三种结构的桥梁，哪种不适合我们的这座桥？为什么？

【评析】现代工程建造离不开数学，如比例这些数学知识能在科学课上渗透，对于孩子们全面发展必有好处。

（二）设计工程模型

1. 在工程建造之前，工程师要做什么？

2. 这些工作我们称之为什么？（设计）今天我们直接用建造模型的方式来设计。

老师给每组准备了牙签和和萝卜丁，请你们用这两种材料来设计你们的桥梁模型。先请你们每组同学确定桥型，再用这两种材料搭建模型。为了方便大家建模，老师给每组同学准备了一个桥面，这是根据牙签的长度设计的桥面，这个桥面能承重吗？为什么？（缺少支撑物）我们要建造的模型是要把桥面……（支撑起来）请大家围绕桥面来设计模型。

【评析】新课标要求让学生获取科学知识、掌握科学技能的同时兼顾工程素养的培养，技术与工程的灵魂是设计，设计往往是整个工程中最难的一点，对于孩子们来说更是如此，怎么来降低设计难度，本课教学第一步是变抽象为直观，不要学生画抽象的设计图，而是用牙签和胡萝卜丁来代替画笔，把二维抽象的图纸变成了三维立体的模型，第二步为了进一步降低设计难度，老师给了学生一个“桥面”，让学生围绕“桥面”设计，给学生的设计思路一个有力的支点，不仅大大降低了设计难度，更提高了学生的参与度。

3. 小组设计搭建模型，教师巡视，相机辅导。

4. 谈论交流，完善设计。

【评析】通过小组内讨论交流设计模型，激发学生思维与设计的激情，培养学生团队协作能力。交流完善的过程也是学生思维不断碰撞，设计不断迭代的过程，也是真正培养学生创新意识和实践能力的过程。

（三）根据设计方案和牙签模型完成桥梁搭建

1. 考虑到便于大家搭建的因素，老师今天为大家提供的建造桥梁的材料主要是钢管（出示吸管），而且为了不浪费材料，我们在设计和建造的时候要尽可能地节省材料，所以不是所有给你的材料都要用光，我们最后测算成绩的时候用了多少材料也会考虑进去，你们看我这里有个称重的电子秤，所有作品我们会过一遍秤，满足承重要求后重量越轻越好。

2. 多媒体视频教学热熔胶枪的使用办法，以及如何用热熔胶固定、连接吸管。

3. 在组长带领下分工合作完成桥梁搭建。

4. 完成搭建后分别计重（测算成本）。

【评析】完成了设计后，只剩下建造，建造环节最重要的是工程技术，本课中涉及的主要是热熔胶枪的使用，通过小视频介绍使用方法既可以节约时间，又利于学生掌握使用方法和注意事项。

（四）完成承重测试，评选优胜前三名小组

1. 各组完成承重测试及成本核算。

2. 汇总各组承重测试成绩及工程成本和美观度评比，评选优胜小组。

【评析】强调主动参与，小组合作，以探究为主的学习方式，在教学过程中，让学生自己动手做实验，亲身体会，互相合作、互相讨论，积极进行科学探究，让学生真正成为学习的主人。

三、总结拓展

1. 展示各组作品，讲评优劣。

2. 课后利用身边材料完成更大跨度桥梁模型制作。

【评析】讲评作品，指明优劣，既可以巩固科学知识，又可以扬长避短提高学生工程素养。一堂课的结束不应是学生获取知识、锻炼能力的终止，而应该是加强、应用知识的开端和延伸，让学生带着问题进课堂，再带着新问题出课堂，学生可以在吸收了本课所有知识技能的基础上，向更高的阶梯迈进。

【教学片段赏析】

（“明确工程目标”教学片段）

师：我们知道了桥梁的功能作用，想不想自己也造一座桥？

师：造桥需要找一个地方，（出示芜申运河图）这是流经我们宜兴一条有名的运河，叫芜申运河，我们今天造桥的地点就选在这条河上，芜申运河给我们水上交通带来便利的同时，也给我们宜兴当地老百姓带来了一些不便，我们在过河的时候比较麻烦。我们今天的任务即是给这条河架一座桥。

师：我们目标任务是在芜申运河 60 米宽的河段按照 200∶1 的比例设计并建造一座满足要求的桥，谁知道 200∶1 什么意思？

生：现实是 200 米，我们这里就是 1 米。

师：现在河宽 60 米，你觉得我们这座桥应该造多长？

生：30 厘米左右。

师：你怎么算出来的？

生：60 米除以 200。

师：你们觉得这个方法对吗？（对）

师：光讲这一个数据，我们目标不是很明确，我们将这个总目标进行细分：第一，长度，按照比例测算我们找的桥不得低于 30 厘米长；第二，宽度，我们这座桥实际要求是宽 20 米。现在请你们算一下，我们要造多宽？

生：10 厘米。

师：除了这两个目标外，我们还有别的要求，既然是桥，要满足行人车辆通行，根据相关测算，我们造的桥要能承受一瓶矿泉水的重量。

师：建桥是个大工程，我们在考虑这些目标的同时，还需要考虑什么？

生 1：桥下要让船过去。

生 2：成本尽量少一点。

师：我要是市长也请这样的工程师，因为你能给政府省钱。除此以外，还可以在哪些地方动动脑子？

生 1：选择哪种桥型。

师：刚刚我们在欣赏桥梁的时候都非常惊叹，惊叹于它们的美丽。那我们在设计的时候要考虑什么？

生：外观美丽。

师：我们在满足长度、宽度及承重要求的前提下，也要把建造成本和美观考虑进去。

…………

【片段评述】技术的核心是发明，工程的核心是建造，工程的关键是设计，设计是工程的灵魂。本课教学抓住设计做文章，通过对桥梁结构的分类明确设计方向，通过数据计算使设计更有针对性。

（王建良）

教学案例 浮力

【教学内容】

苏教版科学四年级上册第 3 单元 11 课《浮力》第一课时

【设计说明】

《浮力》是苏教版科学四年级上册第 3 单元《常见的力》的第四课时。通过对本单元前三节课的学习，学生已经认识直接施加在物体上的摩擦力和弹力，能感知到力的方向，能使用简单的工具测量力的大小，能在教师的引导下探究影响力大小的因素。本课将学习直接施加在物体上的另一种力——浮力，在日常的生活中学生对浮力有一定的感性认识，但学生对沉入水中的物体会受到浮力这一概念缺乏合理的认识。本节课的教学重点在于让学生正确认识浮力，引导学生探究影响物体浮力大小的因素。四年级的学生已经具备一定的实验操作能力，在实验前要适当引导学生关注实验过程的设计和实验要点，实验中要仔细观察和及时地记录，为高年级的实验设计与探究做好准备。从学生的年龄结构和心理特征来看，四年级的学生对周围的事物仍然保持一定的好奇心，也逐步对一些问题有理性的认识。因此，在教学的过程中应该适当引导学生理性思维的发展，让学生能通过推理发现事物背后的规律。

【教学目标】

科学知识：初步认识浮力，知道物体的沉浮与物体的质量有关。

科学探究：能通过实验证明自己的猜想是否正确，能控制变量研究影响物体沉浮的因素。

科学态度：培养学生的探究兴趣和问题意识。

科学、技术、社会与环境：应用浮力知识解释潜水艇工作原理，理解科学技术对人类生活方式的影响。

【教学过程】

一、创设情境、引入新课

1. 请看老师将一个乒乓球放入水底，乒乓球浮起来了！它为什么会浮起来呢？

2. 请看 PPT 上的这些物品的图片，若将它们放入水中，你预测一下哪些会下沉？哪些会上浮？

3. 实验并填写实验记录，组内汇报。

	木块	苹果块	铁夹	塑料尺	羽毛	石块	蜡烛
预测							
结果	↑	↑	↓	↑	↑	↓	↑

4. 全班交流，演示带线乒乓球的漂浮实验，得出浮力的方向。

【评析】概念的建立是要基于丰富的感性认识，这里通过日常生活中学生熟悉的物品，让学生感知浮力的存在；让学生通过压一压漂浮的物体，感受浮力的大小和方向；通过带线乒乓球漂浮实验，让学生直观地看到浮力的方向，从而逐步认识“浮力”。

二、研究下沉的物体是否受到浮力

1. 沉入水底的铁夹子、石头和回形针是否受到浮力呢？

学生思考，组内讨论。

2. 如果石块在水中受到浮力，那么弹簧测力计的读数会怎样？

3. 如果沉在水里的石块不受浮力的影响，那么测力计的读数是什么样的？

4. 做完石块的实验，可以再用其他下沉的物品来试一试，看是否可以得出相似的结论。

5. 学生分小组实验，观察并记录数据，分析得出实验结论。

下沉的物体是否受到浮力（用测力计测量）

在空气中受到的压力	在水中的拉力	受到的浮力
结论：下沉的物体______（会或者不会）受到浮力		

【评析】通过观察，发现实验中隐藏的问题，激发学生思考，并设计相应的办法得以证明，让学生知道水下的物体也会受到浮力，通过分析水中物体的重力和浮力，深刻理解物体上浮和下沉的原因。

三、研究影响物体沉浮的原因

1. 思考为什么有的下沉，有的上浮？物体的沉浮与什么因素有关呢？

请同学们做出合理的猜想，并说明原因。

2. 如果要探究质量对物体沉浮的影响，那应该保持体积这一因素不变。根据所给的材料，如何设计实验验证质量对物体沉浮的影响？

以小组为单位进行讨论。

3. 做实验前，请你先预测几号小球会沉在水底？几号小球会浮在水面？

学生预测并分组实验。

4. 同体积的物体，质量大的沉、小的浮。

【评析】通过前期的实验让学生对影响物体沉浮的因素做出合理的猜想，能够通过与他人合作应用控制变量法设计实验方案进行研究，在对物体沉浮的探究中培养了学生的探究兴趣和问题意识。

四、利用沉浮因素的成果设计

1. 观看视频《潜艇下潜的原理》，思考并说明自己的想法。

2. 用自己的语言来描述潜水艇是如何实现上浮和下沉的。

【评析】通过课堂中的实验引出潜水艇下潜的原理，让学生体会到实验结论应用的事例，感受到科学技术对人类生活方式的改变。随后又让学生利用实验原理，进行实验创新，能有效激发学生的创新性思维。

五、拓展总结

1. 同学们在探究中学习了很多有关浮力的知识，说一说本节课你都有哪些收获？

2. 了解一下生活中有哪些利用浮力的现象。

3. 下节课，我们将会探究体积对物体沉浮的影响。

【教学片段赏析】

（讨论并研究影响物体沉浮的原因片段）

师：请大家观察水槽中的这些物品的特点，思考为什么有的下沉，有的上浮？物体的沉浮与什么因素有关呢？请你根据实验现象做出合理的猜想，并说明原因。

生1：我猜想物体的沉浮与它们的质量有关，石头、铁夹子比泡沫板、羽毛重。

生2：我认为他说的不对，苹果比回形针要重，但苹果浮在水面，而回形针却沉入水底。

生3：我猜想物体的沉浮与它们的体积有关，因为苹果的体积比回形针大，所以才浮在水面上。

生4：那么三个玻璃瓶的体积是一样的，沉浮情况却不相同，说明体积也不是决定因素。

生5：我猜想体积和质量都会影响物体的沉浮……

师：同学们能从多个角度思考问题，值得表扬。你们猜想是否正确呢？科学家有了猜想就应该怎么做呢？

生：通过实验来验证！

师：是的，通过刚才的讨论，猜想质量和体积都会影响物体的沉浮，这里出现了两个探究因素，回忆上节课中探究摩擦力大小的实验方法，你觉得我们应采用什么实验方法进行研究呢？

生：控制变量法。

…………

【片段评析】在科学探究中，猜想和计划的制订都是探究成功的关键要素，没有猜想与假设就没有方案的设计，实验就没有依据，结论就无从得出。这里教师先让学生结合自己的经验，找出影响物体沉浮的诸多因素，然后引导学生回忆上节课的研究方法，运用控制变量的科学方法对影响物体沉浮的因素进行探究，从而培养学生的探究兴趣、提高他们的探究能力。

【教学评述】

本课教学中，教师先通过大量直观形象的多媒体画面，设置问题情景，激发学生学习的内在学习动机，调动学生学习的积极性，使学生真正成为学习活动的主体。接着学生参与了一系列形式多样的探究实践活动，尽可能给每个学生都提供锻炼的机会。在活动中，不断鼓励学生大胆尝试、主动探究，学生通过积极主动的探索，在经历观察、猜想、验证、归纳、概括的探究过程后，归纳总结出“各种物体在水中都受到水的浮力”这一科学概念。最后又让学生运用所学知识去解决简单的生活实际问题，从而加深了学生对知识的理解和掌握，进一步增强学生的综合能力。在本课中，学生在沉浸式的学习中，思维得到锻炼，能力得到提升，深度学习真正发生。

（于良刚）

第四章

团体探究的支持策略

深度学习的最终目标是要解决真实情境中的复杂问题，这个目标对学习者个体而言较难达成，因此学习者需要参与到相应实践共同体中，通过与实践共同体内其他成员的相互对话、彼此互动来加深对知识的理解，并共同建构解决真实情境中复杂问题所需的知识意义。在科学课堂上科学探究是基于共同体的，而共同体也是基于科学探究的。

第一节　打造科学学习共同体

一、学习共同体的内涵特质

（一）学习共同体的内涵

共同体是由著名科学哲学家库恩（T. Kuhn）倡导的，库恩关于“科学共同体”的解释是：“一个科学共同体由同一个学科专业领域中的工作者组成。在一种绝大多数其他领域无法比拟的程度上，他们都经受过近似的教育和专业训练；在这个过程中，他们都钻研过同样的技术文献，并从中获取许多同样的教益。通常这种标准文献的范围标出了一个科学学科的界限，每个科学共同体一般有一个它自己的主题。……科学共同体的成员把自己看作、并且别人也认为他们是唯一地去追求同一组共有的目标，包括训练他们的接班人的人。在这种团体中，交流相当充分，专业判断也相当一致。另一方面，由于不同的科学共同体集中于不同的主题，不同的团体之间的专业交流有时就十分吃力，并常常导致误解。"①

与"科学共同体"相对照，由美国学者莱夫（J. Lave）和温格（E. Wenger）所给出的关于"实践共同体"的如下定义则可说与我们所讨论的"学习共同体"有着更为紧密的联系："'共同体'这一术语既不意味着一定要是共同在场、定义明确、相互认同的团体，也不意味着一定具有看得见的社会界线。它实际意味着在一个活动系统中的参与，参与者共享他们对于该活动系统的理解，这种理解与他们所进行的行动、该行动在他们生活中的意义以及对所在共同体的意义有关。"②

综上可见，"共同体"未必是一个有形的组织，而主要是指由某些因素联系起来的一群人，从事相关活动的基本相同的观念则又可以被看成共同体成员最为重要的一个标志。而所谓学习共同体是为完成真实任务或解决问题，学习者与其他人相互依赖、探究、交流和协作的一种学习方式。它强调共同信念和愿景，强调学习者分享各自的见解与信息，鼓励学习者探究以达到对学习内容的深层理解。学习者在学习的过程中，与同伴开展包括协商、呈现自己的知识、相互依赖、承担责任等多方面的合作性活动。

（二）学习共同体的特质

学习共同体能为深度学习的实现提供更多的支持和帮助，因为知识具有社会共享与分配的特性，对于学习者个体而言较难达成深度学习的目标，通过学习共同体的合作则会使之更易实现。学习共同体的主要内涵特质体现在以下三点：

---

① 托马斯·库恩. 科学革命的结构［M］. 金吾伦，胡新和，译. 北京：北京大学出版社，2003：159

② 莱夫，温格. 情景学习：合法的边缘性参与［M］. 上海：华东师范大学出版社，2004：45.

1. 独立基础上的共同愿景

在课堂学习共同体中，每个人是一个独立的个体，师生之间、生生之间相互尊重，包容和理解，使个体的一些特性得以保留和发挥，并作为一种学习资源得到发扬和关注。同时，学习共同体建立在共同的学习目标基础上，学习者在共同体中发挥自己的特质，从而实现个人学习目标和共同体愿景的统一。因为有共同的学习愿景为基本指向，才会促成学习共同体内部成员之间的情感归依和身份认同。共享愿景是学习共同体形成的根本驱动，是共同体内成员开展合作、对话的重要基点，在共同体的结构中发挥着基础支撑作用。

2. 平等前提下的对话协商

在课堂学习共同体中，教师和学生享有平等的话语权，学生也可以自由地表达自己的观点，享有课堂范围内言论自由的权利。对话协商是学习共同体内个体的基本交往方式，是共同体内成员个性化成长的重要保障。学习共同体是深度学习中个体原有的知识、信念、思想和价值观发生转化的关键，共同体内成员通过分享和吸纳，汲取他人的经验和智慧，达成共同体内成员的智识共享，实现学习者个体知识经验的增长。这是以合作学习为基础，是对话协商的结果，也是学习共同体发展的重要目标指向。

3. 民主交往中的共同情感

课堂学习共同体是一个集体的存在，也具有社会性与交往性。在课堂学习共同体中，教师和学生带着各自不同的个体经验参与到了教与学中，师生之间、生生之间通过交流，使彼此的差异得到碰撞，知识得以重组，在包括教师在内的共同体成员中，每个人相对于其他人而言都是潜在的学习资源，每个人都受到其他成员思想方法和知识储备的影响，在交流的情境中知识得到生成和建构。同时，学习共同体课堂是一个由活动与情感交织共生的生活世界，是一个在发展学生智慧能力的同时又丰富、完善学生情感世界的重要场所，共同体成员之间互相关怀，互相鼓励，建立情感纽带。

（三）科学学习共同体的误区

指向深度学习的科学课堂是以学生为主体的探究课堂，老师必须让“所有学生都有活动、所有学生都被关注、所有学生都有机会”，建设学习共同体也是必不可少的。但细观察课堂会发现，构建科学学习的共同体存在着误区：

1. 把“热闹”作为学习共同体的标记

在良好的学习共同体中，相互之间的信息交流非常频繁，所以学习者在互动中形成“热烈”的学习氛围很正常。但在现实教学中我们发现，教师容易被学习共同体所营造的“热闹”氛围所吸引，将“热闹”作为学习共同体的标记。为了达成这个表面的“热闹”，教师在教学中组织大量的浅表性活动，使课堂表现出异常的热闹景象。其实，热闹氛围仅仅是学习共同体运行良好的一种结果或表象，并不是学习共同体所固有的东西。在深度学习的课堂中，由于学习者陷入深度思考出现长时间的沉默或“冷场”的景象在学习共同体中并不鲜见。实质上，过于热闹的氛围并不利于学生学习，因为它常常会使学生在情绪上陷入非理性的激情状态，从而失去对学习内容的深度领会与思考。

2. 把“形式”作为学习共同体形成的标记

学习共同体的形成需要借助于一定的组织形式，通过某种组织形式，学习共同体表面上“看起来”像学习共同体。因此，许多老师构建学习共同体的具体方式就是将班级学生划分成若干个小组进行学习。殊不知，“合坐”而不是“合作”，表面上的合作学习未必就形成了学习共同体。如果学生在小组内各行其是乃至相互干扰，既没有有效的互动与交流，也没有获得更深层次的学习成果，那就没有形成学习共同体。组织形式可以为学习共同体提供实现条件，但不能保证学习共同体的形成。

3. 把“忙碌”作为学习共同体形成的指标

通常情况下，学生在学习共同体中积极参与学习活动，表现出复杂的学习行动。教师可能因此将学生的行动量作为学习共同体构建是否成功的指标，努力通过各种方式使学生保持高频率的行动。在他们看来，在学习共同体中每一位学生都应“忙碌”地参加活动，无事可做意味着脱离学习共同体。然而忙碌的行动只是学习共同体的外在表现，不一定导致学习共同体的形成。不恰当的忙碌行动可能使学生过于关注自身的任务与行动，忽视交流与互动的真正目的与价值。

二、学习共同体的构建策略

学习共同体是以完成共同的学习任务为载体，以促进全员全面成长为目的，强调在学习过程中通过人际沟通、交流与分享各种学习资源而相互影响、相互促进的学习集体。教师灵活使用各种策略，形成科学学习共同体是实现深度学习的重要途径之一。

（一）营造安全的心理氛围

教学活动本身是严肃紧张的，因此更需要教师营造平等、宽松、合作、安全的互动氛围。给学生充分表达自己见解的机会，不以任何理由压制、嘲讽、打击学生的积极性，与学生平等地展开讨论，保证学生全身心投入教学活动。

日本东京大学佐藤学教授的学习共同体实践经验最为丰富，他所倡导的“宁静的课堂革命”在日本各地开花结果。他认为，共同体课堂强调营造“三安”的学习环境（即“安静、安定、安全”），学习共同体只有在这种氛围中，才会进行分享与对话，学生的思维才能从单一走向多元、从片面走向全面、从模糊走向清晰、从肤浅走向深刻、从自发走向自觉。安静是指学生静下心来，进入思考时间。教师要留足学生安静观察和深入思考的时间，而共同体课堂在“同伴倾听交流—大组对话”之前至少有 8~10 分钟让学生安静地“个人自主学习”，在安静的学习氛围中，学生能够深入地思考，形成独特和个性化的见解。

创设良好的教学氛围，教师还应指导学生学习如何与他人合作的技能。教师应当走进学生中去，善于发现学生在交流中产生的问题，特别是要关注学困生，对他们要及时进行适当的指导和帮助。

不关注儿童交会的地方便不会有学习，交流中我们不鼓励学生发表意见时说“我反对……”“我不同意……”这类言语，因为学习的重点不在于判断对错，而是不断引导学生去探究、思考错误背后的原因，了解结论背后的思维过程。

当学生探索未果或存有疑惑而百思不解的时候，教师就应发挥主导作用，对学生进行引导：可以正面传授合作的技能，对问题进行点拨；也可以合作者的身份参与到某一小组中去，在与学生处于平等位置的前提下，提出自己的见解、观点或解决问题的策略供小组讨论、探索。当在探索活动中可能会出现不同的思路和办法时，教师不要急于下结论，而要引导学生进行必要的阐述和辩论，也不要急于用课本上规范的语言和要求束缚学生，而要给其反思、完善的机会，让他们在合作中逐步完善自身认识。

（二）构建相互倾听的课堂

探究式教学需要的是用心地相互倾听的教室，而不仅仅是发言热闹的教室，否则思想和情感相互交流就无法深入。学习是自外而内输入信息和自内而外输出信息的活动，用耳倾听和用眼观察是学生吸收信息的主要途径。学习共同体个体间的互动与合作，体现在师生、生生之间的语言交流方面，即师生、生生之间围绕学习活动展开对话，合作的方式是对话，对话的基础是倾听——没有倾听就没有对话，也就不可能有真正意义上的学习。倾听是最主要的课堂深度学习方式，在深度学习的课堂上，倾听比发言更重要，因为倾听能力的高低往往决定着课堂学习效益的高低。

共同体课堂的倾听包括师生间的倾听和生生间的倾听。要想让学生学会倾听，教师首先要懂得倾听学生。在课堂中，教师要善于倾听，带着学习的心态倾听学生的发言、困惑和内心的需求，听组内学生和组间群体的差异。教师倾听学生，不仅仅是希望听到正确的答案，让教学顺利地过渡到下一个环节，而是应该倾听学生真实的想法，直面学生的思想，并将此作为教与学转换的一个真实基础和台阶。这样，学生就绝不会是推进教师事先准备好的“课本剧”顺利进行下去的配角，而是成为推进教学的主角之一。

学生倾听同伴，也不仅仅是希望听到正确的答案。同伴之间需要相互理解、对话、沟通、启发、互相欣赏和激励，甚至辩论。要善于向同伴学习，善于利用课堂中的同伴资源，这些都需要以“倾听”为基础。佐藤学认为善于学习的学生通常都是善于倾听的儿童，只爱自己说话而不倾听别人说话的儿童是不可能学得好的。教师可以引导学生学会专注倾听同伴，在倾听中反问自己“我学到了什么”“他为什么要这样说”，思考他人发言的“言外之意”。引导学生在倾听中学会尊重他人观点并在脑海中不断思考，敢于质疑，发表自己不同的解读。让学习力弱的学生还能从安静地倾听中从同伴的身上学会如何思考、表达，从而在不断交流、讨论、反刍的过程中逐步形成批判性思维。

在教学中，教师要高度重视学生倾听能力的培养与倾听行为的规范。可以建立一些倾听和交流的规则，以提高学生的参与度和合作的成效。如交流前要独立思考，形成自己的想法；优等生最后发表意见；别人发表意见时要尊重对方，注意倾听；要敢于质疑，敢于争辩。老师要注意培养学生的合作精神，要让学生在倾听中学会沟通、理解、尊重、互助、分享，既能够尊重、理解和欣赏他人，同时也能更好地得到他人的尊重、理解和欣赏。平时可以用“刚才×同学发言的要点是什么”“×同学和×同学的回答区别在哪里”之类的话，引导学生不断吸收他人的想法，从多角度、多方面、多层次拓展自己的思维，从而形成开放、敏锐的思维品质。

（三）增强共同体意识

分布性认知观点认为，人往往要借助外在的环境、他人的互动来完成各种认知活动。在学习共同体中，每个人都是他人知识的可能性源泉，通过对话和共同的探索将公共知识转化为个人知识。如果缺失了社会互动，个体无法实现持久的深度学习。学习共同体不同于联合体，它是一个组织，处于学习共同体的个体拥有共同的目标、共同的关系，他们有着共同的情感取向和行为标准。学习共同体是为了完成共同的学习任务组建的，因为具有共同的赖以相互维系的精神因素，共同体的成员在持续合作中会增强凝聚力。

教师要通过多种渠道让学生意识到自己是在一个团队中学习，感受到团队对自己的价值与意义。学习共同体为了完成共同的学习任务，拥有共同的目的、期望、知识、志趣与情感，这些共同的精神因素将团体内的成员凝聚在一起，遵守共同的规则，具有一致的价值取向与偏好，满足学习者自尊与归属的需要。这种归属感与认同感以及从其他成员身上得到的尊重感，有利于增强学习者对共同体活动的参与程度，支持他们持续、努力地参与学习活动。

三、学习共同体的设计框架

良好学习共同体所具有的意义是多方面的，如提高解决真实问题的能力，增进学习者之间的信息流，增大支持性和提高获取支持的效力，投入群体学习目标，增进成员之间的协作，提高群体努力的满意度，使个体从共同体成员的互动中获益和培养自己与他人的有效协作能力。

（一）良好学习共同体的要素

1. 归属感：指学习成员之间的精神共同体、成员关系、对共同体的认同感、归属感。它表示共同体成员之间的接纳感，以及有助于个人发展的成员友谊、凝聚力和满意度。

2. 信任感：指共同体中成员之间可以相互信任、相互影响，有序、有规章制约。它是一种共同体值得信任，能自由表达建设性意见和反馈的感觉。一旦人们被认可作为学习共同体的一分子时，他们将产生安全感，并信任共同体，成员之间能畅所欲言。

3. 互惠感：指共同体中成员之间可以相互受益、强化和共享价值观念。它是一种与其他人进行交互而获得利益的感觉。

4. 分享感：指超越时空和心理藩篱，分享学习的体验和结果，达到情感的沟通和分享。学习者在共同体中建构知识和意义的过程中，共同体促进了知识和理解的获得，促进了知识和情感的分享。

（二）学习共同体的教学设计框架

作为一种学习方式，学习共同体的框架内容是：

1. 确定学习共同体的目标

运用学习共同体的学习方式，其目标在于发展学习者终身学习、独立学习和学会学习的能力。学生不是为考试而学，而是为迁移而学，同样教师不是为考试而教，而是为迁移而教。

2. 评价学习共同体的成员

学习者已有的知识技能，直接影响学习者是否能从学习共同体的教学方式中受益。有效的学习共同体能使学习者明晰地呈现其思维过程，重视学习者的分布式技能。共同体并不要求学习者在相同的时间内学习相同的东西。每个学习者都可以学习不同的领域或专题。

在学习共同体中，每个学习者的个性都可以得到极大的发展。与传统教学不同的是，学习共同体不问“谁比谁聪明”，而是不同的学习者所知晓的内容领域不一样，每个学习者都有自己的特长。这样，学习者之间能够形成相互尊重、相互学习的氛围，并且从多样化的知识和技能中获益。

3. 确定学习共同体中要教学的内容

有效的学习共同体能使学习者投入到围绕某一真实的、复杂的主题中，展开持续性的思考和讨论。在实际的教学操作中，通常采用基于问题的或基于项目的学习，并且使学习者保持长久持续的学习时间。

4. 确定学习共同体中的教学策略

在学习共同体中，常用的策略是组织学习者活动的策略。这与传统教学中把教学策略的重点放在信息的传递方面有很大的不同。学习共同体的全部目标可以说是帮助学习者学会与同伴、教师和专家进行互动，从互动中学习。在频繁的互动中实现观点、意见的相互交流。

（三）学习共同体中的教师角色

有效的学习共同体要充分发挥教师的作用，做好角色的转变。

1. 教学过程的引导者

在学习共同体的课堂中，教师的引导者角色是贯穿整个教学过程的。教师“引导者”角色的内涵有学者归纳为：成长秩序的价值引导、成长机制的问题引导和成长动力的兴趣引导，即教师要做学生个体成长中的价值导师、问题导师和兴趣导师。在教学过程中，教师要针对同学的发言和讨论进行引导，使学习者对学习共同体有亲同感，自觉地作为共同体中的一分子，有相同的利益和价值指向，从而为达成重要的目标而努力。

2. 学习活动的支持者

在学习共同体的学习环境中，教师需要做一名学生学习活动的坚定支持者。支持学习者自己选择学习主题，使之获得内在的动机；支持学习者个人选择学习材料，小组决策；支持学习者在合作小组活动中，获得社会性协商和新的观点；通过鼓励支持性的话语、行为、表情、动作等使得学生产生心理支持力量。

在学习共同体的课堂上，每名学生的发言都能得到教师的肯定，即使回答的答案和问题并不相关，但是只要是学生通过自己的思考以及与同伴进行了充分沟通和交流之后得出的答案，都会得到鼓励。因为重要的不是标准答案，而是学习者通过学习过程所得到的领悟和理解。在学习者和教师的良好互动中，学生获得知识支持、情感支持和行为支持，从而释放了学生热爱学习的天性。

3. 教学结构的组织者

真正的学习共同体不仅是形式上的分组，而且是对同一目标共同努力，组内成员都能得到良好发展的一种互惠行为。教师要帮助确定一个集体的和真实的共同体目标，以促进共同体成员的协作和投入。对于一间教室内几组学习共同体之间的引导问题，教师要把握整体原则，以一个教室为大的单元体，为所有小组呈现同一情境，聆听学生们的讨论，观察他们的行为，每一个微笑都是和学生在进行着心灵上的交流，在听取了前一组同学的陈述之后，让其他组的同学针对他的发言提出自己的想法和疑问，从一个组内的讨论延伸到各组之间，进而扩散至整个班级的大讨论，以此打造出一个能让学生在其中快乐学习的大本营。

总之，良好共同体的建设离不开教师角色转变。教师作为引导者，在知识、学生、学习共同体之间进行穿针引线；教师作为支持者，鼓励支持着学生的情感、知识、行为；教师作为组织者，整体把控着课堂、学生和评价。

第二节　提升小组合作学习效率

合作学习在学习共同体形成的主要途径，是促成共同体成员交往互动的助推力。以形成学习共同体为目的的合作学习，不是传统合作学习小组的迁移和复制，而是基于合作且超越合作，是能帮助学生发展积极的同学关系，建立相互尊重的师生关系，有利于学生感受归属感和成就感的学习方式。

一、合作学习的内涵及理念

（一）合作学习的内涵

合作学习是20世纪70年代初兴起于美国，并在70年代中期至80年代中期取得实质性进展的一种富有创意和实效的教学理论与策略。由于它在改善课堂内的社会心理气氛，大面积提高学生的学业成绩，促进学生形成良好非认知品质等方面实效显著，很快引起了世界各国的关注，并成为当代主流教学理论与策略之一，被誉为“最重要和最成功的教学改革”。

合作学习目前已经成为科学学习中一种重要学习方式，它从学生个性出发，以小组为单位，通过分工协作、共同探究、互相交流、综合概括而获得知识。在这个学习过程中，不仅有学生的独立思考和操作，更有学生之间互动交流，互相帮助，互相学习，从而实现优势互补，促进个性的全面发展。

（二）合作学习的基本理念

1. 互动观

在合作学习的诸多理念中，最令人注目的当属其互动观。合作学习的互动观不再局限于师生之间的互动，而是将教学互动推延至教师与教师、学生与学生之间的互动。合作学习论认为，教学过程是一个信息互动的过程。从现代教育信息论的角度来看，教学中的互动方式大致呈现为四种类型：一是单向型，视教学为教师把信息传递给学生的过程，教师是信息发出者，学生是信息接受者；二是双向型，视教学为师生之间相互作用获得信息的过程，强调双边互动，及时反馈；三是多向型，视教学为师生之间、生生之间相互作用的过程，强调多边互动，共同掌握知识；四是成员型，视教学为师生平等参与和互动的过程，强调教师作为小组中的普通一员与其他成员共同活动，不再充当唯一的信息源。合作学习认为，教学是一种人际交往，是一种信息互动，教学不仅仅是教师与学生之间的双边互动过程，它还涉及诸如单向型互动、多向型互动、成员型互动等多种互动过程，是多种互动过程的有机统一，是一种复合活动。

2. 目标观

合作学习是一种目标导向活动。合作学习认为，学习是满足个体内部需要的过程。对于教学来讲，合作学习的假定是："只有愿意学，才能学得好。"只有满足学生对归属感和影响力的需要，他们才会感到学习是有意义的，才会愿意学，才会学得好。基于这种认识，合作学习将教学建立在满足学生心理需要的基础之上，使教学活动带有浓厚的情境色彩。从合作学习的整个过程看，小组成员之间互相交流、彼此争论、互教互学、共同提高，既充满温情和友爱，又像课外活动那样充满互助与竞赛。同学之间通过提供帮助而满足了自己影响别人的需要，同时，又通过互相关心而满足了归属的需要。在小组中，每个人都有大量的机会发表自己的观点与看法，倾听他人的意见，使学生有机会形成良好的人际技能。当学生们在一起合作融洽、工作出色时，他们学到的就会更多，学得也就更加愉快，由此可以实现认知、情感与技能等教学目标的达成。

3. 师生观

合作学习认为，学生与教学内容之间的矛盾是教学的主要矛盾。因此，合作学习提倡教师当好"导演"，学生当好"演员"，而不再像传统教学所强调的那样，教师为了保持所谓的权威，教师既"导"且"演"，结果是"导"不明，"演"不精，事倍功半，苦不堪言。合作学习从学生主体的认识特点出发，巧妙地运用了生生之间的互动，把"导"与"演"进行了分离与分工，把大量的课堂时间留给了学生，使他们有机会进行相互切磋，共同提高。由此，在传统课堂上许多原先由教师完成的工作现在就可以由学生小组来完成，教师真正成了学生学习过程的促进者，而不再作为与学生并存的主体而使二者对立起来。

4. 评价观

合作学习的评价观与传统教学也有很大不同。合作学习把“不求人人成功，但求人人进步”作为教学所追求的一种境界，同时也将之作为教学评价的最终目标和尺度，将常模参照改为标准参照评价，把个人之间的竞争变为小组之间的竞争，把个人计分改为小组计分，把小组总体成绩作为奖励或认可的依据，形成了“组内成员合作，组间成员竞争”的新格局，使得整个评价的重心由鼓励个人竞争达标转向大家合作达标。合作学习的这种评价理念以及以小组总体成绩为评价依据来决定奖励与认可的做法，有利于我们走出竞争教育的怪圈，实现教学评价的科学化。

（三）科学教学中合作学习的现状

1. 形式上似合作而非真正的合作

小组合作学习不是将学生分成几个小组，然后进行小组学习，它还涉及合作的细节问题。因此，在具体的教学过程中还应关注一些深层次的问题，如合作时机的选择，合作时间的控制，合作意识的培养，合作技能的训练，等等。目前课堂中很多都是合“坐”而不是“合作”，小组内学生没有交流，基本上停留在独立学习的层次上，没有真正的合作，没有发挥小组的优势，造成形式上的合作学习而非真正意义上的合作学习。

2. 优等生操纵合作小组活动

小组合作学习确实增加了学生表现的机会，但现实中往往容易走向极端——优等生是权威。在小组里，优等生什么都说了算，中等生或学困生依赖性严重，对优等生言听计从。优等生在小组中往往扮演了一种下达任务或帮助的角色。在小组活动中，学困生大多受优等生的操纵，都是按照优等生的要求去做，不通过独立思考就直接从优等生那里获得信息。在小组活动中优等生动手次数多，发言的机会多，代表小组汇报的现象多，这样优等生得到了更大的发展，而学困生可能还停留在人云亦云、似懂非懂的状态中，情况可能比老师讲授还要糟糕。

3. 合作过滥忽视了学生个体学习

不讲原则的过多的合作学习可能限制学生自主发展的空间，对学生个性的全面发展也是不利的。合作学习是学习的重要方式，但不是唯一方式，如果整个一堂课，动辄合作交流，合作过滥，学生独立思考的时间少了，自主学习的时间少了，长此以往，学生的探究学习能力将被削弱。

4. 放任自流忽视了老师的主导作用

合作学习倡导教师与学生、学生与学生、教师与教师进行多边互动。学生的小组合作并不一定能解决所有问题，在合作过程中学生一定会产生一些疑惑，如果教师不及时予以引导，放任自流，就会使学生陷入困惑，似懂非懂。

而在现实课堂教学中，我们不难发现，教师布置学生进行小组合作交流之后，就将合作学习引向另一极端——放任自流。

二、小组合作学习的优化策略

（一）正确摆正教师角色

在小组合作学习中，教师的角色发生了很大改变，他们不再占据科学学习的核心地位。教师要引导学生自主投入科学学习，重视小组合作，在学生主动探究过程中为其指明方向。在小组合作学习的过程中，学生是主角，自主进行实验研究，而教师的任务是在与学生的交流互动过程中不断挖掘并满足学生的需求。教师要明确自己作为教学过程中的组织者、引导者和合作者在合作学习中的地位。在合作学习中，教师与学生之间原有的“权威—服从”关系逐渐变成了“指导—参与”的关系。具体来说，在合作学习活动中，教师要以观察者、指导者、促进者的角色全程参与学生的合作学习活动，密切关注学生的合作学习情况，引导学生开展有效的合作与交流。

（1）观察者

教师作为观察者，既需要统观全局，掌握全班合作学习的情况，又要尽量做到点面结合，集中观察某一小组，观察该小组的讨论进度、内容、方法，是否人人都参与到讨论中，是否能恰当运用合作学习的技巧；当发现学生的讨论“偏题”时，要适时地介入，将学生引向正确的方向。

（2）指导者

教师可以根据小组合作活动提出小组人数、小组分工等明确要求，个体独立思考的要求，小组长如何发挥作用、小组成员如何分工合作；对学生合作中的细节进行微调，关注个别学生，处理和协调偶发事件等等。需要注意的是，教师在介入学生的合作学习活动时需要明确自己的身份，不是领导者而是引导者，这样才能整体把握合作学习的节奏。

（3）促进者

教师是小组合作学习的促进者。首先，在学习小组讨论过程中，有些学生参与讨论的意愿不强烈，或不善于合作时，教师要了解学生不愿意参与小组讨论的原因，并针对性地对他们进行心理疏导，鼓励他们克服心理障碍，将自己对于实验的想法大胆地表达出来，积极地参与交流和讨论，帮助学生融入小组。

其次，在小组合作学习时，学生可能出现意见分歧，甚至发生争执，僵持不下。当这一情况严重影响合作学习进度时，教师要及时发挥协调作用，维持小组秩序，倾听学生的发言，发现讨论中的矛盾，从想法和结论中找到双方意见相悖的原因，引导学生进行换位思考，使学生完善自己的想法，以保证讨论的顺利进行。

最后，教师还要注意学生的学习方式，深入每个小组的探究学习中，认真听取每个学生的发言，记录学生的学习情况，指出其在科学学习中的闪光点和不足，帮助学生养成良好的科学学习习惯。同时，也要积极与学生展开交流，了解学生对科学学习进度的看法，听取学生对教学方式的改进意见，从而及时调整教学进度和方案，与学生共同进步。

总之，教师必须对自己的身份进行重新定位，将学生置于科学课堂的核心地位，让他们意识到小组合作对于科学学习的价值，在科学探索的过程中和学生一起进步、成长。

（二）科学组建合作学习小组

合作学习小组的组织方式灵活多样，既可组成长期的学习小组，也可以根据需要安排临时的合作学习小组。根据学生特点，教师既可以把处于同一层次的学生组成同质学习共同体，也可以按照不同的学生构成异质学习共同体。一般来说，异质性的学习共同体更有助于学生的相互学习。

异质合作小组通常是由性别、学业成绩、能力倾向、民族等方面不同的成员构成，成员之间存在着一定的互补性，通常由 4~6 人组成。科学课在组建异质学习合作小组时，教师可以将学生按照不同的个性心理（性格、需要、动机等）、发展潜力与科学探究能力等分成几大层次，再从每一层次中随机抽取一名学生，构成一个异质学习共同体。如教师在组建 STEM 项目学习共同体时，将画图好的学生作为“设计师专家组”，动手能力强的作为“建造师专家组”，口才好的作为“推销员专家组”等，然后由组长进行招聘，从而组建成一个可以互相帮助、取长补短的共同体。同时，全班各合作学习小组之间又应具有同质性。组内异质、组间同质为学习合作的顺利开展奠定了基础，而组间同质又为保证全班各小组间展开良性公平竞争创造了条件。

（三）让每位成员都发挥价值

要让组内每位成员都在小组合作中发挥自身价值，就要有针对性地分配小组内的工作，使每位学生都能在小组中发挥自身优势和特点弥补自身不足。可以让学生扮演好报告员、记录员、计时员、鼓励者、总结员、提问者、表扬者、协调者、观察员等角色；教师要对每一个扮演角色提出明确的角色要求，引导学生做好本角色的工作。例如，记录员：记录小组的讨论内容，可以用文字记载，也可以用一些特殊的形式，如图表等。报告员：向全班或其他小组汇报本小组的工作。提问者：通过问题推动小组工作更加深入。总结者：突出小组讨论的主要问题，记录小组的学习进度。协调者：协调小组成员在讨论中的争议，并给予公正的调整建议。

为了帮助学生了解每个角色的职责，教师可以适当教授每个角色特有的语言。比如，“鼓励者”可以使用：“你认为这样如何？”“你有很多好的想法。”“我想我们的方向是正确的，下一步怎么办?”同时为了便于管理，可以为不同的角色编号，如①号是总结者，②号是记录员，③号是提问者……角色扮演不是固定不变的，要采用轮流制，尽量让学生熟悉不同角色的职责。这样，性格内向或基础较差的学生都能各显身手，有机会在小组合作学习中展示自己、发展自己。

（四）明确合作学习流程

想要提高小组合作学习的效率，教师必须明确小组合作学习流程。如在进行小组合作学习讨论问题时，首先需要每个组员个人的独立思考，因为没有个人的深度思考，就不会有高质量的讨论。其次需要学生能够表达自己的观点并倾听他人的看法，最后整合出本小组的学习成果。而在这个过程中，组长要能把握学习的方向和目的，如果缺乏学习方向和目的，学生的思考就会浮于表面，交流就无法探索到问题的深层次，自然也就无法达成小组合作学习的效果。

另外，科学学习是按照“提出问题—进行假设—开展实验—分析总结”这四个环节的顺序推进教学，辅助学生开展小组合作学习。在提出问题环节，教师要把握课程内容和主要知识点，并概括性地将其融入问题中，使学生积极参与讨论。在假设的过程中，要对假设内容进行一定的限制，防止学生离题，引导学生们做出正确的假设，指明正确的实验方向。在开展实验的过程中，要让学生主动制订科学的实验方案，思考实验中出现的问题，明确需要注意的事项，对自己的科学实验数据进行分析和处理，并将实验内容选择性地记录下来。最后，学生一起观察实验结果，分析所得数据，并将其与先前的假设进行对比，之后用自己所学的知识来得出结论。

只有真正把握小组合作学习的流程，才能让学生全身心投入小组合作学习，在这个过程中互相学习和监督，共同对实验内容进行补充，完善实验过程。

（五）加强合作学习的评价

影响小组合作学习质量的很大一个原因是教师不注重对学生的合作学习

活动进行评价，从而导致合作学习中出现的问题没有得到及时的引领，或者是学生表现好的地方没有得到及时的肯定。建立科学的评价机制是合作学习取得成功的关键。在采用小组合作学习的过程中，教师要对合作小组进行合理的评价，并在小组进行合作的过程中对学生进行引导。一般采取即时性评价和阶段性评价。

1. 即时性评价

即时性评价是一种有效的形成性评价方式，在合作学习中积极开展即时性评价有助于发挥评价对合作学习的引领和促进作用。在合作学习活动中教师应充分运用这一评价方式，提高合作学习的有效性。如在小组合作学习、讨论的过程中，教师根据学生个体的合作学习表现、小组讨论时的互动情况等相机进行引领，以提高学生的合作能力和交往能力。

教师要根据学生的实际情况，尊重学生的个体差异，在对一些科学学习成绩基础比较弱的学生进行评价时，一定要看到学生身上的每一点进步之处，要采取鼓励的方式，激励学生不断地进步，并且帮助学生树立对科学学习的信心；对于科学学习成绩好一些的学生，教师可以适当地鼓励学生进行一些拔高的学习，进而因材施教，让各个层次的学生都能够有所提升。

2. 阶段性评价

在一个阶段的合作学习活动结束之后，还需要建立相应的评价机制，用评分导向让学生明白自己的成绩是怎样获得的。在具体评价中应制订科学完善的小组合作学习评价机制，确保评价工作的全面性、科学性及合理性。对学生展开综合性的评价，具体包含学生小组合作学习中的课堂表现、科学知识掌握情况、学习态度、探究能力、合作意识以及创新意识等多个方面，通过科学健全的评价机制调动小学生科学探究意识和学习兴趣，确保小组合作学习模式在小学科学中的有效性。教师可以根据具体合作学习小组、具体成员来采用相应的奖励制度与评价制度。例如，联合评分，既考虑了小组的工作，也没有忽略个人表现的差异，小组成员获得同样的成绩；教师评价与学生自评、互评相结合等，从而使学生对合作学习活动激情不减，使合作学习的质量更上一个台阶。

三、开发支持合作学习的工具

合作学习把生生互动提到了前所未有的地位，并作为整个教学过程中一种十分重要的人力资源加以科学利用，把教学建立在了更加广阔的交流背景之上，这对于我们正确地认识教学的本质，提高学生学习的参与度，增进教学效果，具有重要的指导意义。

合作学习中生生互动最为频繁，为了更有效地指导学生进行合作学习，教师可以根据需要设计一些有效策略工具以支持促进学生间的互动。

（一）使用“音量尺”，让合作更安静

科学课堂闹哄哄既不利于学生冷静思考，又不利于学生养成倾听的好习惯。教师如果设计“音量尺”，可以很好地提醒学生控制上课说话的音量。音量尺上面标注四个层级的声音：0 级声音（安静）、1 级声音（悄悄说）、2 级声音（轻声说）、3 级声音（响亮说）。学生在倾听他人（教师、同学）说话或独立思考时，提醒学生采用 0 级声音，也就是安静不说话；而在小组合作时，提醒学生应该采用 2 级声音，只需小组内成员听到即可；而面对全班发言、交流时，采用 3 级声音，让全班同学听清楚；而课堂中需要师生、生生两人单独交流时，采用 1 级声音悄悄说……长此训练，学生就会逐步养成尊重他人、善于倾听、善于思考的习惯，从而使合作学习更高效。

（二）设置“发言筒”，让机会更公平

在实际合作学习中，我们不难发现合作组内个体参与机会并不公平：一小部分表达欲望强的学生，总在生生互动中占主要地位，而性格内向的学生则很少有发表意见的机会，这使得合作学习中强者更强、弱者更弱。如果教师设置“发言筒”就会给学生提供更多的公平参与机会。“发言筒”可以用笔筒代替，放在合作小组的中央，同时每个小组成员准备两支铅笔，小组发言时发一次言就将一支铅笔放进笔筒里，两次发言机会用完后如果还想表达自己的观点，其可以请本组还有发言机会的学生代为发言。这样操作，各层次的学生组内参与的机会就会不断均衡，同时也增加了合作组内成员的凝聚

力，使得合作效率更高效。

（三）应用“评价表”，让合作更规范

对合作学习的评价，既有助于增强学生的合作意识，也能很好地激发学生合作学习的积极性和主动性。教师设计的合作学习“评价表”，可以张贴在黑板上让每个同学看到，评价时可以包含学生合作的纪律、合作的意识及合作的成果等，以便引导学生共同学习、相互提高。教师要和学生一起区分个人成果和集体成果，当确定是小组的研究成果或想法时，小组获得奖励。而获得奖励那个小组，每个成员都可以获得相应奖励，反之亦如此。在这种反复实践中，让学生真正掌握合作学习的规则和技巧，从而帮助学生更高效地完成学习任务。

（四）设置语言模板，让交流更顺畅

在学生不熟悉如何进行沟通与讨论的时候，教师要提供相应的语言模板帮助学生形成沟通与讨论的思路，将学习逐步推向深入，最后实现脱离模板学会合作。在基本模板的基础上，针对不同任务类别，教师可以进一步开发更为具体的语言指导模板。如小组汇报的基本语言模板如下：“我们组的结论有……条，分别是……我们的这些结论可以分成几类，各自的特点是……我们想特别提醒大家的是……我们还有……的问题不是很清楚，需要帮助。”

小组合作学习强调学生之间的交流与互动，交流互动的结果或是形成共识，或是达成几类不同结论，这一过程需要个体对他人意见的倾听以及在此基础上的进一步筛选和加工。如果在倾听中意见一致的，通常可以使用这种语言模板：“他说的……与我想的一样。”“我觉得他说的……是对的，因为……”“我还可以给他补充……”如果在倾听中，觉得发言者和自己想的不一样，那可以用“他说的……与我想的不一样”“我觉得他说的……是不对的，因为……”这样通过个体倾听思维模型的引导，学生不仅能够学会有序分析他人观点，更是形成了团体决议的基础。

第三节 加强课堂学习的管理

课堂管理不仅涉及课堂的所有方面，而且贯穿学习活动的始终，是影响学生学习效率和质量的极其重要因素。良好的课堂管理是保证学习活动顺利进行、促进课堂不断生长的动力，不良的课堂管理则阻碍学习活动顺利进行和影响学习活动质量。

一、建立民主管理机制

以学生为主的科学课堂管理要发扬“民主”作风。小孩不小，所有的重大事情都与学生商量着来，让他们成为班级课堂管理的主人，想办法、出点子，在实践中锻炼他们的自我管理能力，最终达到从“管”到“不管”的最高境界。教师要发挥智慧，帮助学生建立一套“科学”的课堂管理机制，有助于学生自我管理能力的提高，也有助于协调课堂内的各种人际关系，从而有效地达到预定教育目标。科学课最常用的管理机制有以下几个：

（一）科学积分制

顾名思义，积分制就是用加减分的方法使学生科学学习中的各项表现得到量化，科学课以积分制贯穿整个管理，可以很好地强化学生的正向行为。公平公正的科学积分既可以用来评定科学学习成绩，也可以用来评优以及选拔科学课代表和科学组长，从而激发学生自我管理的内在动机。实行积分制一般要对学生的行为进行定级，正向行为加 1~3 分、反向行为减 1~3 分。如课堂中回答问题一般加 1 分，回答问题质量特别高加 2 分，回答问题质量高且有创意加 3 分，反之上课不认真减 1 分，行为影响他人学习减 2 分，行为影响全班上课减 3 分，以此类推。由于科学课分组活动比较多，所以科学课堂积分制实施时一定要考虑到为团队行为定级，这样一方面可以提高学生的团队意识，另一方面可以很好地提高学生自主探究的有效性。一般可以规定在预定时间内分工合作完成研究任务每人加 1 分，根据活动汇报评上优秀科学组每人加 2 分，最佳科学小组每人加 3 分。评选优秀科学组、最佳科学组不限额，达到要求有一个评一个，这样就很好地避免组与组间的有害竞争。

（二）组长负责制

科学课分组讨论或实验的机会比较多，采取组长负责制可以有效地组织课堂，因此科学组长的能力直接决定着科学课堂管理的效能。有些科学老师常常喜欢使用每个班已经成熟的班干部，殊不知在学生眼里，科学老师的地位远不及他们天天接触的班主任。因此这些班干部在对待科学老师的工作时，往往会敷衍搪塞，且部分班干部在工作中产生的傲气和唯我独尊的心理，不利于科学课上平等、宽松的课堂氛围形成。

在科学课堂上取消了科学组长和科学课代表的固定制，而是在每个月的月末“科学积分”总结反省时，参照“科学积分”和师生民主评议决定下个月的科学组长，这样既可以给每个同学当组长的机会，又可以非常有效地激发学生自我管理的内在动机。

当然在实施组长负责制的同时应该实施权利监督制，因为科学组长除了拥有科学加扣分大权外，还拥有分配组员合作探究分工等权利。众所周知，权利如果失去监督就会成为猛兽，失去监督的权利有时往往会给孩子一个扭曲的人性，从而产生更大的不公平。所以在赋予组长权利的同时，建立权利监督制度：要求每节课结束后组长向组员公示分数，组员可以质疑分数，组长的决议必须得到多数组员的认可。如果组长利用职务“谋取私利”，将会受到加倍扣分，当然每节课负责的组长都会享受“职务分”（为了保证积分制的公平，职务分不计入全班积分竞争，但可算入个人考核的分值）以及其他适当奖励。

（三）自主选择制

自主选择的权利有时更有利于激发人的各方面潜能。在科学课上学生一般都能幸运地拥有自由选择研究问题、自主选择研究方式等权利，但如果教师能给予他们自主选择合作研究伙伴的权利，那课堂将会更精彩。

当然也许每节课都选择合作伙伴有困难，但根据各班实际每个月给同学一次自由选择伙伴的权利还是可行的。在选择中，同学们会发现一些经常为科学团队争光的优秀学生遭到大家“疯抢”，反之经常为团队抹黑的学生却遭大家的“遗弃”。伙伴的压力往往胜过老师无数次的说教，通过这样一次自主选择，对调整学生之间的人际关系和学生反思自己的行为很有帮助，很多同学在伙伴的压力下、经过反省改变和提升了自己的课堂行为。

二、制订合理课堂规则

科学教学的民主、开放是以课堂的秩序、规则为基础的，所以科学课堂管理，离不开课堂规则的制订。课堂常规是完成常规工作和其他在课堂上频繁重复发生的具体活动方法，它规定引导学生的言行举止，使课堂管理的复杂程度降低，使科学课堂更高效更积极。

（一）制订“合理”的规则

课堂规则和常规本质上都是有关行为的期望和规范，规则制订为教学交往、师生活动提供诸多可能性，它既要规范人，又要解放人，最终目的是为了解放人。规则要符合学生身心发展、要符合他们的年龄特征，要以正面引导为主，多用积极的语言，多规定“做什么”，少采用“不准或严禁做什么”之类的语言，以表现出对学生的尊重与期望。规则的制订必须经历一个合理合理再合理的过程。所谓“合理”，就是规则要根据班级情况制订，合适的才是最好的。教师要对所制订的课堂规则进行归纳、删改，避免那些不相关或不必要的规则，制订出尽量简明的、最基本的、最适宜的规则，一般以 5~10 条为宜。如科学课学期初可以制订“走入教室，安静候课”“坐姿正确，认真听讲”“发言响亮、表达清晰”“认真倾听，大胆质疑”“真诚合作，认真探究”“文明讨论，轻言慢语”“记录及时，实事求是”“汇报交流，有理有据”“井然有序，整洁如初”等课堂规则。在实施过程中了解学生的状况和学习方式，征求学生对课堂规则的意见，与学生分享教师的需要与要求，然后根据具体情况对规则加以补充、修改和调整。

（二）制订“精细”的规则

规则要明确、精细，这是为了便于小学生执行时有据可依。规则要能准确地表达期望学生达到的标准，用词要简洁、准确、具体，避免有其他的解释。比如说“要检点自己的行为”，这种规则不明确，难以起到指导与约束作用。大班额的科学课堂管理的核心应该以“不影响他人”学习为基本原则，制订规则时要很清楚地说明期望的行为是什么、不是什么、某种行为的出现会有什么结果，以便学生对自己的行为负责任。如在解释“走入教室，安静候课”这条时，得抓住核心词眼“走”和“安静”，进而落实到行动上就是排队“走”到实验室，不许跑、不许跳、不许随便以任何方式发出声音、不许碰实验用品等具体行为，如果行为不符合将被个别或全班扣分。而相反，如果行为超出规则上要求的，将会加分，如学生排队不但安静而且迅速，为大家节省了课堂时间，那全班将得到加分。而解释其他规则也是如此，规则只有精细精细再精细，才能在具体的实施中，有效地规范学生的行为，提高学生的自我管理能力。

三、始终温和坚定地执行

再完美的课堂常规，如果不去执行也是无用的，因此相对制订课堂常规来说，坚定和温和地执行课堂常规、实现课堂管理显得更为重要。

（一）坚持制度管人

课堂规则制订后，就要坚定地一贯执行这些规则，任何人都不能游离在规则之外。第一次见到学生时，教师就会明确提出对学生的要求，清楚地教导课堂常规。如果规则制订之后未能彻底执行的话，便会形同虚设，无法收到预期的效果。

在开学的头几周是建立学习规则的关键期，教师要花一定的精力监控和执行规则。教师要和学生一起制订或学习课堂规则，不仅反复训练常规细则，而且还讲解这样做的道理。无论什么活动，教师都必须确认自己所期待的学生行为是什么，并把这些行为列举出来，以适当的方式向学生宣布，让所有的学生都清楚什么行为是教师所期望的，什么行为是教师不能接受的。一旦发现违纪行为，教师应该立即提醒学生正确的行为规范，并立刻制止和纠正他。教师可以制订行为结果奖励和惩罚的方式：科学课堂上正向行为教师要给予积极的鼓励、肯定和赞赏，除了加分外可以是“优先领取实验器材”“优先参加科学活动”“奖励科学读本或者科学制作材料”等。负向的行为结果教师必须要“追究行为后果”，除了“扣分”可以是“暂停，不许参与实验”“取消他喜欢的活动”“下课后留下来反思”“告知班主任”“联系家长”等。采用奖优罚劣的措施，可以树立正气，激励积极力量或行为，抵制消极因素。这些奖惩措施，不论是正向还是负向的，都应该让学生知道，教师是真心关怀他们，是为了使他们向积极的方向发展。

因为专职科学老师往往要任教很多班级，对学生不甚熟悉，这也给课堂规则的执行带来一定难度。因此智慧的专职科学教师除了制订切实可行的课堂常规外，也会有意识地训练和培养得力的科学组长协助执行这些课堂常规。

（二）坚持以情管人

学生已经熟悉课堂规则，并不意味着有秩序且专注学习的环境已完全建立。教师应该实行温和的具有监管功能的教学，在管理中让学生感受到管理者对他的关爱，从而主动配合课堂管理，减少课堂上行为问题的发生。

实行监管功能的教学，是指教师在课堂教学中时刻对学生的行为保持警觉，运用各种策略吸引和保持全体学生的注意力，使他们为自己的行为和学习负责。如教师在教学过程中声音抑扬顿挫，把声音的声、色、情融为一体，运用到语气上，用含蓄的方法对学生的违纪行为进行诱导和影响；教学中时时注意观察学生，通过询问或提醒学生他们应该做什么；学生在开展科学探究活动时，教师巡视小组的活动情况，注意似乎有问题要问或者游离在活动外的学生；课堂上如果出现学生做小动作、随意说话等违纪现象，教师可以采用旁敲侧击的方式，如盯他一眼，朝他点点头，轻敲她的书桌或在他身旁停留少许，使对方知道他的行为已被老师注视而应立即纠正；而在课堂上遇到突发问题，教师可采取以静制动的办法，用一种平静的目光扫视学生一周，形成一种吸引力，学生转瞬就会各归原位安静下来，恢复教学秩序……

当然，由于科学课的干部是轮流“执政”的，这些科学组长也是科学课堂管理者，所以科学教师有义务不断教给他们一些管理的技巧和方法，引导他们如何在加扣分制度之外，对组内后进生进行督促和帮助。让学生帮助学生，让学生教育学生，往往收到出其不意的效果。

“管”是为了“不管”，只有在管理中不断培养学生自己教育自己、自己管理自己的意识，才会不断增强对课堂教学的认同感，从而产生积极的管理效益和教学效益！

教学案例 借助工具观察

【教学内容】苏教版小学科学一年级上册 第二单元《用感官观察》。

【设计说明】

本课是苏教版小学科学一年级上册第二单元《用感官观察》中的第三课，是在学生认识感官、了解各种感官功能的基础上开展的学习内容。本课点面结合，共安排了三个部分的教学活动。第一个活动，学生分别用肉眼、放大镜、简易显微镜观察自己的指纹，发现使用工具可以把事物的细小部位看得更加清楚。第二个活动与第一个活动在教学方法上非常相似，学生通过比较用耳朵听和借助听诊器听心跳声，发现使用听诊器后就能听到耳朵听不到的声音。第三个活动，引导学生认识各种常见的观察工具并交流其作用，意识到工具的使用是为了延伸感官的功能，帮助人类更好地生活和学习。

学生通过前面两课的学习，已经认识了感官，并学会了用感官观察，但他们缺少借助工具帮助观察的主观意识。尽管这一年龄段的学生见到过或听说过放大镜、显微镜、听诊器，但很少有使用这些工具的经验，更缺少科学规范使用工具的方法。因此，教学中需要教师创设有趣的教学情境，以观察为主线，指导学生科学使用工具，帮助学生充分感知工具对人感官功能的延伸作用，进而体验到观察带来的乐趣和学习成就感。

【教学目标】

科学知识：知道各种各样的观察工具延伸了感官的功能。

科学探究：会正确使用放大镜、简易显微镜、听诊器等观察工具。

科学态度：乐于对生活当中常见的科学现象、自然现象进行探究与分享。

科学、技术、社会与环境：了解生活中有多种观察工具能给我们带来更多的便利。

【教学过程】

一、用不同方式观察指纹

1. 出示一家三口手的照片，交流观察发现。

（1）提问：这张照片中，哪只是爸爸的手？妈妈的手？宝宝的手？你是怎么判断的？

（2）学生描述三者之间的不同。

（3）教师出示宝宝手的图片，比较：你的手和照片中宝宝的手有什么不同？

【评析】亲子照是学生非常熟悉的，用爸爸、妈妈和宝宝的手叠放一起是我们用来营造温馨幸福之家的常用手段。因此，“判断这是谁的手”就是一个很好的引入话题，通过比眼力的游戏体悟用眼睛观察的直观性和便捷性，自然过渡到下一个活动——借助工具观察指纹。

2. 借助工具观察指纹，比较由此带来的不同结果。

（1）出示右手大拇指，用肉眼观察并说说指纹长什么样？

（2）使用放大镜，观察更多的发现。

①教师出示图片，指导并示范放大镜的使用方法和注意事项。

（来回移动放大镜，直到看清楚；注意：不能用放大镜对着太阳。）

②学生观察并画出指纹的纹路。

③比较不同的指纹：斗形纹、弓形纹、箕形纹。

（3）使用简易显微镜，观察新发现。

①教师示范手持式显微镜的使用方法。（提示：不能用灯光直射眼睛）

②学生观察（指纹、衣服、书本上的字画等），描述观察到的发现。

（4）比较直接用眼睛看，用放大镜看，用显微镜看，观察结果有什么不同？

不同点：肉眼看得到指纹但看得不太清楚；放大镜能看清指纹的纹路；简易显微镜能看清每一根指纹纹路的肌理。

【评析】观察指纹的活动是一个循序渐进的学习过程，首先让学生直接用眼睛观察，他们会发现观察得不太清晰，这时学生很容易想到借助工具观察。由此引导学生使用放大镜和手持式显微镜，放大镜可以让指纹放大，显微镜可以看到更多细节，在体验和对比中很容易发现使用工具的优势，从而认识到放大镜、手持式显微镜这些工具的使用能够延伸眼睛的功能。

二、分别用耳朵、听诊器听心跳声

1. 用耳朵听声音。

提问：（1）用耳朵听周围的声音，听到了什么？

（2）用耳朵听同桌的身体，能听到心跳吗？

2. 借助听诊器听声音，比较由此带来的不同结果。

（1）出示听诊器，示范听诊器的使用方法。

（2）学生同桌互相听心跳，听到了什么？

3. 比较直接用耳朵和用听诊器听，听到的声音有什么不同？

不同点：耳朵能直接听到周围比较大的声音，用耳朵贴近身体时会听到微弱的心跳声；用听诊器能听到清晰的心跳声。

【评析】在这个环节的活动中，首先引导学生用耳朵听周围的世界，他们会感知耳朵能听到较大的声响，但没办法听细小的声音，由此利用“听心跳”的活动引出学生看到过却没有使用过的听诊器，通过借助听诊器听声音这一活动，发现借助听诊器能听到更清晰的心跳声，认识到听诊器是对人耳听力功能的延伸。

三、认识各种观察工具

1. 出示图片，了解生活中的观察工具及其作用。

（1）学生选择图片中自己了解的观察工具（单筒望远镜、双筒望远镜、后视镜、生物显微镜、生物显微镜、盲杖、助听器），说说它有什么作用。

（2）教师补充与讲解。

单筒望远镜——观察星空，延伸眼睛的视觉功能。

双筒望远镜——观察远处的事或物，延伸眼睛的视觉功能。

后视镜——观察车后情况，延伸眼睛的视觉功能。

生物显微镜——观察肉眼看不到的微小物体，延伸眼睛的视觉功能。

盲杖——帮助盲人行走，延伸皮肤的触觉功能。

助听器——帮助听力弱的人更好地听，延伸人耳的听觉功能。

2. 视频了解生活中更多的观察工具。

（如红外夜视仪、潜水镜、水平仪、球面射电望远镜等）

3. 交流本节课的收获。

【评析】如果把前两个环节看成是点的教学，那这第三个环节则是从面的层次上组织的教学。学生在感知到放大镜、显微镜和听诊器带来便利之后，更希望了解更多的工具，教师通过图片展示，结合学生的生活经验，先让学生自己选择图片中认识的观察工具说一说这些观察工具的作用，在讨论和教师的引导中了解一些观察工具的作用，并认识到各种工具都是对感官功能的延伸。科技在不断进步，观察工具也在不断发展，最后通过视频，让学生了解更多先进的观察工具，以及这些工具在生活中的应用，让学生体验科技改变了世界。

【教学精彩片段】

师：同学们，看，这张照片中，哪只是爸爸的手？妈妈的手？宝宝的手？

生：小手是宝宝的手，大手是爸爸的手，再小一点的是妈妈的手。

生：小小的手是宝宝的手，手指大大的粗粗的是爸爸的手，白白细细的是妈妈的手。

师：你是怎么判断的？

生：用眼睛看出来的。

师：看，这是宝宝的手，你的手和他的有什么不同？

生：我的手比他的大一点。

生：我的手比他的黑一点。

生：我的手和他的手差不多。

师：大家都是通过眼睛观察的。老师有时候看大家的手都肉肉的，小小的，看着都差不多呢！你的手和他的手在外形上差不多的时候你觉得还有哪些会不太一样呢？

生：我知道我们的指纹会不同。

师：是这样的吗？看下你的指纹和同桌的一不一样呢？

学生相互观察，讨论。

生：老师，我的拇指指纹和他的不相同，我的是圆圆的一圈一圈的，他的不是圆的，是弯的。

生：我的拇指指纹好像和同桌的也不太一样。

生：……

师：再看下，你的右手大拇指指纹是这些图片中的哪张呢？

生：中间的。

生：第一张图那样的。

生：我的看不太清楚。

师：在看不清楚的时候，你觉得我们可以有什么办法帮助我们看得更清楚呢？

生：放大镜。

师：同意吗？

生：同意。

师：放大镜怎么用呢？谁用过？

生：就放在拇指上方看下去就可以了。

师：谁能来教教大家怎么用？

学生示范。

师：请大家像刚刚这样，将放大镜放在拇指指纹上方，来回移动，直到看清楚为止。

学生利用放大镜观察，并讨论。

师：你有什么发现？

生：我知道我的指纹和同桌的有点像，都是第二张图那样的。

生：放大镜让我们的指纹变得更大更清楚了。

生：……

【片段评析】科学的学习应以探究为核心，学生如何自然而然进入探究，体验探究的乐趣，感受科学的神奇需要老师好好思考，设计好每一个问题，每一个环节。一个贴近学生生活的情境吸引学生的注意，并不断围绕主题应用所学的知识观察。从上节课所学习的用眼睛观察区分不同的手后，再接着探究指纹的不同，自然而然发现用眼睛看指纹有点吃力，看不清，自然而然想到了借助放大镜来看。

【教学评述】

本课是在学生已经认识了各种感官，以及学会用感官观察的基础上，引导学生使用各种观察工具实施的辅助观察行为，使观察的结果更加清晰明了、凸显细节。不管是用放大镜和显微镜可以延伸眼睛的功能，还是使用听诊器比耳朵听得更真切和真实，直至最后的环节中，引导学生通过图片的形式去认识各式各样的观察工具，其最终的目的都在于让学生懂得工具在我们生活中是必不可少的，科学进步的力量是无穷的。让他们树立用科技改变世界，用科技提升生活的理念。具体来说，本节课的教学亮点有以下三点：

首先，激趣导入，奠定了学生探求真知的心理基础。一位教育家曾经说过：上课的导入就像一记重锤，擂响在课堂。确实，一堂成功的课，一定要有一个生动有趣的导入，它可以瞬时吸引学生的注意力，促使他们的关注点投入到教师所讲的内容之中。对于一年级的学生来说，他们正处于形象思维非常发达的时期。本堂课借用一张温馨的亲子照，顿时拉近了学生和课堂教学的距离，让他们在自然而然之中进入到老师创设的情境，通过分析照片中一家三口的手，来判断手的主人，让他们体会到认真观察是多么重要的事情。这便为接下来引进工具观察做好了良好的知识铺垫和心理基础。

其次，源引生活之水，让学生在生活情境中展开深度学习。陶行知先生曾经大力倡导生活教育，这种理念是非常科学合理的。对于一年级的学生来说，日常生活就是他们的所见所闻所感的东西，因为熟悉，所以真实。我们从上课之初的亲子照片判断手的主人，再到使用放大镜和显微镜去观察手上的指纹，以及去用工具观察衣服、书本上的字画等。这些事物都是我们日常生活中常见的内容。正是因为常见，所以一旦借助工具，会给学生一个非常新鲜有趣的体验，他们会发现，原来稀松平常的生活中蕴藏着这么多有趣的科学知识。在第二个环节，用听诊器去听声音和用耳朵直接听声音互相对比，学生非常感兴趣，因为医生带着听诊器给病人看病，这是他们普遍的认识，那么，到底医生带着听诊器会有什么作用，让他们亲身去体验的话，是很有意思的。所以说，我们的小学科学教学应该深深扎根于丰富的生活情境，提升学生的科学认识，发展科学素养。

最后，引导学生加强合作探究，探索科学有效的学习模式。新课标一直提倡引导学生构建自主、合作、探究的学习模式，是因为当今社会只有合作才能共赢，在人与人的交往和合作中可以获取更多的信息。同时，加强科学探究，会促使学生在求知的道路上越走越宽广，思想会越来越深刻。在本课教学中，教师着重引导学生加强互相合作，彼此共同交流，当大家把自己不同的想法汇聚在一起时，会体会到智慧碰撞的精彩，同时他们在其中也会乐趣无穷。例如，刚开始出示的手的照片，同学之间便互相交流，当进一步借助工具观察指纹时，同学们又互相沟通。这样不仅锻炼了他们的观察能力，还磨练了其语言组织能力和口头表达能力，同时，与人交往的技能也在无形之中得以提升。尤其是在最后一个环节，学生认识生活中更多的观察工具时，大家的合作交流走向一个新的高潮。有的学生课外知识非常丰富，他便可以跟同学们交流一下自己所学到的知识，也引导其他的学生加深对科学知识的探索。

总之，在这堂科学课堂上，教师充分关注到了一年级学生的身心发展特点以及知识基础，科学有效地安排教学环节，注重情境创设，加强学习引导，收到了较好的效果。

（谈金花）

教学案例　塑料

【教学内容】苏教版《科学》三年级下册第四单元第四课。

【设计说明】

本课是第四单元“身边的材料”的第四课。本单元是按照先总后分的逻辑顺序安排，先总体认识什么是天然材料和人造材料，然后以学生熟悉、生活中应用广泛的三种材料（纸、金属、塑料）为例，分别了解和探究它们的各种特性以及用途。《塑料》是本单元的最后一课时，主要包括三个活动：一是比较塑料制品与其他材料制品性能的不同，了解塑料的优点；二是用多种方法比较羊毛毛线和塑料绳，发现其异同；三是认识塑料的最大缺点，了解并交流塑料与环境污染的关系。

对学生而言，塑料制品的身影无处不在，学生对塑料制品习以为常，也能通过比较、归纳的方法得出塑料的优点，但学生对于塑料的缺点及其危害性却鲜有思考并知之甚少，因此无法辩证对待塑料。同时，三年级小学生还处在辩证逻辑思维的萌芽期，教师应遵循人类认识塑料的发展过程，设计暗含相应的逻辑线的教学活动，让学生亲历人类社会对塑料的认知过程，从而引导学生用辩证的眼光看待事物及其发展过程，培养学生珍惜资源、爱护环境的情感和态度。

基于以上分析，本课设计先让学生意识到塑料的广泛存在，通过与其他不同材料的物品对比，总结归纳塑料制品的优点，了解塑料制品在各个领域的广泛应用，理解人类最初对塑料的评价，认为其是 20 世纪最伟大的发明之一。随后通过一系列方法比较羊毛毛线和塑料绳，及探究塑料垃圾的处理方法等，从中发现塑料的许多缺点，深度理解人类对于塑料评价的转变，理解为什么若干年后塑料又被称为“人类最糟糕的发明”，自然而然地激发学生保护环境、节约资源的环保意识，通过制作倡议书，增强每个人的社会责任感。

【教学目标】

1. 能够通过观察、比较等多种方法发现塑料的特点。

2. 能够运用语言、文字符号等多种方式表达探究结果，并进行交流。

3. 知道塑料既有优点也有缺点，能辩证看待塑料。

4. 了解白色污染对环境影响，体会回收、利用塑料对保护环境的重要性。

【教学过程】

一、游戏激趣，引入课题

1. 游戏：辨别人造材料和天然材料。

2. 谈话：塑料是天然材料还是人造材料？

3. 揭示课题：塑料是最常见的人造材料。（板书课题：塑料）

【评析】节奏欢快的游戏导入既实现了单元知识复习的目的，又渲染了气氛，使学生兴趣盎然地进入教学情境。

二、探究塑料的优点

1. 谈话：生活中哪些东西是塑料制成的？

2. 学生发言。

3. 谈话：生活中塑料制品随处可见。塑料为什么如此受欢迎，它究竟有哪些优点？（板书：优点）

4. 比较不同材料的物品，观察比较塑料的优点。

5. 小组汇报。

6. 讲解：与其他材料相比，塑料有很多不可比拟的优势，它比较轻便，颜色丰富，可塑性强，防水防锈，相对而言比较牢固，价格还比较便宜。1969 年塑料还被应用到了人类第一次登月工程中，塑料被认为是改变世界的十大材料之一，它被称为 20 世纪人类最伟大发明之一。（板书：轻便、颜色丰富、防水……）

【评析】生活中塑料制品的身影无处不在，学生尽管对此习以为常，却甚少去思考塑料这种新材料广泛存在的原因。通过设置几组不同材料，学生能通过比较、归纳的方法得出塑料的许多优点，从而理解塑料这种现代科技的产物在各个领域的广泛应用。

三、探究塑料的缺点

（一）比较羊毛毛线和塑料绳，了解塑料焚烧的危害性

1. 谈话：过了很多年以后，塑料又成为人类最糟糕的发明，这又是为什么呢？

2. 比较羊毛毛线和塑料绳，发现两者的异同。

3. 小组汇报。

【评析】由于在《天然材料与人造材料》中比较棉花和腈纶棉时，学生有过用多种方法辨别不同物体的学习经验，学生会较容易地辨别羊毛毛线和塑料绳，进一步巩固了学生的观察、比较能力。

4. 学生通过烧一烧、闻一闻的方法比较羊毛毛线和塑料绳，发现塑料的缺点。

5. 小组汇报。

6. 讲解：大多数塑料制品燃烧后会产生难闻、刺鼻气味。这种气味中含有氯化氢、二噁英等有毒物质，吸多以后能引起呕吐、失明，甚至致癌。

7. 谈话：如果大面积焚烧塑料会怎么样？

8. 学生发言。

【评析】通过烧一烧、闻一闻的活动，让学生对塑料制品焚烧后的情况有了切身体验，学生发现焚烧塑料制品会产生难闻的有毒有害的气味，会产生一系列的危害，从而推断出不能通过焚烧法处理塑料垃圾。

（二）探讨塑料垃圾处理，了解白色污染

1. 谈话：大部分的垃圾都采用焚烧法和填埋法处理，塑料垃圾能不能采用焚烧法？那采用什么方法？塑料垃圾填埋后是不是也会变成对土壤非常有利的腐殖质呢？

2. 学生阅读塑料相关资料。

3. 学生汇报。

4. 播放白色污染视频。

5. 学生交流对白色污染的认识。

6. 谈话：塑料为什么从刚开始被人们称为 20 世纪最伟大发明之一到后来

被英国媒体认为是“人类最糟糕的发明”?

7. 学生发言。

【评析】通过对塑料垃圾的处理方式的探究、自主阅读相关资料及白色污染视频，使得学生在充分了解塑料的优点及广泛应用基础上，进一步发现塑料的缺点，从而理解为什么人类对塑料的评价发生了翻天覆地的变化，学会用辩证发展的眼光看待塑料。

四、减少“白色污染”的举措

1. 谈话：我们能为减少“白色污染”做些什么呢?

2. 学生发言。

3. 学生小组制作倡议书。

4. 学生展示倡议书并汇报。

5. 讲解：国家对塑料垃圾污染问题高度重视，陆续出台一系列政策。

6. 播放禁塑令相关图片。

7. 讲解：科学家从未停止努力，他们不断研发出更多新材料。

8. 播放可降解塑料制品图片。

【评析】在教学过程中借助视频资料，给学生带来视觉的冲击，激发学生环境保护的意识，启发学生思考如何从我做起，保护环境，减少白色污染。通过倡议书的制作，有助于学生提出切实可行的建议并落实到行动中。最后通过讲解和图片的展示，让学生进一步了解限塑令、可降解材料等更多信息，感知材料的发展及人们资源和环保意识的提高。

【教学精彩片段】

师：现在你们知道为什么塑料会从20世纪最伟大的发明变成人类最糟糕的发明了吗?

生：刚开始人类研究出塑料，代替象牙等材料的大量使用。

生：塑料有很多的优点，它轻便、有各种各样的颜色、不容易坏。

生：塑料被广泛应用到了各个领域，到处都有塑料存在，所以一开始人们认为它是“二十世纪最伟大的发明”。

生：后来人们渐渐发现塑料有很多缺点，它燃烧后会产生有毒有害物质，会对环境和生命造成危害。

生：塑料不容易降解，埋在土里几百年都不会发生变化，造成了白色污染，所以后来它被认为是“人类最糟糕的发明”。

师：为什么人类对塑料的评价会前后截然相反？

生：因为刚开始人们并没有发现塑料的缺点，是逐步意识到的。

生：由于大量塑料垃圾造成了白色污染，以及海洋生物的大量死亡等引起了人们的关注。

生：因为人们的环保意识在不断增强。

【片段评析】本节课创设了人们对于塑料认知改变的教学情境，先是说人们认为塑料被认为是“20 世纪人类最伟大发明”，随后又指出塑料被英国媒体评为“人类最糟糕的发明”，人类对塑料前后截然相反的评价和态度，激发了学生内心的好奇心和疑惑，触发了学生自主学习的内动力。在这过程中培养学生的逻辑思考能力、语言表达能力、组织能力，让人对社会问题或现象有更深层次的思考，能用辩证的观点去认识和看待事物发展的过程。

【教学评述】人类对塑料的认知过程体现了辩证唯物主义认识论发展的过程，呈现一种改造与被改造的主体与客体的关系，由于受实践经验、范围和知识水平、认识能力等的限制，以及客观事物的本质及其规律的暴露有一个过程，因此人类认识塑料经历了从感性认识到理性认识的飞跃，也是从实践到认识，又从认识到实践的辩证发展过程。本课先让学生认识塑料在生活中的无处不在，列举它们诸多优点，了解人们为了满足各种需求，在不断研究、发明、生产新材料，随后又让学生认识塑料的缺点，了解白色污染对生态和环境的影响，从而培养学生保护环境、合理利用资源的意识，增强社会责任感。整个过程是在让学生亲历人类社会对塑料的认知过程，学会用科学的辩证的眼光去看待塑料，同时有助于培养学生批判性思维能力和独立思考，真正实现培养学生核心素养的教育理念。

（万黎敏）

教学案例　看月亮

【教学内容】 苏教版《科学》二年级上册。

【设计说明】

本课是《天空中的星体》的第二课《看月亮》，本课程紧紧围绕课程标准中要求描述月相变化现象设计。通过画记忆中的月亮、观察月相盒里的月亮和用望远镜看月亮，以不同的方式加深对月相变化的感知，并从观察一天中太阳在天空中位置的变化，过渡到观察月亮在天空位置的变化。

【教学目标】

科学知识：知道与月球相关的自然现象；月球绕地球运动，月相每月有规律地变化。

科学探究：通过画记忆中的月亮，看月相盒中的月亮以及观测实际的月亮，学会使用天文望远镜。

科学态度：愿意观察月亮，感受月相变化的神奇。

科学、技术、社会与环境：初步了解所学的科学知识在日常生活中的应用。

【教学过程】

一、谜语导入，引入新课

1. 今天老师给大家带来了一个谜语，大家来猜一猜。

有时落在山腰，

有时挂在树梢，

有时像面圆镜，

有时像把镰刀。

（月亮）

2. 今天我们就来看月亮（点题，写板书）。

【评析】二年级学生对于猜谜语有浓厚的兴趣，用猜谜语揭题，既能使学生喜闻乐见，又能高度集中他们的注意力，还可以使学生愉悦地进入课文的学习中来，从而收到良好的教学效果。

二、画一画记忆中的月亮

1. 谈话：刚刚度过国庆、中秋双节，请大家回忆一下中秋节的月亮是什么样的。

2. 提问：月亮总是圆的吗？对，月亮还有椭圆形、月牙形等，那请大家画一画自己记忆中的月亮，并且给画出的月亮起个名字写在下面。

活动一：在活动手册上画一画记忆中的月亮。

3. 交流：大家画出了各式各样的月亮，总结大家的作品大致是这样的四种，椭圆形的、半圆的、月牙形和圆形（板书）。

【评析】创设中秋节圆月的情境，调动学生头脑中关于月亮形状的认知，唤醒学生对于月亮的前概念，激发学生探究兴趣，对于学生起名，给与学生肯定和鼓励，激发学生的积极性和概括性。

三、探索实践，看月相盒中月亮

1. 谈话：这四种月亮在什么时候出现呢，月亮是怎么变化的呢，我们可以通过这个盒子来做一个模拟实验，让大家看看月亮的变化。（出示月相盒）

2. 提问：请大家先观察这个盒子，说说你们的发现。

3. 交流：这个盒子叫作月相盒，小孔上面是农历的日期，下面是日期对应的月亮形状的名称。小灯泡代表太阳，盒中间的小球代表月亮，打开小灯泡，从月相盒的小孔往里看，看到的被照亮的形状就代表月亮的形状。

4. 谈话：请同学们从不同的小孔观察月相盒中的月球，根据记录单上的日期画出观察到的月亮形状。

5. 提问：请问月相盒中的月球形状哪些是你看到过的，哪些是你没看到的呢？

6. 提问：通过实验，结合记录单，说说你的发现？

7. 谈话：月相变化是有规律的，过程为：新月—峨眉月—上弦月—凸月—满月—凸月—下弦月—峨眉月—新月，请大家观看视频（展示月相变化的视频），再次体会月相的变化。

8. 总结：月相是按照一定规律变化的，从新月逐渐到满月，再从满月到新月。

【评析】模拟月相盒，通过模拟实验，实践探究，完善学生对于月亮形状是有规律变化的概念，学会描述月相的变化，在分组实验中，明确分工合作。

四、联系生活，观察月亮位置的变化

1. 谈话：我们刚刚知道在一个月当中，月亮的形状是有规律变化的，那在一天当中，月亮的位置会有变化吗？月亮也和太阳一样东升西落吗？（展示一天当中月亮变化的图片，让学生更清楚地看到月亮的位置变化。）

2. 提问：请大家结合刚才看到的变化和所学过的知识说说你的猜想。

3. 总结：一天中月亮的变化与太阳一样是东升西落的。

【评析】让学生观察月亮位置变化，纠正月亮和太阳运动方向相反的前概念，建立一天中月亮变化与太阳一样是东升西落的概念。

五、阅读科学史，像科学家那样用望远镜看月亮

1. 谈话：古时候人们只能通过肉眼看到月亮，对于月亮的模样和它上面有什么，都只能通过美好的想象，比如嫦娥奔月，古希腊的月亮女神，这些都是古人的美好想象。（出示古代人对月亮猜想的图片）

2. 讲述：随着科学技术的进步，伽利略发明了望远镜，人们可以通过望远镜来看清了月亮的脸。（展示月亮的图片）。

活动二：利用简易望远镜观察月亮

3. 谈话：望远镜可以观察月亮，它的使用方法是将物镜对准观察物体，一只眼睛看着目镜，调整望远镜筒身的长短，直到看到清晰的图像。（边讲解边示范）

4. 谈话：请大家使用望远镜观察月亮，画下月亮表面的样子，与伽利略当时绘制的月亮表面进行比较，看看有什么相似和不同。

5. 交流：1969 年 7 月 21 日美国宇航员阿姆斯特朗乘“阿波罗-11”号宇宙飞船登上月球，人类终于接触到了真实的月亮。那我们中国呢？（播放中国探月工程视频）

6. 我们中国虽然没有宇航员登上月球，但是探月工程一直在进步，希望大家努力学习，为我们的探月工程做贡献。

【评析】联系实际，知道人类是通过望远镜来观察月亮的，拉近学生的视野，从看月相，到观察月亮表面，再到了解登月探月，拓展学生思维，激发学生对月球的向往，促进学生继续学习与发展。

【教学精彩片段】

（月相盒模拟实验教学片段）

师：月亮的形状是在变化的，月亮形状是怎样变化的呢，老师给大家带来了一个宝藏盒子。

师：（出示月相盒）这是个宝藏盒子，可不能轻易碰哦，老师想先请大家观察一下这个盒子，你们发现了什么？

生：看到初五、峨眉月。（二十七，峨眉月）

师：小孔上面的初五、初二代表什么意思呢？

生：日期。

师：小孔下面的峨眉月、上弦月这些又代表什么意思呢？

生：代表月亮的名字。

师：我们观察盒子的里面，里面有个小球代表什么？

生：月亮。

师：盒子里的灯泡代表的是太阳，小球代表的是月亮，我们可以将灯泡放在标有太阳的位置，从小孔观察小球，小球照亮的部分就是那个小孔上日期的月亮的形状，在科学上我们称为月相。

师：请大家按照从左往右的顺序，依次从不同方位观察月相盒。我们是四人一组，每人观察两个不同的月相，小组内每个人观察的日期都要不相同，观察结束后，根据记录单上的日期画出观察到的月亮形状。可以相互讨论一下，通过记录单发现了月相变化的哪些规律，哪些月相是你见过的，哪些是你没见过的。

【片段赏析】

在模拟实验前让学生初步感知月亮的形状是变化的，通过看月相盒建立月相变化规律的概念，在活动中，月相盒模拟实验需要通过小组合作完成，教师实验要求中，要将学生的任务分工，低年级学生没有明确的配合意识，教师在组织学生动手之前，将观察顺序，观察任务明确，小组长分配任务，使得观察有序进行，让每位同学能够参与实验，动手动脑，学会记录，再通过记录得出规律。团体探究在科学课上是常见的学习方式，小组合作有序进行，让每位同学参与其中需要明确的分工合作和配合意识。

（王昕）

第五章

理性探究的支持策略

理性是科学学科最基本的特征之一。如果说科学探究是学生进行科学学习的外核活动，那么在探究过程中激发学生的思维，让探究活动充满理性的分析和思考，从而促进学生科学思维的发展则是科学探究的内核目标。为此，教师要站在培养学生理性思维的高度，采取不同的策略以促进学生的科学探究。

第一节　让思维成为探究核心

任何时候，思维始终是课堂教学的核心活动。因为对于学生学的活动来讲，明确学习目的、感知学习材料、理解所学知识、掌握学科方法、迁移运用知识、反思学习过程，其核心活动都是思维。对于教师教的活动来讲，明确教学目标、了解学生前概念、进行教学设计、创设教学情境、组织教学活动、反思教学过程等，其核心活动也是思维。所以无论怎样的教学理论，都是将促进学生积极思维、发展思维能力作为课堂教学的核心。

一、让思维贯穿探究过程

科学思维是科学学科最本质的特征。所谓科学思维，就是具有意识的人脑对科学事物（包括科学现象、科学过程、科学事实等）的本质属性、内在规律及事物间的联系和相互关系的间接的和概括的反映。

科学教学中的思维是基于探究的，教师创设教学情境，引发学生认知冲突，探究活动要求学生尊重事实和证据，运用逻辑推理，在演绎、归纳、推理中学会理性思考，激发学生主动思维，这样的科学课堂才有效而富有深度。

由于科学的研究对象极其复杂，故具体的科学思维过程严格意义上是没有固定模式的，但程序化的探究往往可以体现学生思维的条理性。科学课堂的科学探究一般要经历“创设情境”“提出问题”“自主探究”“合作交流”“总结反思”“应用迁移”这些环节，这无疑是学生科学思维的一个天然训练场。

科学探究总是始于问题。从思维的角度来说，提出科学问题需要：分析科学事物之间的联系及关系，分析实验事实与已有理论的矛盾，分析科学理论内部的逻辑困难，比较多种假说之间的差别，追求科学理论的美，分析科学与其他学科之间的矛盾，寻求客观事物的本质属性和规律，满足社会和技术的要求等。

因此教师要抓住提问、猜测、预测、假说这些环节进行思维训练，让学生充分展现其内在的思维过程。比如说假设，学生的假设往往是建立在已有经验基础上的，但是是稚嫩的、不成熟的，甚至有些是错误的。因此学生在提出假设后，教师一方面要引导他们为自己的假设说明理由，从而展示自己的思维过程，另一方面对自己和同伴提出的假设进行反思、筛选、修改、反驳，由于这是一个质疑的过程，故学生的逻辑推理能力就得到锻炼，质疑能力和表述能力也得到提升。

科学探究过程是个解决问题的过程。当选定了所要研究的问题后，为了解决某一科学问题，学生必须搜集积累丰富的思维材料，进行理性分析，这其实是一项富有创造性的思维活动。科学探究中搜寻事实的主要途径有观察和实验，很多科学规律都是通过观察和实验总结出来的。观察实验不仅仅是动手做，动手做的目的是为了动脑，学生在动手中证明内心深处的某个预测或结论。如果学生只是单纯地模仿操作，那只是复制了探究的外表，满足了学生浅层的操作快感，而学生无法体验思维深层的快乐。我们强调动手要以动脑为基础，在动手中不断发现新问题，主体思维主动参与，从而使思维得到很好的训练。

立论解释直接指向学生思维的发展，因为我们知道科学探究不仅是一个行为参与的过程，更是一个思维参与的过程。真正的学习并非发生在学生的手上，而是发生在他们的脑里。在立论解释时学生必须运用分析、综合、比较、分类、抽象、概括、推理、类比等思维方法，在这个过程中他们的学习能力、思维能力、实践能力、创新能力以及运用科学语言与他人交流和沟通的能力才会有所提高。

二、让思维指向概念形成

科学思维有个显著特征，那就是抽象性与形象性的统一。抽象思维是科学思维的核心，形象思维是科学思维的先导。具体的科学思维中往往同时存在着两种思维，抽象思维和形象思维相互作用，相互补充，推动科学的发展。

科学形象思维是以科学表象为思维材料而进行的思维，形象性、动态性和创造性是科学形象思维的基本特点。具体来说，形象思维的过程就是人们通过感官获得感知，感知通过记忆在大脑中储存并通过回忆再现形成具象，储存在大脑中的各式各样的具象经过分析、综合、抽象、概括等过程，得到反映一类事物共同特征的概念。科学抽象思维是科学思维的一种重要形式，许多科学问题的提出、科学概念的产生、科学规律的发现、科学理论的形成等，都是科学抽象思维的结果。

从宏观上看，科学思维的过程可以概括为感性具体—思维抽象—思维具体。思维从丰富的感性具体中抽象出一般规定，利用分析、综合、比较、分类、抽象、概括、系统化等方法，形成对科学事物的某些方面、某些属性、某些特征、某些规律及其相互关系的普遍的、系统的认识，实现认识的第一个飞跃。由此可以看出，学生抽象思维的发展是在具体事物中发展的，科学思维一般先从感性具体到思维抽象，这也是通常所讲的从具体到抽象。如学生要想获得“金属”等抽象名词时，必先让他们熟悉各种金属做的物体，然后把这些物体和他们不明白的“金属”名词相连，了解其意义。小学生思维的发展都是从丰富的感性具体中抽象出一般规定，利用综合、概括等方法，形成对科学事物的认识。教师遵循这个规律，围绕科学大概念，从学生生活中经常接触的具体事物开始，然后再让学生从丰富的具体事物感知中逐步抽象建立起科学概念。

从思维抽象到思维具体是科学抽象思维的另一个阶段，这时候一般以思维抽象为逻辑起点，在把握科学事物的各种规定及内在联系，在建立科学理论的基础上，确定每一种规定、每一个概念、每一个规律、每一个理论在具体事物中的地位和作用，以解决实际的科学问题。科学教师熟知这个规律后，当学生通过各种丰富的表象初步建立科学概念后，让他们应用到学习生活中以解决实际问题，以进一步巩固概念。只有这样，科学思维才会从感性具体到思维抽象再到思维具体螺旋式发展，波浪式前进。

三、搭建科学思维的支架

“支架”原是建筑行业的术语，又译作“脚手架”，最早是由美国著名的心理学家和教育学家布鲁纳从建筑行业借用的一个术语，用来说明在教育活动中，学生可以凭借由父母、教师、同伴以及他人提供的辅助物完成原本自己无法独立完成的任务。布鲁纳曾在“支架”理论中指出：学生不是被动的知识接受者，而是积极的信息加工者。

把科学学习比作是河也许更能说明问题。此岸是已知的，是学生知道的出发点，而彼岸是学生未知的世界，此岸和彼岸间是河流，而我们搭建的支架就是帮助学生从此岸到彼岸，或许是简单的一座桥梁，亦或是一块块踏脚石。但是不管怎样的支架，都符合这些条件：（1）学习支架要使学习情境保留其复杂性和真实性。（2）学习支架让学生经历了一些更为有经验的学习者（如科学家）所经历的思维过程。（3）学习支架要在学生的最近发展区域。（4）学习支架要对学生日后的独立学习起到潜移默化的引导作用，使他们在必要时可以通过各种途径自己寻找或构建支架来支持学习。

（一）借助探究材料，搭建思维支架

探究材料是科学课常用的思维支架。为了帮助学生进行基于科学思维的

探究，科学教师要精心选择有结构的材料。什么是有结构的“材料”？（美）兰·本达说“材料的种类和组合以及交给孩子们的次序就是材料的结构。所谓结构严密指的是各个材料之间、材料与教学内容和教学目标之间具有紧密的联系。因此，具有这样功能的材料叫做具有严密结构的材料，简称有结构的材料”。也就是说所谓“有结构的材料”是教师经过精心设计的典型材料组合，这种材料的设计组合，有着丰富内在联系，蕴含着某些关系和规律，这些材料既要揭示与教学内容有关的一系列现象，体现教材的科学性，又要符合学生年龄特征和认知规律，贴近学生的日常生活，还应具有趣味性，使学生喜欢，这样才能启迪思维，帮助学生通过对材料的探索来发现问题，解决问题，获取新知。

结构严谨、指向概念的巧妙而精当的材料出现在学生面前，就会启迪学生思维，引发学生的认知。在研究磁铁时，教师为学生提供了：磁铁、铁制品、铜制品、铝制品、一元硬币，这些学习材料与所学习的概念组成相关的结构，所以学生可以通过操作这组材料而发现磁铁吸铁和镍这一现象，进而认识“磁性”这一科学概念。

一般来说，单一的材料不利于培养学生的思维发散性，不利于学生抽象概括出这一类事物的概念，而多样的材料才会激发学生从不同的角度去研究问题，学生才会在丰富的个体样品中形成科学的概念。当然，如果教师提供了过于丰富的材料，学生可能会迷失在材料之中。为了使材料的结构更清楚，教师可以控制材料的发放顺序。按照教学的需要，材料可以分阶段、分层次地进行分发，而后发的材料可以循序渐进地增加问题的复杂性，从而让学生的思维紧跟着材料步步深入，获得提升。

（二）精心设计问题，搭建思维支架

问题支架是最为常见的支架，也是大多数老师普遍采用的。一般来说，问题是探究的起点，是科学学习的主线。问题也是思维的引子，思维活动总是从特定问题开始的。教师要在课前精心设计问题，预期学生可能遇到的困难，针对性地进行问题支架的设计。一般来说，设计的问题首先要围绕当前学习主题，融合学生已有的经验，激发学生原有的认知经验。也就是说问题

要是学生使用已有认知应付一个新问题，而不是要他复述已学习的材料。其次，问题要设立在学生的最近发展区，为学生提供带有难度的内容，要能指导探究、调动学生思维的积极性，让学生“跳一跳，能摘到”。最后，问题应该具有驱动型，能激发学生的内在学习动机，调动学生学习的积极性，要使讨论有持续的发展，能使学习不断发展和深入。

课堂中提问的技术，也就是教学的技术。除了课前设计问题支架外，在教学中教师根据学生的思维情况适时地应用反问、追问、转问、探问等技巧，适时地为学生提供思维的支架，演绎不一样的精彩。如在让学生设计“空气热胀冷缩”实验时，刚开始学生感觉有一定的难度，此时，教师引导学生“要设计这个实验，应该考虑哪些问题?”“首先，把空气装在哪里?”“其次，如何让空气受冷或受热?”“第三，如何封闭空气，又如何看到空气体积的变化?”通过对话中的这些问题支架，学生的思维受到启发，很快就设计出合理的方案了。

（三）运用各类图表，搭建思维支架

图表支架也是科学课上常用的一种支架。小学生年龄小，经验少，往往关注事物的局部特点而非整体现象，关注的是个别的数字而不是一组有内涵的数据。而实验中的证据往往只有整理后才能发挥其整体的作用。科学学习不仅要引导学生学会观察、搜集数据，更要引导学生学会整理、分析数据，发现大量证据背后隐藏的规律，从而发挥证据应有的作用，对现象作出客观的解释。

在皮尔斯博士的《知识工作者的可视化工具——批判性思考的助手》一书中，总结了足有 48 种图表形式，包括概念地图、维恩图、归纳塔、组织图、时间线、流程图、棱锥图、射线图、目标图、循环图、比较矩阵等。这些图表用可视化的方式对信息进行整理和描述，尤其适合支持学生的高级思维活动，如解释、分析、综合、评价等。如学生在连续测量一杯热水温度的变化后，在实验中搜集的数据可能是表象的，甚至是零乱的，但通过引导学生排序整理、数据观察、画曲线图，最后不难发现热水降温的规律。

由此可见，搭建图表支架，可以很好地帮助学生有效分析、整理数据，

从而使这些数据成为得出正确科学结论的有力证据，使学生的科学探究更具价值。事实上，图表支架不但可以帮助学生整理数据，也可以很好地帮助学生思维。如教师可以利用图表精心设计直观性板书，帮助学生梳理思维，也可以用图表设计简单的实验记录表，有了这些图表支架的帮助，学生的思维就顺利爬升到设想的目标和高度。

第二节 信息的获取和处理

科学是以实验证据为基础来解释客观世界的运行机制，并在证据的基础上形成科学解释。学生的观察、描述论证都应该以事实为依据。在科学探究活动中，我们应该丰富学生通过思辨或实践的方法获取证据的行为，帮助学生准确地获取证据，科学地处理数据，不仅要培养学生的实证精神、实事求是的科学态度，还要使学生掌握科学观察、描述、论证的方法和信息处理的能力。

一、准确地获取证据

（一）让观察更细致

实证就是用事实说话，“事实”是怎样的，需要对观察对象进行细致的观察和正确的描述。学生只有对科学现象进行全面、认真的观察，获得丰富的感性材料，才会把感性认识提升到理性认识。可以说，观察是思维的源泉，是深入进行探究的基础。对于小学生来说，他们的观察技能还有待提高，在观察时容易出现“观察的无序性、观察时间的短暂性、观察记录的随意性、观察结果的模糊性”，因此教师必须重视学生观察技能的培养，立足于学生已有的认知水平，通过多观察、多思考、多动手、多交流，获得最基本的科学知识和探究能力，为学生深入探究打好基础。

首先，要激发观察兴趣。学生有意注意的时间较短，他们的观察容易受到外界和情绪的影响。因此，教师要创设观察情境，提出学生感兴趣的问题，利用任务式探究活动，激发学生的观察兴趣，将学生的注意力集中到观察对象上。

其次，要明确观察重点。小学科学观察是一种有目的、有计划的思维知觉。没有明确目的的观察会抓不住观察的重点，容易忽略观察要点。因此在观察时，教师应该根据不同的观察实验，使学生明确观察目的，知道为什么观察，观察什么，这样才能进行有重点、有针对性的观察。例如，在教学一年级下册《盐和糖哪儿去了》一课时，为了使学生更好地理解溶解的知识，教师将观察目标定为用图画出盐、红糖、沙子、面粉在刚放入水中、搅拌、静置时的状态。确定了观察的目标，有助于学生抓住观察的重点，并通过对比观察，使学生清楚地看到盐、红糖在水中“消失”的过程，从而加深理解溶解的含义。

最后，教给科学观察方法。学生的观察常常不够精细，为此教师要肯花时间教给学生观察的方法，给足时间让学生静下心来仔细观察，要让学生明白观察不是走过场，观察是需要花时间的、需要有耐心有毅力的。科学观察是一种有目的、有意识的感性认识过程，在这一过程中，教师除了教会学生用眼看、用耳听、用鼻闻、用舌尝、用手摸等手段直接感知自然事物的特性，还需要用各种仪器进行测量，更重要的是，还要指导学生掌握正确的观察方法，培养学生认真观察的习惯。如科学观察必须按照一定的顺序进行观察，这样才能保证不遗漏和忽视细节。教师可以指导学生按照从整体到部分再到整体的顺序进行观察，在整体观察时可以从上到下、从左到右、从外到内的顺序进行观察。只有通过有顺序、有条理、有计划、有组织地进行观察，学生才能细致全面、有重点地进行观察。例如在让学生观察《蚂蚁》时，教师将学生带到操场上，然后用糖果将蚂蚁引过来，引导学生认真观察蚂蚁有什么反应。接着让学生将蚂蚁捉到昆虫盒里，引导学生用放大镜进行观察。在观察前，教师指导学生从头到腹观察蚂蚁的整个外形，边观察边画出蚂蚁的样子。通过有序观察，学生准确画出了蚂蚁的样子：呈三角形的头上长着一对触角，胸部细长，三对细长的足生长在胸部，椭圆形的大肚子十分显眼。

（二）让实验更严谨

科学实验和科学观察一样，也是搜集科学事实、获得感性材料的基本方法，同时也是检验科学假说，形成科学理论的实践基础。在科学研究中，实验设计的严密性和操作的规范性都是确保获得正确结论的前提。

为此，在实验前要清楚地让学生明确：（1）为什么要做实验：在创设的问题情境中产生问题，激发学生知道问题是可以通过实验来解决的，这一环节变“要学生做什么”为“学生自己要做什么”，在这一过程中将猜想或预测的环节融入，让学生知道猜想或预测可以通过实验进行验证。（2）做什么实验：明确实验的内容和实验目的。（3）用什么做实验：明白实验需要用什么器材或材料。（4）怎样做实验：学生设计实验，教师引导学生明确实验方法和步骤。（5）怎样观察实验现象：在实验中学习正确的观察方法，明白观察的对象或内容。（6）发现了什么：引导学生观察并记录有关的实验现象，并利用收集到的有价值的证据进行思考，交流讨论实验中发生的现象，进而讨论、分析为什么会产生这种现象，为掌握、生成新知做准备。（7）说明了什么：在交流所发现实验现象的基础上，自行归纳实验结论，生成新的知识，实现实验的教学目标。

在实验后，要让学生对实验设计的科学性和操作中的严密性进行反思。每次一个小组学生实验汇报后，都要让学生质疑：这种实验方法科学吗？他们的操作严密吗？经常这样训练，学生的思维才将会越来越严密。如学生在“研究摆的快慢与哪些因素有关”汇报时，学生通过质疑发现有些小组在改变摆锤重量时，采用的是在下面挂钩的操作方法，而往下挂钩码增加钩码重量的同时，无形中增长了摆线的长度，这样使得有了两个变量，从而使实验失去了意义。

（三）让测量更精准

为了数据的真实可靠，科学课上经常会使用一些检测工具来获得数据。但遗憾的是，在实验探究课中，学生拿到测量工具后往往没有检查的习惯。如学生在用测力计测量一个钩码的重量时，发现同样轻重的钩码，各组测出来的数据都不太一样。这时再让学生对测量工具进行检查，就会发现一些学生没有把测力计精准地调在零刻度。同样，在使用其他工具如秒表、温度计、量筒、天平等，进行测量的过程中，教师要注重让学生逐步养成拿到工具先检查的习惯，在观察测量工具的基础上再进行测量和读数。

实验操作过程中，学生对测量器材的使用正确与否，不仅关系到测出的数据是否准确，而且也会影响学生实验操作技能的形成。如在《冷热和温度》一课中，教师应先示范温度计的使用方法，边示范边讲解动作要领，同时让学生思考讨论为什么要这样做。当学生看过教师的演示并联系实际生活中人们使用的温度计时，就能较快明白这样操作的原因，从而顺利掌握温度计的使用方法及注意事项。以此为基础，学生在接下来测量水温的过程中就能够自如使用温度计，测量出来的数值准确度也高了。

二、真实地再现证据

（一）让记录更真实

科学观察和实验不仅要用眼睛或用工具仔细看，还要及时记录。好动手、爱操作、不喜记录是学生的年龄特征决定的，学生总是在忙碌的操作、观察、交流过程中忘记了记录。教师要有意识地培养学生边动手、边记录、边思考的习惯。可以让学生用自己喜欢的方式记录，内容可以是提出问题、实验材料、怎样探究、自己发现、得出结论等，也可以记录自己对探究内容产生的一些疑问、对这些问题的推测或预测以及实验现象、实验数据等。

在记录时，教师要强调科学记录的真实性、准确性和及时性。科学记录的真实性是让学生记录实验中的原始数据和发现现象的“真实性”，注意引导学生要尊重事实、尊重数据，分清经验与观察事实，不能把解释当成事实，把推理当成事实。不要把想象的内容或者自己编的内容记录下来，真实记录是观察到怎样的现象，就记录怎样的内容，有几分证据，就记录几分内容。

科学记录的准确性不是说要精确到小数点后多少位，更不是非要使用统计表格不可，而是要通过孩子们进行有结构的活动以后直接得出观察结果，不能不顾事实胡编乱造，不能把解释当成事实，也不能将推理的东西当成事实或别人说的东西当成事实。培养学生准确记录每一个信息和数据，不随意修改数据、不在观察实验数据中挑选符合自己想法的内容，明确样本越大、获取的数据越让人信服，当对数据有疑问时，可以通过重复实验来验证数据。

科学记录的及时性，就是要在实验探究的同时，真实地把实验中得出的数据和发现的现象及时记录下来，记录可以是数字、绘画、表格、图片、统计图等。

当然，如果是长期探究活动，就要组织、鼓励学生进行长期观察和记录。如教师可以让学生长期观察校园里的植物，引导学生先观察每种植物各部分的特点，包括根、茎、叶、花等部分的形状、颜色、数量等，再进行记录，并写下自己的发现。为了激发学生深入观察植物的变化，培养学生的观察兴趣和习惯，还可以举办“校园植物介绍会”的展示活动，让学生介绍自己观察的植物。

（二）让描述更客观

描述是科学观察的要素之一，没有描述的观察只是感官的刺激而无思维的加工，不利于他们严密逻辑思维的锻炼。

科学描述力求客观，语言不要求生动，要求学生不要带上自己的想象，使用拟人化语言等，而是要求学生把观察到的现象如实描述出来，描述语言要真实、准确、翔实。在教学中，教师要要求学生说出“是什么”的问题，但是在实际中，学生经常回答的是“为什么”的问题。如教学中让学生观察一个坏了的苹果，那学生的描述可能有“苹果表皮渗出了水”“苹果闻起来有异味”“苹果捏上去发软”“室温有 30℃”“苹果表面有细菌”“苹果变化是因为温度太高”等表述，这时引导学生辨别哪些回答的是“是什么”，哪些回答的是“为什么”的问题，从而不断引导学生用严谨客观的语言去描述观察到的现象。

准确的语言能使描述更具科学性。所谓准确，就是要用词得当、观点明确、表意清晰、符合逻辑。用词尽可能使用专业的“科学词汇”，减少科学课上的非科学语言。在描述时，要引导学生知道口头语言和科学专业语言的区别：如“吃”不同于“尝”，吃指把食物吃下去，为的是消化，而尝更多的是在嘴巴里咀嚼，细细品尝其中的酸甜苦辣或是味道变化，带有研究的成分。另外“看”不等于“观察”，“泥土”不等于“土壤”，“味道”不等于“气味”，“度”不等于“摄氏度”……在科学描述时老师经常对学生容易混淆的概念加以区分并引导，这样使学生的科学概念描述更科学。

三、科学地处理证据

（一）用证据说话

科学是实证的，注重证据、实事求是是科学本质的重要内涵。体现科学本质的教育要引导学生对事实的高度尊重，让学生从小知道获得客观事实是科学的核心，科学是用真实的科学事实和科学数据说话的。在收集证据中，教师要让实证意识渗透课的始终，要让学生意识到：科学课上，要用证据说话，要尊重证据，不能随便瞎编，不能想当然。教学中教师绝对不能因为某种原因，为了展示教学的顺利和所谓成功，弄虚作假，让学生捏造或修改实验数据，这样就失去了数据作为证据存在的意义了。

在科学教学中，教师要培养学生获取事实证据的能力，必须教会孩子求真，用事实说明问题，用证据说话。只有真实有力的证据，才能得出科学合理的解释。要引导学生学会对各种事物和现象提出自己的预测，通过有目的的观察、实验、调查等活动，收集丰富、真实、有效的证据，围绕证据展开讨论，通过逻辑论证、探讨证据和预测之间的联系，达到证实预测的目的。教师要从客观实际出发，为学生收集准确有效、客观全面的数据采取必要措施，如为学生准备科学、有结构的探究材料；给学生恰当的实验指导，以提高学生规范操作的能力等。在教学中，培养学生用证据说话的意识，如教师在教学“导体”时，让学生猜测后这样和学生对话：

师：怎样检验我们的猜想？

生：用做实验的方法来检验。

师：对，做实验可以获得确切的证据。那你们打算用哪些材料呢？

生：……

师：同学们想到了这么多材料来实验，真不错！那为什么用这么多物体来测试呢？

生：材料越多越能证明我们的猜测。

师：是的，材料越丰富越能说明问题，真正的科学家测试过的材料比这更多呢！

小学科学探究活动中，教师要引导学生正确分析整理信息，通过简单的提问和提示，在具体事物与抽象概念之间为学生搭建起思考的桥梁，引导学生学会通过研究个别事物获得证据，由点引申到面，从而得出最终结论。

（二）正确处理数据

数据是一种很重要的证据，科学实验数据是验证假说的依据。如果不注意数据分析，盲目以实验应出现的标准结果作为结果，或者直接以预设答案作为替代实验本身，都是不利于学生深度学习的行为，也是有悖于科学精神培养的。

产生问题、作出假设，搜集证据，在经过多次实验获得全面、准确、真实的数据后，引导学生仔细分析数据，对翔实的数据进行横向、纵向的观察梳理、对比分析，从中发现数据蕴含的规律，进而形成科学概念、建立模型，并对事件作出解释，这才是真正的科学探究。

1. 选择合适的数据

在数据采集的实验中，学生往往要通过多次重复实验，采集多个数据来保证数据的准确性。但是，当学生面对多个实验数据时，常常被该取哪一个数据的问题所困扰。如在研究《摆》时，学生测量摆钟在10秒的时间内摆动的次数，学生的测量数据如下：

测量数据	第一次	第二次	第三次	我们的取值
	8	9	8	

面对这样一组数据，应该取哪一个？教师可以让学生先观察，并发表意见阐明想法，然后告知学生：当数字波动范围小，有时会多次出现，这时我

们可以选取众数，从而体现整组数据大部分的数字体现的水平。如果数字波动范围小，且没有出现重复数字，则可以选取中位数，以体现整组数据的中等水平。除了上述的两种选择方式，平均数也可以作为收集数据的依据，能较好展示整组数据的平均水平。

2. 处理可疑的数据

在数据分析时如果碰到异常数据，也不能忽略而过，而是和学生一起分析数据异常的原因。在多数情况下，学生出现数据不一致时，多是由于学生操作的失误或者是计数方法的不正确，教师应该引导学生反思实验操作和计数的方法，以提高学生的实验操作技能。但有时出现的一些可疑数据，往往会为学生建构新的知识体系提供切入点。如在《磁铁的磁性》一课中，学生用挂回形针的方法测量条形磁铁各处的磁力大小，汇总的记录数据如下：

组号	A 点	B 点	C 点	D 点	E 点
1	15	10	0	10	14
2	15	9	0	10	15
3	14	8	1	9	14
4	15	10	0	9	14
5	14	9	0	9	14

学生在观察数据后，认为第 3 组选择的“C”点不是条形磁铁的最中间，获得的数据是错误的。第 3 组的学生说：“我们虽然没能在‘C’点挂住一个回形针，但是我们挂住了一枚大头针，这枚大头针告诉我们，条形磁铁的中间也是有磁力的，只不过磁力太小，挂不住一枚回形针”。老师对这组学生的发现给予充分肯定，同时让其他组的学生也试试在条形磁铁的中间挂一枚大头针，学生在实验中将结论修正为：条形磁铁的磁性两端强、中间弱。

3. 图表汇总数据

小学生的思维特点偏向具体化、形象化，难以分析抽象、繁多的数据，但图表可以简单而明确地表示出信息之间的对应关系，帮助学生理解抽象、繁多的数据。

（1）用列表整理数据

学生面对单组记录的数据，有时很难发现其中的规律。要让学生从数据中发现规律，并且形成以数据作为证据的意识，这对全班的数据统计和整理至关重要。如在教学《摆的研究》一课时，通过实验分析摆锤轻重和摆绳长短对摆的快慢的影响，测量数据如下：

小组	摆锤轻重对摆的快慢影响			小组	摆绳长短对摆的快慢的影响		
	一个垫圈	二个垫圈	三个垫圈		30 厘米	20 厘米	10 厘米
1	15	14	15	5	12	15	19
2	12	12	12	6	13	16	20
3	13	12	12	7	12	15	19
4	14	14	14	8	13	16	20

如果学生只是从列表的数据中发现摆的快慢与摆锤轻重无关，与摆绳长短有关，则失去了数据列表的价值。数据列表一方面让学生观察自己组的数据规律与其他组的数据规律是否一致，同时让学生分析自己组的数据与其他组的数据有差异的原因。如对摆锤轻重实验的数据横向分析，得出摆的快慢和摆锤轻重无关；再纵向分析，由于各个小组摆动的次数不一样，考虑是不是摆绳的长短影响了摆的快慢？在分析摆绳的长短对摆快慢的影响时，先横向分析各组数据，得出摆的快慢确实和摆绳的长短有关，再纵向分析，思考同样长的摆绳、同样重的摆锤，摆的快慢为什么还存在 1 次的差异呢？从而引起学生对实验操作的反思和课后进一步研究摆的兴趣。

（2）用统计图整理数据

学生在数据分析的过程中，由于面对的是一个个数字，缺乏动态直观性，因此，要从数据中发现规律比较难。此时如果教师能引导学生恰当地运用统计图表对学生的数据进行再处理，用画图或信息技术将数据转化为统计表格、柱状图、折线图等，让数据蕴含的信息以图形的形式更直观地展现出来。如学生在探究一杯热水变凉的规律时，用表格记录连续测量的水温（如下）。

时间（分钟）	0	2	4	6	8	10
温度（℃）	80	68	60	53	49	47

为了让学生进一步分析数据，又制作了这个曲线图（如下），学生从曲线上很快就得出热水变凉的规律。

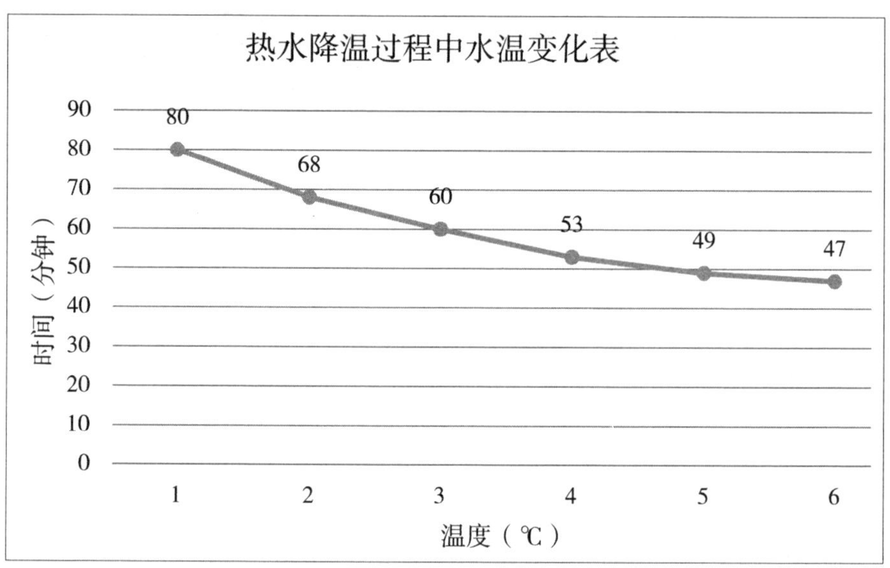

这样让学生经历通过数据的分析得出科学结论的过程，不仅能有效培养学生严谨的学习态度，而且能大大增强用数据去分析问题的能力，为探索未知领域的新知识打下良好的基础。

另外，当数据资料不充分而又要得出结论时，必须要用“也许”“可能”“大致”这样的词，以避免实验中出现的偶然性。如果实验数据只是个别学生的发现，而其他人不能认同或还需要重复实验的话，这时的实验结论应该加上时间、地点或实验人的状语从句，如“从今天的实验看来”“根据李明的观察”，以此培养学生尊重事实的实证精神。

第三节　让探究在研讨中提升

研讨交流是学生经历探究活动后在班级层面的汇报交流，使学生在实践体验的基础上，与他人分享信息，共同建构科学概念的重要环节，它是科学探究的核心环节之一，也是将科学探究推向高潮的“最后一公里”。

一、研讨让探究更理性

（一）“探究—研讨”教学法

“探究—研讨”教学法是美国哈佛大学教授兰本达创立，于20世纪80年代初推广到我国的一种小学科学教育的教学方法。“探究—研讨”教学法，顾名思义，包括两个阶段：探究阶段和研讨阶段。在探究阶段，教师为学生提供一些精心准备的“有结构”的材料，再有次序地将这些材料发放给学生，然后充分发挥学生的积极主动性，让学生通过亲自动手探索这些材料，获得一些发现，形成对材料的感性认识。在研讨阶段，学生经过教师的引导将自己在探究过程中的发现和想法自由地表达出来，通过学生之间的交流、启发、补充、争论和对问题的分析，将在探究过程中获得的感性认识上升为理性认识，并最终形成科学概念。

兰本达认为学生对事物的感知是共同的，而不仅仅是学生个人的经验，所以学生要相互观察、相互交流，从而提高学生的概念表达能力。兰本达受维果茨基的思维与语言关系的观点影响，将研讨作为学生形成概念的关键路径，认为学生新的思想形成要从实际生活中获取，共同分享集体思维，并通过集体思维来完善个人思维。学生在探究材料时，他们的头脑中就会形成许多发现，但这些发现只是些不确定的、片段的、不稳固的前语言信息。当学生在研讨阶段分享了他们的发现时，他们的思维活动就会逐渐转变为语言，这一过程使思维活动通过语言而表达出来，逐渐形成事物的概念，从而提高学生的思维能力、语言表达能力和概念表达能力。

（二）研讨交流的意义

科学课程不仅要使学生获得重要的基本科学概念并认识科学概念之间的联系，还要使学生获得科学探究的技能和方法，以及合作交往、语言表达的能力，更要使学生获得善于思考、勇于开拓、实事求是的科学态度。科学探究活动后的研讨交流，正是通过梳理探究活动中观察到的现象与产生的问题，通过生生、师生之间的交流、补充、质疑，在引导学生构建正确科学概念的同时，培养学生综合科学素养。

研讨交流环节是教学过程中师生互动、生生互动最为密集的环节，通过互动交流，使每位学习者的信息得以交换、认识得以升华、见解得以交流、思想得以融合、问题得以解决、是非得以明晰，从而达到高一层次的意义达成和知识建构。

研讨交流活动也是与老师、同学的交流、沟通、合作、竞争的过程，这个过程是学生体验社会性情绪、情感、进行积极正向社会化的重要活动，也是他们科学思维显性化的过程，对学生的学习具有非凡的意义。学生从做科学到说科学，经历活动后的信息处理，既能把观察、实验、测量、考察、调查等活动上升到理性探究的高度，又能帮助学生形成科学概念，促进学生高阶思维能力的发展。

（三）研讨交流的现状

研讨交流环节是学生探究活动后的信息处理与加工，是一个共享与分析、整理的过程。从某种意义上说，前面的主要活动是为交流研讨做准备的。没有研讨的探究是浅层次、没有生命力的探究，研讨是探究的生命之花。主要活动后的研讨交流课堂，是一个充满智慧与生命力的地方，学生在进行充分的交流和研讨中，科学思维、探究能力与情感态度价值观得到快速发展。

一节课里如果安排多个观察实验活动，每个活动只有几分钟的时间，那么几分钟的活动很难成为一个探究活动。而在“探究—研讨”的过程中，学生所经历的每个活动的探究与研讨时间比较短的话，就不能对发现、想法、问题进行深入的思考和分析。我们的科学课堂中，往往注重了学生的主要活动，忽略了学生活动后的交流研讨，常常由于课堂时间不够，致使研讨不充分，以至于前面的观察、实验、测量、考察、调查等活动上升不到科学探究活动的高度，不能获得科学探究活动的效率与效果。

二、遵循科学研讨原则

（一）教师主导原则

研讨交流环节教师面临诸多问题：在这环节中，教师如何把握课堂上学生个体与群体的思维流向？教师如何保持独有的清醒，引领学生思维走向明亮的那方？研讨形式是由展示者自行组织，还是由台下学生展开交流，还是由教师有序组织开展？对话过程，是以批判同伴的观点为主，还是基于认同后再做补充和质疑？对话双方相持不下，教师是否需要出手引导，引导的时机该如何把握？对话过程中，教师如何定位自己，是对话的组织者、旁观者，还是参与者？……这一切，都需要教师细细斟酌，对教学内容有深刻的理解、对课堂场面有精准把握、对思维流向有细心体察、对教学意义有深入洞察。

在科学研讨中，教师应该发挥主导作用，做学生科学研讨的促进者、学生研讨热情的激发者。教师认真倾听，倾听学生观点的独特性和价值所在，并将这些观点串联起来。当发现学生发言中相互矛盾的地方，就选择合适的时机提交大家讨论；当听到学生使用某词会造成不恰当的想法时，教师可适时地将这个词澄清；当学生没有表达清楚时，适当提问，要求他们解释清楚；当几个学生的发言有矛盾的事实时，教师可以从看上去不相干的观察和发言中把矛盾抽出来，让学生进一步讨论；当学生讨论离题，或者在细节上纠缠，影响讨论的深入时，要把讨论引导到正确的方向上去；当学生的讨论无法深入时，教师可以灵活运用问题支架、图表支架等，促使科学研讨进一步深入。学生在和谐、安全的课堂氛围中积极研讨，在经历分析、综合、比较、分类、抽象、概括、推理、类比等深层体验后，体会到学习的快乐。

（二）完整性原则

学生在经过前面几个环节的铺垫后，所收获到的经验和成长是多方面的，例如分析实验成败的原因，记录、分析数据的能力等。教师要引导学生在交流研讨时回忆整个过程的得失，然后再总结反思，归纳重点，再清晰完整地表达自己的观点。例如，教师在做完“在水中溶解盐”的实验后，组织学生进行交流研讨时就可以引导学生先审视实验结果，再分析溶解盐数量的数据，猜想溶解盐量不同的原因。然后相互交流质疑，最后引导学生回顾实验中的种种发现和感受，对整个过程进行反思。这样清晰完整的交流研讨过后，学生从中收获的不但是科学知识和实践能力，还有对科学探究过程的理性认知和态度价值观的转变，这样才能实现交流研讨的高效化。

（三）尊重个体原则

科学课堂上的实验过程充满着各种不可预测性，而交流研讨是充满各种不可预测性的实验和个人的独特体验结合后的产物，教师对于这当中有可能产生的种种“意外”应该是要抱着尊重的态度，要让学生明白，真理不是从书本上得来的，而是经过探究而来的，这也是科学教学的内涵所在。例如，在《混合身边物质》这一课的教学中，有一组学生在醋与小苏打混合的实验过程中，计算错小苏打的量，混合时多放了一半的量，所以杯底残留着一些白色颗粒。针对这种脱离书本认知的“意外”情况，学生们纷纷围在这组周围观看这些白色颗粒。对此，教师抱着尊重而不是否定的态度，可以顺势把问题抛给学生，让学生自己去弄明白白色颗粒到底是什么。紧接着，学生都畅所欲言，提出各种检验白色颗粒的方法，最后大家都认为可以先倒一些醋进去，看看会不会产生与小苏打混合时相同的反应，如果会，证明是小苏打，如果不是，那就再紧接着设计其他各种方法去检验。由此，让学生在流研讨中让每一个学生都体验到科学的本质。

（四）适时评价原则

有了民主、开放、和谐、合作、自由、发展、自信、安全、积极、健康的学习氛围，学生才会敢于发言、敢于犯错、敢于表达自己的真实想法。为此，教师要运用好“评价”这个工具，创设利于学生以平和、愉悦的心态参与科学研讨的氛围。

教师要在交流研讨中尽量发现学生的闪光点，交流研讨时尽量鼓励学生投入，在交流研讨后给予学生正面积极的评价鼓励，让学生在潜意识里默认交流研讨的价值，积极专注地投入到科学探究活动中去。例如，在《热的传递》这一课的交流研讨环节中，学生的表现各有不同：有的开动脑筋，积极发言；有的发言踊跃但答不到点子上；有的能认真倾听但不踊跃回答。那么，在交流研讨后教师应根据学生的表现给予不同方式的肯定性、积极性评价。对于认真倾听但发言较少或不发言的同学，教师可以这样评价："你的认真倾听说明你是一个极有耐心的人，是科学探究活动的必备特质，如果你在探讨中再踊跃一点，你必然能在探究活动中表现得更好。"对于发言踊跃但总答不到点子上的同学，教师则应在交流研讨中及时地肯定他的积极性，并引导学生往正确的方向思考。

三、精心设计研讨环节

研讨价值的提升考验的是教师的实践智慧，如果没有教师智慧，就不可能实现学生群体间真正的深度学习。为此，教师在重视设计探究活动的同时，也要高度重视活动后的研讨环节的设计，精心设计研讨反馈的每一个环节，在落实重点的同时突破难点，在达成知识目标的同时，促进学生综合能力的发展。

（一）把握研讨的前奏

交流研讨是学生回顾探究过程、重新进行思维与发现整合的过程。但很多教师觉得学生在交流研讨时没内容可研讨，是因为学生的观察、记录和分析已经直指实验结论，研讨似乎可有可无。其实并不是因为前面的探究活动使学生已经理解到位而没有交流的价值，也不是没有内容可以研讨，而是教师对探究活动目标设定的缺失和学生呈现的对信息浅层次的解读，造成无内容可研讨。

如一位教师执教《溶解的快与慢》一课，学生在长时间的探究活动中进行了搅拌能否加快溶解、加热能否加快溶解和切碎能否加快溶解的三个对比实验。在接下来的 12 分钟研讨中，学生的话语不是停留在对比方法的控制上，就是止于实验结论上，教师也觉得三个实验的对比现象十分明显，学生在实验设计、操作过程中不可能出什么偏差，没内容可交流研讨。其实，问题出在教师对学生探究活动的观察、分析的目标定位上。如果教师在设定探究活动目标时深一步思考：既然学生对加快溶解的方法已有正确的前概念，那么如何通过探究活动观察把学生的前概念进一步向科学概念推进——即为什么这些方法能加快溶解？要求学生观察、记录实验中的现象，并且把观察到的现象作为交流研讨的重点，那么，学生在交流中，关注的就不仅仅是一个实验结论，而是方糖在“不搅拌、搅拌”“冷水、热水”“块状、切碎”状态下的溶解对比。

因此，教师对学生活动后的研讨要有思考和设计，学生的交流就不仅仅只是结论，要更关注活动中过程的发现，关注对数据的理性分析和思考。学生在交流研讨中，获得的不仅是科学知识，更是一种科学观察能力与交流共享能力的提升。

在研讨前可以先让学生回顾探究过程，必要时可以充分利用科学探究记录单。研讨交流时既可以让学生对着记录单汇报自己的科学探究过程，也可以展示记录单，让全班同学比对，从中发现规律。学生有了发现，也就有了可以研讨的内容，也就有了通过交流、研讨促进思维和认知进一步向前发展的可能。

（二）紧扣研讨的核心

研讨的目的是促进学生认知与思维的再发展，使学生从感性认识上升到理性认识的过程。研讨要围绕思维这个核心展开，要引导学生清晰、完整、有层次地表达自己的观点，及时发现思维的关键点和思维的延伸点，适时对学生进行引导，让学生经历由现象到结论，再到深化、拓展，层层深入的过程。

研讨交流的过程，必然是一个思维全面碰撞、观点全面分享的过程。在这个过程中，教师应重视以对话、交互为手段为学生的思维搭建“脚手架”。师生之间、生生之间的对话，不能止于“是什么”等浅表的问答，而应围绕

“如何”“为什么”“我是怎么知道的”这一类深层次、自反性的问题辩驳，促使学生清晰地表达自己的认识和发现。

如一位教师执教《运动与摩擦力》一课，要求学生在探究活动中及时把有关数据汇总到黑板上：教师在学生交流研讨前，先让学生静静地观察数据2分钟，写下个人的发现和问题，再在小组内交流个人的发现与问题，然后全班交流研讨。学生经过个人、组内交流后，就得到了全班关于摩擦力的观点：（1）摩擦力大小与接触面状况有关，接触面光滑，摩擦力小，接触面越粗糙，摩擦力越大；（2）摩擦力大小与物体重量有关，物体轻，运动时摩擦力小，物体越重，运动时摩擦力越大；（3）物体越轻，接触面越光滑，运动时摩擦力越小，物体越重，接触面越粗糙，摩擦力越大；除此之外，他们还发现异常数据，如同样重的物体在砂皮纸上运动，两组测得的摩擦力相差很大，是什么原因造成的？

由此可见，研讨阶段是帮助学生将其在探究阶段形成的前语言思维发展成语言思维，形成概念的过程，学生在研讨中思维参与的成分越多，形成的结论也越明确，同时由于思维的介入，学生发现的问题也就越多，从而激发起学生进一步探究的欲望。

（三）生成研讨的精彩

研讨不仅仅是展示学生的发现，更能充分展现学生的思维。研讨中疑点的出现，往往是课堂进一步研讨的生成点。因此，在研讨交流中，教师要把握好学生的疑点，不仅让学生在比对、归类和质疑中获得共性的认识，而且要让学生从疑点中发现问题、在思辨中推动思维的发展。

学生的智力和抽象思维水平还处于发展阶段，很多时候学生在实验过后只停滞在表面层次，无法实现思维的跳跃而转到深入思考的层面当中。如果教师只充当旁观者，无视学生思维的停滞，那学生在交流研讨后得到的观点也只会趋于肤浅，无法进行理性的、深层次的分析思考。例如在“压缩空气”一课的教学中，学生在交流研讨中发表自己的观点：“用手推进活塞，空气就变少了。”教师就反问一句：“空气如果变少了，那为什么会变少？逃到外面去了吗？”当学生意识到空气不可能变少时，教师就追问：“如果空气是不能逃的，那空气从30毫升变成10毫升，说明了什么？”在交流探讨后学生认为空气不是逃到外面去而变少了，其实是被压缩了。然后教师接着追问：“那空气能被压缩到1毫升吗？0毫升呢？”从而引发学生的积极研讨。经过这样的思维点拨后，学生们的交流研讨会在一个更高的思维层面展开，更有科学价值。

学生在科学探究过程中，总是会不经意地犯些小错误，如果教师在学生交流、研讨过程中，把它当成是教学中的问题而采取避开的策略，那就漠视了学生面对问题、分析与解决问题能力的培养。如果我们真把科学素养作为教学目标，真把科学探究作为教学核心，真把学生看作活动主体，那么就不会放过学生探究活动过程中的任何一个疑点，哪怕时间不够，哪怕这一节课不能顺利完成，也要解决学生的疑点。

探究活动与研讨交流是科学教学中两个不可或缺的重要环节，科学探究活动能让学生经历探究过程，获得丰富的感性体验，而交流、反馈、研讨能让学生去伪存真，将学生的认知和思维推进到新的高度。因此从某种意义上来说，活动后的研讨比探究活动本身更重要。我们只有遵循开展科学研讨的原则，精心设计研讨环节，让学生产生新知识与前概念激烈的矛盾冲突，这样才能在研讨交流中让学生思维与能力得到发展与提升。

教学案例　肥沃的土壤

【教学内容】苏教版小学科学三年级上册第二单元《研究土壤》第六课《肥沃的土壤》。

【设计说明】

1. 教材分析

万物土中生，土壤是地球表面非常重要的物质。土壤为植物的生长提供养分，也是动物和人类繁衍生息的重要资源。本单元是2017新苏教版小学科学三年级上册的第二单元——《研究土壤》，是低年级《石头与泥土》《土壤与生命》单元的延续，将学生对土壤的感性经验和直观认识上升到更深层次的科学概念，也为后续“岩石”概念的发展奠定基础。本课是《研究土壤》单元第六课，本课以土壤肥沃的关键——腐殖质为核心，从能看得见和直观认识的土壤的分层现象入手，引发学生思考分层的原因进而认识抽象的腐殖质概念，以及腐殖质的形成与作用。最后，让学生制作一个肥料袋，亲历腐殖质形成的过程，增加学生的感性认识。

2. 学情分析

对儿童来说，土壤是非常好的走近大自然、认识大自然的载体。每个学生都或多或少地与土壤亲密接触过。学习关于土壤的知识能帮助学生树立保护土壤的意识，发展科学素养。在低年级时，通过挖泥土、玩泥巴、栽小葱、养蚂蚁等活动积累了很多感性经验和对土壤的直观认识。对于“土壤”这个科学概念，中年级的孩子还有很多不解之处。在学习这一课之前，学生已经了解了土壤的常见成分，知道了土壤具有一定的肥力，不同类型的土壤里能生长不同的植物。对于决定土壤肥力的腐殖质概念，学生还很陌生。因此，探究土壤里的重要组成物质——腐殖质，就成为本课的重要教学内容。

3. 设计理念

由于腐殖质的形成是一个缓慢而抽象的过程，且土壤动物对腐殖质形成的作用也无法直观感受，所以本课主要借助图片、视频等资料学习腐殖质的概念、形成及作用。为了帮助学生更好地理解蚯蚓在腐殖质形成过程中的促进作用，本课专门设计了一个观察透明的“蚯蚓盒”的活动，通过蚯蚓在泥土里钻过以后的“隧道”，让学生直观感受蚯蚓对土壤透气性、透水性和肥力的影响。最后，给学生一个动手操作的机会，亲手制作肥料袋，在观察的过程中培养学生探究科学的兴趣和坚持观察的科学精神，不断给学生制造“惊奇”与“惊喜”，照顾到学生前概念的同时，激发学生内在学习动机，深度学习才会真正发生。

【教学目标】

科学知识：知道什么是腐殖质以及腐殖质对土壤肥力的影响。

科学探究：能够制作肥料袋并能坚持长期观察，并了解腐殖质的形成过程。

科学态度：通过长期观察，培养学生认真负责的探究态度。

科学、技术、社会与环境：意识到土壤和生命密切相关，愿意亲近土壤，关爱生命。

【教学过程】

一、导入新课

1. 播放视频《身边的土壤》。

2. 引入新课：有句话说“万物土中生”，肥沃的土壤滋养着万物，土壤中究竟有什么神秘的物质能让我们的地球郁郁葱葱呢？今天我们就一起来研究一下土壤肥沃的秘密。

【评析】通过观看视频让学生感受到鲜花扎根的地方——土壤中有水分和养料养育着万物，引发学生思考土壤肥沃的秘密是什么，激起学生解决问题的欲望，从而愿意投入更多的时间和精力去揭开生活馈赠给他们的“惊奇”。

二、认识腐殖质

（一）观察土壤的分层，知道土壤中有腐殖质

1. 交流对土壤的已有认识，说说土壤中有什么。

提问：落叶下面的土壤是什么颜色的，土壤中有什么？

2. 出示土层剖面图，提问：仔细观察土壤的表层和下层，你发现有什么不同？（学生发现表层土和下层土颜色不同。）追问：表层土为什么比下层土的颜色深呢？

3. 学生猜想。

4. 继续播放视频《身边的土壤》，了解土壤颜色分层的原因。

5. 明确“腐殖质”的概念：动植物遗体在土壤的表层中腐烂分解后，形成的这种黑黑的富含营养的物质叫做腐殖质。正是腐殖质的多少造成了土壤颜色的深浅。

6. 播放视频《腐殖质》，了解腐殖质的形成过程及其作用。

小结：腐殖质是供植物生长的肥料。土壤颜色的腐殖质越多，土壤颜色越深，越肥沃。

【评析】腐殖质对于学生来说是无法通过肉眼直接观察到的物质，通过土层剖面图引发思考颜色分层的原因；通过视频动态呈现，让学生获得生动的间接经验，以便他们更好地理解腐殖质的形成过程和作用。

（二）探究土壤动物与腐殖质形成的关系

1. 引导：土壤中生活着许多小动物，它们为腐殖质的形成发挥了重要作用。你知道有哪些土壤动物？它们为土壤的肥力提供了哪些帮助？

2. 出示蚯蚓观察盒，引导学生观察蚯蚓在泥土里钻过的“隧道”，介绍蚯蚓是“土壤天然的犁”和“改良土壤的能手”。

3. 课件出示土壤动物的图片，学生充分交流各种小动物的生活对土壤有什么帮助。

4. 小结：土壤中的小动物们通过在土壤中打洞，帮助土壤通气；通过吞食和排泄，增加土壤的肥力；通过身体的活动，促进各种营养物质与土壤颗粒的混合……它们是植物生长的好帮手。

【评析】为了帮助学生更好地理解蚯蚓在腐殖质形成过程中的促进作用，设计了透明的蚯蚓观察盒。能让学生直观地看到蚯蚓在泥土中活动的痕迹——“隧道”，使学生明白蚯蚓在土壤中的活动能改变土壤的结构，增强土壤的透气性、透水性和肥力。就此扩展开，引导学生交流土壤小动物对土壤的影响。让学生在观察中学会分析和推理，发展逻辑思维能力。蚯蚓观察盒还能增强学生对自然的好奇心和探究热情，激发亲近自然、探究自然的兴趣。

三、探究增加土壤肥力的方法

1. 出示图片（以黄土高原为例），认识土壤有肥沃和贫瘠之分，介绍水土流失是造成土壤贫瘠的主要原因。

2. 提问：你能用今天学习的知识来提出一些改良贫瘠土壤肥力的办法吗？

3. 学生交流后出示图片，介绍修筑梯田、植树造林等防止山体水土流失的办法，以及生产生活中常用的种植绿肥、施农家肥等改良土壤的方法，并提问：你能解释这些做法中的道理吗？

4. 出示学校落叶和果皮的照片，提问：面对这些落叶和果蔬垃圾，你有什么好的处理办法既能保护环境卫生又能充分利用资源？

介绍利用落叶和果蔬垃圾做堆肥。

【评析】出示黄土高原贫瘠的土壤以及汶川遭受泥石流的照片，让学生认识到不是所有的土壤都是肥沃的，引导学生思考土壤贫瘠的原因和改良的办法。土壤肥沃的秘密就在于腐殖质，引发学生利用刚刚所学的知识来解决问题，不仅能培养学生用科学、爱科学的态度，还能将他们的科学学习置于广阔的背景中，帮助他们不断扩展对周围世界的探索，丰富他们的学习经历，激发他们爱祖国、爱自然的情感，并从小树立环保意识。

四、制作肥料袋，观察腐殖质的形成过程

1. 出示小葱图片，提问：你能用今天学到的知识给小葱增加营养吗？

2. 出示任务：制作一个肥料袋。

提问：制作一个肥料袋需要哪些材料？有什么需要注意的问题？

3. 播放视频，明确制作的方法和注意事项。

4. 学生分组制作肥料袋。

5. 小结：肥料袋制作好了，同学们要记得经常翻动肥料袋，并坚持观察五个星期，同时把你们的发现记录在活动手册上。

【评析】腐殖质的形成是一个缓慢的过程，能让学生亲眼看到这一过程有助于他们更好地理解有机物和土壤的联系。做一个肥料袋就是让学生亲历这个过程，增加学生的感性认识，获得直接经验。创设给小葱增加营养的情境，以任务驱动的方式激发学生的兴趣。一节课的结束并不意味着活动的结束，课后还需学生坚持观察。课堂上制作肥料袋重在“制作”，这一活动能很好地将学生的科学探究延伸到课外，培养学生坚持观察的毅力和科学探究的热情，提升学生的科学素养。

五、全课小结

1. 提问：这节课我们一起研究了土壤肥沃的秘密，说说你有什么收获？

2. 总结：土壤就是地球表面活的皮肤，对人类和动植物都有着很重要的影响，下节课我们继续研究土壤。学科学，爱科学，研究土壤，保护土壤，爱护地球！

【评析】总结回顾，引导学生总结收获，激发他们进一步研究土壤的欲望，产生保护土壤的想法，既是对下一节《保护土壤》的延伸，也能将学生的思维引向更高处。

【教学精彩片段】

（讨论并感受土壤动物与腐殖质形成的关系片段）

师：土壤中生活着许多小动物，它们为腐殖质的形成发挥了重要作用。你认识哪些土壤动物？

生：蚯蚓，它们会在土壤里面钻来钻去。

师：你们想去土壤中看一看蚯蚓吗？今天我们不用去挖泥土，老师把蚯蚓的“豪宅”带到了教室里来。你看到了什么？

生：有好多条隧道。

师：蚯蚓挖的这些隧道有什么作用？

生：能松土，还能给土壤通气。

师：真正的土壤里除了有蚯蚓以及蚯蚓挖的隧道以外还有什么小动物？它们又有什么作用？

生：还有蚂蚁，它们在土壤中挖洞，储藏很多食物在里面，有些会腐烂，腐烂以后会增加土壤的肥力。

师：蚂蚁的确是勤快的好帮手！老师还带来了一幅图片，这些土壤中的小动物你都认识吗？

生：蜘蛛。

生：蜗牛。

生：蚂蚱。

……

师：这些小动物们在土壤中生活，不仅能松土，给土壤通气，还会为土壤增加肥力。

生：我知道，小动物们的排泄物会给土壤增加肥力。

师：没错，它们吞食和排泄都会增加土壤的肥力。它们在土壤中勤快的活动还能促进营养物质与土壤颗粒的混合，都是植物生长的好帮手！

【片段评析】蚯蚓观察盒的呈现能让学生直接观察蚯蚓在土壤中的活动轨

迹，直观感受土壤动物对土壤肥力的影响。学生对这类活动的兴致奇高，可以通过引导学生关注细节的观察使学生建构认知。并就此扩展，指导学生阅读资料，了解土壤中各种小动物及微生物对土壤肥力的影响。让学生在建立表象的基础上讨论，更有助于科学概念的建立，发展科学素养。

（徐丽红）

教学案例　人的呼吸

【教学内容】苏教版三年级上册第五单元第一课《人的呼吸》。

【设计说明】

本课重点研究人的呼吸系统，并以此来组织相关内容，组合成一个完整的教学序列。主要由三个部分组成：第一，认识我们的呼吸器官并了解它们的作用，初步建立呼吸系统的概念。第二，利用澄清石灰水，通过对比实验比较吸进的空气和呼出气体是不同的，领略呼吸的意义。第三，知道植物吸收二氧化碳，放出氧气，认识“氧循环”。

学习者为小学三年级上学期的学生，对周围的自然事物有了一定的认识，同时对于自己的身体也有一些简单的了解，而对身体内部，学生的认识还是零星和模糊的。三年级学生基本能利用现有的材料设计一些简单的实验研究方案，但在思维的广度与深度上存在一些差距，需要教师适当地指引，从而使其充分地感受科学探究的价值，体验成功的快乐。

【教学目标】

科学知识：能通过“解暗箱”的方法了解并描述呼吸系统的组成、各器官作用及系统的工作流程。

科学探究：会用澄清石灰水、燃烧的蜡烛来比较吸进的空气和呼出气体的区别。

科学态度：能够有意识地关注人的呼吸，提高对人类生命活动的研究兴趣。

科学、技术、社会与环境：知道植物能吸收二氧化碳，放出氧气，懂得爱惜植物，保护环境。

【教学过程】

一、游戏导入，出示课题

1. 大家来做个有趣的憋气游戏。

2. 今天老师就和大家来研究“人的呼吸”（出示课题）。

【评析】用比赛开场活跃整个课堂的气氛，并自然地将比赛与课题呼吸联系在一起，既能让学生体会到呼吸的重要性，又能充分激发学生的好奇心和求知欲，为之后的探究做好准备。

二、活动体验，感受呼吸

1. 拿出食指放在鼻前，深呼吸，你有什么发现？

2. 你还有哪些方法可以让我们感受呼吸呢？

3. 教师总结：同学们真聪明，能有那么多方法来感受呼吸！

【评析】通过模拟活动让学生将呼吸现象和身体变化联系起来，从而聚焦思维，从现象引出探究问题，丰富对呼吸活动的感性认知，为后续学习做好准备。

三、图文阅读，研究呼吸

1. 谈话：关于呼吸你们想研究些什么？

2. 研究 1：人为什么要呼吸？

3. 研究 2：研究呼吸要用到哪些器官？请同学猜测，播放视频，验证猜测。

4. 研究 3：这些器官各有什么作用？分发科学资料包，进行小组阅读。

5. 总结：各个器官都有各个本领，他们是互相配合起来完成呼吸任务。

【评析】呼吸器官隐藏在人的身体内部，如何工作我们不能直接研究和观察，教学中借助图片、视频、科学资料，帮助学生解开人体的“暗箱”，对呼吸系统建立初步认识，提升获取信息的能力。

四、动手实验，释疑呼吸

1. 研究：吸入的气体和呼出的气体一样吗？

2. 老师示范如何收集吸入和呼出的气体，准备神秘的液体来证明。

3. 学生汇报交流实验结果。

4. 小结：我们呼出的气体是二氧化碳，吸入的气体是氧气，神秘液体是石灰水，石灰水遇到二氧化碳能变浑浊。

【评析】这一环节是本节课的难点，通过探究实验，知道吸入的空气和呼出的空气不一样。通过动手实验，在探究活动中，加深对知识的理解。

五、观看视频，介绍“氧循环”

1. 谈话：我们地球上那么多人，不停地呼吸，空气中的氧气会用完吗？

2. 观看视频，回答问题。

3. 教师总结：没错，不会。因为在光的作用下，植物能吸收空气中的二氧化碳，并释放出氧气，正是因为如此，地球上的生命才得以生生不息。

【评析】通过猜测、分析和观看视频的学习，清晰地了解自然界中的“氧循环”，知道氧气对于生命的重要意义。

【教学精彩片段】

（比较吸入和呼出气体的不同）

师：那你们猜猜看吸入的气体和呼出的气体一样吗？

生：不一样。

师：怎么不一样？

生：吸入的冷气，呼出的热气。

师：只是冷和热的区别吗？还有什么区别？

生：吸入的是氧气，呼出的是二氧化碳。

师：真的吗？怎么样证明呢？老师给大家带来了神秘的液体来证明。

我们怎么来收集吸入和呼出的气体呢？

（指名学生动作演示）

师：为了公平，有什么要注意的呢？

生：①液体要一样多；②摇的力度大小一样；③摇的时间要一样。

师：通过实验你发现了什么？

生：吸入的气体不能使透明的液体变浑浊，呼出的气体能使透明的液体变浑浊。

师：小结，我们吸入的气体是氧气，呼出的气体是二氧化碳。

【片段评析】有效的科学探究活动一定要保证实验的科学性，在活动中教师的适时参与和引导对达成高质量的活动是至关重要的。如果一味强调学生的自主探究、自主活动而放任自流，那么学生的活动最终只会流于形式。

（潘可馨）

教学案例　点亮小灯泡

【教学内容】 苏教版《科学》四年级上册第四单元第一课《点亮小灯泡》。

【设计说明】

本课是“简单电路”单元第一课，认识电路的组成，知道形成电路的条件，懂得安全用电的常识，是小学科学课程中不可缺少的内容。四年级的学生对电是既熟悉又陌生的，他们对学习和电有关的知识有着极大的兴趣和好奇，这是本课开展探究活动的起点与良好动机。但对中年级的学生而言，抽象的简单电路概念是很难理解的。因此，针对学生特点及本课教学目标，我们将课程内容细化为五个部分，穿插了三个由易到难的挑战任务，旨在从知识、能力、创新等多方面培养学生的思维能力和动手能力。另外，本课渗透了三个安全用电的常识，帮助学生形成安全用电的意识。

深度学习的科学课堂“学在起点，重在经历，乐在分享”，本课希望通过观察、实验与思维相结合的探究方法，借助具有整合作用的实际问题，激活学生学习的深层动机，通过学生在学习过程中的切身体验和深入思考及对学习内容的融会贯通，从而培养学生的科学思维能力和创新能力，提高学生科学学科发展的核心素养。

【教学目标】

1. 认识电路的组成，知道形成电路的条件，知道开关可以控制电路的通和断。学会正确连接一个闭合电路，并画出电路示意图。

2. 尝试用多种方法点亮小灯泡，比较不同的连接方法，归纳闭合电路的特征。

3. 敢于根据现象，做出合理的分析和大胆的推测，激发对电路知识的探究兴趣。

4. 了解电的应用给人们生活带来的改变。

【教学过程】

一、连接简单电路，点亮小灯泡

（一）谈话导入

1. 教师展示实物灯泡，直接出示本课主题：点亮小灯泡。

2. 提问：你认为点亮小灯泡还需要哪些材料？追问，该材料有什么作用？

学生回答：电池：是一个电源，给小灯泡供电；电线：连接电池和灯泡；开关：控制灯泡的亮和灭……（不需纠正学生的想法）

【评析】抓住学生的好奇心，直奔主题，两个主观性的问题作为思维热身，充分挖掘学生的前概念，在思考问题的同时学生其实已经在做初步的电路设计，为接下来的挑战任务 1 做准备。

（二）挑战任务 1：自主探究，点亮小灯泡

1. 出示任务：只利用提供的材料，快速点亮小灯泡。

2. 出示材料：1 号电池一节、小灯泡一个、导线两根。

要求：连接成功和失败的小组都把电路示意图画到黑板上，重复的不画。

提醒电路图需画清楚连接部位。

（教师提供灯泡和电池实物图片，学生只需画连线部分。）

用电安全教育 1：提醒学生连接电路时触摸导线的橡胶部位，不可徒手触摸裸露的金属丝。

3. 学生自主探究活动。

4. 仔细观察比较成功和失败的电路图，有何异同。

5. 学生讨论交流，初步得出观点：小灯泡的侧面螺纹和底部要分别与电池的两极相连才能被点亮。

【评析】在学生的前概念里，只要把灯泡和电池连起来，小灯泡就能亮了，但具体到连接灯泡和电池的哪个位置，按照什么顺序连接，他们并没有仔细思考过，从实践经验引发更深层次的思考，激发学生的探究欲望。从实物操作到画电路示意图的过程，学生已经在初步观察手中的灯泡和电池结构，这一过程可以启发学生深入思考和分析问题，并为后续教学做铺垫，同时渗透着由实物图向抽象电路图的过渡。这一任务包含了观察、设计、试错、问题分析等一系列思维活动，同时还能培养学生的合作精神。

二、认识闭合电路

（一）认识电池、灯泡的构造

过渡：为什么电池的两端要和小灯泡的底部或侧边螺纹处连接小灯泡才会被点亮呢？让我们一起来认识一下电池和小灯泡的构造吧！

1. 仔细观察电池，出示电池构造图，说明电流的起点和终点分别是电池的正极和负极。

2. 观察小灯泡的构造，视频学习小灯泡发光原理，找到两个连接点。

3. 小结：只有将电池的两极分别与小灯泡的两个连接点相连才可让小灯泡亮起来。能使小灯泡亮起来的电路是一个闭合电路。

4. 思考：失败的几个电路为什么小灯泡没有被点亮？改正黑板上的错误连接方法。

5. 快速连接一个闭合电路，点亮小灯泡。

【评析】把导线正确连接到电池和灯泡的两个连接点是点亮小灯泡的关键，利用清晰的灯泡剖面图和直观视频教学，既为学生的操作服务，又能帮助学生认识简单电路，以及理解并解释小灯泡是如何点亮的，旨在把抽象的电路知识转化为学生认知中具体形象的概念。

（二）挑战任务 2：只用一根导线点亮小灯泡。

1. 根据闭合电路的原理，尝试只用一根导线点亮小灯泡，画一画电路连接图，比一比哪组的方法多。

2. 提问：为什么会省掉一根导线？

3. 学生交流、比较和分析，小结：因为电池和灯泡的一个连接点直接接触了，所以省掉了一根导线。

用电安全教育 2：提示学生不能直接用导线将电池正负极相连，以免造成电池短路。

【评析】本次任务是在点亮灯泡的基础上尝试只用一根导线探索出多种连接方法，这要求学生学会正确连接简单电路，能够在探究活动中想象电流是怎样流动的。学生在不同的连接方法中发现电路的共性，深化闭合电路的概念。通过简单的观察、实验活动，鼓励学生乐于尝试运用多种材料、多种思路、多样方法完成科学探究，促进学生对科学探究的兴趣和探究能力的发展。

三、制作开关，控制简单电路

1. 提问：怎样可以控制小灯泡的亮和灭呢？

2. 制作简易开关。

出示一个实验室用的电路开关，接入电路，控制小灯泡的亮和灭，让学生观察开关的基本结构，说说它的工作原理。引入电池座、灯座等器材。

3. 学生讨论：怎样使用橡皮、回形针和图钉制作一个简易开关？

4. 观看开关制作视频，制作开关，接入电路，尝试用开关控制小灯泡的亮和灭。

小结：开关可以控制闭合电路的通和断。

用电安全教育 3：提醒学生在做电路实验时，只能使用电池，不能从插座接电。

【评析】制作开关，并尝试接入简单电路，形成完整的简单电路：电源、开关、导线、用电器。掌握开关的工作原理，帮助学生理解闭合电路的概念，为本单元后面两课内容的学习做铺垫。

四、应用简单电路

挑战任务 3：把小灯泡换成其他用电器，试试效果。

各组分别尝试把 LED 灯、小电机、小电铃接入电路中，交流连接方法。

【评析】把小灯泡换成小电机、小电铃、LED 灯等小型用电器，能让学生认识更多的用电器，了解电在生活中的广泛应用，有利于学生认识的拓展和思维的发散。

五、延伸拓展（课后作业）：拆解和组装小电筒

1. 拆解和组装小电筒，并说说手电筒各部分的作用及工作原理。

2. 搜集资料，了解自己感兴趣的用电器的工作原理，和同学交流分享。

【评析】通过本课的探究学习，学生对手电筒的内部构造和工作原理一定充满了兴趣，从手电筒到自己感兴趣的用电器，从课内到课外，从书本到生活，培养学生爱发现、爱思考的科学探究兴趣。

【教学精彩片段】

小组交流讨论归纳点亮小灯泡的连接方法。

师：请成功的小组来介绍你们的连接方法。

组 1：我们的方法是用导线把小灯泡的底部和电池的正极相连，灯泡的侧面和电池的负极相连。

组 2：我们的方法和第一组相反，电池正极连的是小灯泡的侧面，负极连的是小灯泡的底部，小灯泡也亮了。

组 3：我们的方法是把灯泡竖直放在了电池的正极上，然后用导线把灯泡的侧面和电池的负极连了起来，小灯泡也亮了。

师：仔细观察这三组的电路示意图，你们能发现他们的相同之处吗？

生 1：导线都连接了电池和灯泡。

生 2：电池的正极、负极都分别连到了灯泡的底部和侧面。

师：连在灯泡的哪个部位呢？我们一起来看看小灯泡里的秘密。

【片段评析】这是一个发现问题、分析问题、解决问题的过程，有了电池、导线，让小灯泡亮起来看似很简单，但在实际教学过程中，有些学生很快就能使一个小灯泡亮起来，还有些学生尝试了很多种方法都没能点亮小灯泡。这就要求教师在教学过程中应当根据学生的探究进度，调整原有教学计划，把学生这个探究主体放在第一位，给与学生充分的鼓励和引导，让学生在交流和讨论中碰撞出思维的火花，从而解决问题，体验科学探究的乐趣。

【教学评述】

本课是基于深度学习观下的探究性课程，具体体现在：从尝试点亮小灯泡到解释小灯泡为什么会被点亮，完成了从事实性知识到解释性知识的进阶；从正确连接简单电路到画电路示意图并分析电流在电路中的流动轨迹，完成了从具体知识到抽象知识的进阶；从观察电路元件构造到合理设计简单电路，完成了从科学观察到科学实验的能力进阶；最后把课堂上的学习兴趣和探究欲望延伸到课外，乃至到生活中。本课设计的目标明确，思路清晰，内容充实，教学中能突出学生的主体地位，引导学生自主探究，合作交流，启迪学生思维，发展学生探究能力。

（王珂）

第六章

主动探究的支持策略

一个非常强烈的动机，能激发人的潜在能力去做到原本做不到的事。毋庸置疑，学生在积极的内在动机驱动下，才会愿意投入更多的时间和精力、克服一定的困难去探讨那些未知的、具有挑战性的问题。吸引学生主动探究是科学教学的首要任务。深度学习发生的一个重要标志，就是将外在的教学内容转化为学生内在的精神力量，这个精神力量促使学习不以课堂结束而终止，而是自觉地去追求课程以外的东西，直至终身学习。

第一节　让探究在情境中发生

知识往往在情境中生成和显现。在知识的情境中，知识是活的，而“脱离特定的情境，知识就是死的”。唯有将学习嵌入其所关联的社会和自然情境之中，学习才会被赋予真正的意义，有意义的学习才会真实发生。

一、让探究与情境教学相融

（一）情境化教学的内涵

20 世纪末美国学习科学开发委员会编写的《人是如何学习的——大脑、心理、经验及学校》一书，特别强调了知识建构的情境性和社会性，“有关认知与学习的情境理论已成为一种能提供有意义学习并促进知识向真实生活情境转化的重要学习理论”。而课程改革也提出“将知识与技能用于解决复杂问题和处理不可预测情境所形成的能力和道德才是核心素养”。作为一种建构性学习，深度学习不仅要求学习者懂得概念、原理、技能等结构化的浅层知识，还要求学习者理解掌握复杂概念、情境问题等非结构化知识，最终形成结构化与非结构化的认知结构体系，并灵活地运用到各种具体情境中来解决实际问题。

情境化教学法是根据实际的教学需求，造就出与之相符合以及相应的情境，并与相关课程教学进行巧妙融合，以此来营造生动、形象、深刻、轻松的课堂氛围，让学生置身其中，进而激发学生学习的主动性及积极性。

（二）探究融合情境教学的意义

1. 更能激发科学探究兴趣

儿童的发展是在一定的情境中发生的，情境是学生构建知识的不可缺少的资源和运用经验、运用知识的不可替代的现实场景。情境化教学是通过情境的优化，唤起他们的情绪，让他们主动学习，主动发展。教师在科学课堂中将教材中的内容和资源，通过丰富多彩的形式和载体进行展现，着力构建真实的、复杂甚至是两难的情境，为学生营造身临其境的氛围，从而激发学生学习兴趣，提高学习主动性，树立“我要学”的主动意识。学生在这样的教学情境中，更能快速地融入其中，在情境中建构知识，在情境中实现知识的迁移和问题的解决。当学生在经历活动中，我们会看到学生作为一个自由的生命体，在特定的情境中，和小伙伴之间、和老师之间因思维的积极碰撞与情绪的热烈交融相互交织在一起。在那个情境中，孩子会迸发出智慧的火花，他们的潜能和经验被激活，他们的自然禀赋、自我意识得以展现和提升。

2. 更能真实获得感性认识

知识是人对事物属性与联系的能动反映，是通过人与客观事物的相互作用而形成的。建构主义学习理论认为，知识并不是一套独立于情境之外的符号，而是存在于具体情境的、可感知的活动之中，是不可能脱离实际情境而抽象存在的。张巨青教授在他的辩证逻辑中提到“概念是在感性认知基础上产生的，不经过感性认知阶段，就不会在人脑中形成概念”。感性认识是发展理性认识的基础，一个良好的教学情境则可以给学生提供感性的认知经验，为知识的建构做好准备。

3. 更能深度理解科学知识

知识是情境化的知识，一切知识均来源于情境。知识与情境是相互依存的，基于现实世界的真实情境是学习者学习的基本条件，任何脱离特定情境或场合的知识都是毫无意义的。任何知识都是在一定的情境中产生的，最终都要回到情境中去。学习者要想完成对所学知识的意义建构，即达到对该知识所反映事物的性质、规律以及该事物与其他事物之间联系的深刻理解，最好的办法是让学习者到现实世界的真实环境中去感受、去体验（即通过获取直接经验来学习），而不是仅仅聆听别人的讲解。在科学教学中创设情境能够更好地帮助学生理解科学知识的来源，引导学生将所学的知识和实际联系起来，从而有利于学生构建科学认知体系，更好地运用科学知识来解决实际问题，从而提升知识迁移应用能力。

二、情境探究的原则和途径

（一）遵循情境教学的原则

1. 典型性原则

情境创设是为了帮助教师将探究内容以更加丰富、生动、形象的方式呈现给学生，帮助学生在原有认知结构的基础上更好地学习新知识，构建新的知识体系。但生活的丰富性，决定了情境的多样性和复杂性，一般情境会呈现多个条件交织的复杂性，如果教师不加甄选而用之，会使学生在探究时无从下手，甚至造成学生思维混乱，教学目标的表达就会出现困难甚至偏差。因此，教师在进行教学设计时，要根据教学目标要求，依托教材内容，紧扣教学内容，选取典型的情境素材，避免创设无意义的教学情境，切忌为了创设情境而创设情境。

2. 真实性原则

布鲁纳认为："学习者在一定的问题情境中，经历对学习材料的亲身体验和发展过程，才是学习者最有价值的东西。"因此，具备真实性特征的情境，才能打动学生。科学教学过程是一个"还原生活"的过程，现实生活才是学生学习知识的归宿。生活是丰富多彩的，学生在生活中会面临各种各样的复杂情境。学生的学习应该基于真实生活情境，在教学实践中，教师要从学生现有的知识经验出发，选取源于学生的情境，用富有生活意义的案例呈现问题，提供问题发生的情境和分析问题的思路，帮助学生在真实生活中解决实际问题以活化知识，让学生通过体验、探究、发现的形式来建构知识、发展能力。

3. 可理解性原则

科学课上情境的设置是为了学生更好地进行深度探究。情境是否符合学生心理认知水平，是成功创设情境的重要因素，也就是说，情境应该具有可理解性。这里的可理解性，是指情境内容要符合学生的知识储备、认知水平。教师创设情境时应充分考虑学生的认知水平，熟知各个阶段的学生获得信息、处理加工信息、转化信息及信息应用等水平和能力。在学生的最近发展区域设置情境，使得情境活动的指向性符合教学目标，符合学生认知结构，水平高度稍高于学生已有的水平。这样情境才会作为桥梁，从学生的生活经验等已有知识储备中找出同化新知识学习的"点"，转而到达新知识结构的彼岸。

4. 发展性原则

一切为了儿童的发展，这是情境教学的出发点和归宿。瑞士教育学家裴斯泰洛奇曾指出："教育的主要任务，不是积累知识，而是发展思维。"情境教学倡导的是学生的亲身体验，但体验本身不是目的，让每个学生在探究中得到发展是情境体验的最终目的。因此，教师在创设教学情境时要面向全体学生，力求全体学生都能参与到探究活动中。在科学教学中借助情境，激发学生的学习兴趣，调动他们的积极学习情感，引发他们的认知冲突，为他们的思维制造障碍，目的就是让学生亲历探究的过程，感受知识的形成过程。学生在积极的探究过程中调动多种感官发现问题、提出问题、解决问题，学生的问题意识和方法意识得到培养，思维能力、动手操作能力得到提升，在每一个情境中学生都学有所获。

（二）科学探究中情境创设的途径

在科学课堂中创设合理的教学情境，有利于学生形象思维的形成，激发学生的学习兴趣，唤起学习情感，改善学习效果。情境的创设要紧扣探究主题，情境要能够包含和体现教学重点，且情境的创设要包含可探究的问题，能够有效地引发学生思考。在小学科学课堂中，最常用的是以下三种情境创设方法。

1. 创设真实有效的问题情境

由于建构意义必须在“真实”的情境中展示，因此，教育要为学生创设含有真实问题或真实事件的情境，使学生产生学习的需要，从而通过学习共同体成员之间的互动、对话主动学习。问题在科学学习中起着决定性的作用，它决定了思维的方向，也是思维的动因，教师可以利用问题来创设教学情境。创设问题情境，就是教师利用教学资源把学生引入到与问题有关的情境中，这个情境包含的教学内容与学生原有认知结构不符，学生就自然而然会产生认知冲突，由此而产生心理上的困惑。而学生产生认识困惑时，就能激发他们的求知欲和好奇心，会促进学生主动积极进行自我思考。

如在教学“空气的热胀冷缩”时，教师创设打乒乓时不小心把乒乓球踩瘪了的情境，然后问学生：有什么办法让乒乓球恢复原样？此时，学生在情境中思考问题，当有学生提议把乒乓球放在热水里这个方法时，就让他上来演示一下，乒乓球便鼓起来了。此时就自然引发了“瘪乒乓球为什么会鼓起来”的问题。这里，由于是依据了生活逻辑，精心设计了一个真实的问题情境，且这个真实事件与教学内容紧密相关，这时出现的问题有助于引导学生进一步深入研究。

2. 创设充分体验的实验情境

心理学研究表明，儿童的认知方式存在一定的局限性，他们的主要思维以具体思维为主，他们处于形象思维为主的阶段，对抽象的概念理解起来有很大困难。科学本就是一门以实验为基础的学科，用实验创设情境，科学学科有着得天独厚的学科优势，实验具有很强的实践性和真实性，利于培养学生创新精神，提高学生探究能力，提升学生科学素养。在科学教学过程中创设一定有趣的实验情境，让孩子们在动手操作中发现科学的奥秘，这样，既可以锻炼他们的动手操作能力，也有利于他们借助实验操作理解抽象的科学原理。

教师在明确学生身心发展特点的基础上，根据教学目的选择创设不同的实验情境。如在学习苏教版二年级上册《动起来与停下来》时，课堂开始教师拿出一辆小车，问学生：你有几种办法让小车动起来？学生的思维瞬间被激活，大家众说纷纭，此时教师告诉他们，我们让小车动起来需要启动力，让小车停下来需要阻挡力，那么“小车动起来、停下来时所用的启动力和阻挡力分别有什么不同呢?”在这个学生感兴趣的实验情境中，学生动手动脑，享受到实验中发现和成功的喜悦，进一步激发学生强烈的探究热情。

3. 创设学生熟悉的生活情境

生活可以说是内容最丰富的教育资源，小学生是社会生活的个体，生活中处处涉及科学知识。在科学课教学中，教师应在课堂教学中设计多种多样的生活情境，让学生在生活情境中探究科学。教师要注重观察、联系学生的现实生活，挖掘生活中的真实事例，从生活中鲜活的日常小事中发现、挖掘教学情境的资源，在创设的情境中将枯燥抽象的科学知识生活化、生动化、具体化，帮助学生更好地理解、学习、应用。

如在教学《认识固体》时，教师拿出一个鸡蛋，问学生“谁会打鸡蛋?”这个生活场景是学生熟知的，学生纷纷举手。可当一个学生走上讲台打鸡蛋时，大家惊讶地发现，鸡蛋并没有从蛋壳中流出来，原来这是一个煮熟的鸡蛋。此时老师问：为什么熟鸡蛋打开后流不出来？此时学生的思维自然而然就集中到“固体”上，从而引发探究固体性质的活动……学生在探究中感受到生活与科学的紧密联系，也用自己的切身感受和体验去理解科学内容，这不仅丰富了课堂教学内容，帮助学生掌握科学概念和规律，还可以帮助学生形成关心生活、关注生活的意识，产生把所学知识应用于生活的愿望，提高学生解决实际问题的能力。

三、在情境中拓展探究的时空

情境教学融合科学探究符合学生的认知特点，更贴近学生生活实际，能激发并保持学生的学习兴趣，使之养成关注社会、关注生活与科技发展、主动拓展科学探究时空的习惯和终身探索的乐趣。

（一）用情境教学拓展探究的空间

学习的最高境界是要将自己置于知识产生的特定情境中，通过积极参与具体情境中的社会实践来获取知识、建构意义并解决问题。情境教学充分利用身边环境，让科学探究内容与社会关联、与生活相联，学生则在其中感悟、观察、体验，在社会实践中把知识学活。如在学习《食物与营养》后，教师就拿出当日“学校午餐”的菜谱，让学生把研究的目标投向学校的午餐。学生在探究中知道，科学探究不仅仅在课堂上，学校、家庭、社会有着更为广阔的真实情境。科学学习的知识倘若远离社会，学习探究倘若隔绝于社会生活之外，便不可能真正地领悟到知识的精要，也就失去了学习的真正意义和知识本身存在的价值。

情境教学往往回归生活实践，与生活融为一体，从而不断挖掘生活本身取之不尽的资源。科学教育利用真实情境，可以打破学校与社会之间的藩篱，多角度、全方位地让科学活动与校园、家庭和社会横向融通，把科学探究拓展到学生生活的各个角落，让学生走出课堂、走向社会、走进大自然，在现实生活世界发现科学的奥秘，才能培养学生留心身边事物的习惯，于细微处发现并探究真知的精神。学生也唯有如此，才会不断丰富儿童感受以及认知建构的源泉，进而真正从科学的角度去观察世界，体验生活，拓展自己科学探究的所有空间。

（二）用情境式教学拓展探究的时间

情境教学通过运用图画、音乐、表演、多媒体等直观手段创设情境，而一种真实的、本真的情境，促使学习者通过与环境互动去建构知识。儿童作为一个学习主体，在特定的情境中和热烈的情感驱动下进行创新实践，通过实体性现场操作、模拟性相似操作、符号性趣味操作来加强基础、促进发展，并通过实际应用来体验学习成功带来的快乐。在情境中进行的科学探究不局限于课堂，不以铃声作为起点和终点，而是伸出触角，鼓励学生课前、课后广泛接触生活的、前沿的、边缘的相关知识和成果，把课内外紧密结合起来，如此才能进一步深化学生对科学探究的兴趣。

情境创设作为优化教学的一种手段，能激发受教育者学习的主动性，激发受教育者的积极思维。在浓厚的学习兴趣、积极思维指引下，学生很乐意主动投身到拓展的探究时空里。在上课前引导学生走进真实生活情境中，结合具体教学内容观察某些现象、调查某些数据、寻找常见的实验材料；在上课后引导学生针对感兴趣的问题继续探究，要求他们用课上学到的知识去观察并解释生活中的现象，动员学生利用所学和身边材料设计小玩具、小制作。在这些拓展的探究时间内，学生主动对所学知识进行建构与内化，把课内外、校内外的探究有机地结合，从而进一步培养学生良好的学习与探究习惯，使探究成为学生的一种自觉行为。

由此可见，情境教学法是构建科学探究开放系统的有效方法，它不但调动了学生科学探究的积极性和主动性，还大大拓展了学生科学探究的时间和空间，让学生自觉在与社会的接触中学习，与他人、与环境的互动中学习，从而会对所学知识举一反三，将知识运用到新情境中来解决问题。

第二节　游戏让探究更有趣

游戏是学生开展趣味性学习的一种方法，也可以作为激励和吸引学习者的一种手段。国内外专家学者都非常重视游戏在教育中的应用，因为游戏本身就是一种教育活动，且游戏是没有年龄限制的，它对各阶段儿童哪怕是成人都是有益的活动。在小学生的科学探究中，教师应该致力于将游戏和科学教学相结合的研究，让学生通过游戏找到科学探究的乐趣。

一、挖掘兴趣点开展游戏

激发学习者的深层动机，让学习成为一件富有吸引力的事，是深度学习发生的前提。单一的教学方式是不能激发学生深层动机的，游戏化教学无疑是根治学习枯燥乏味的一剂良方。充满趣味的科学游戏课，让学生沉浸在科学游戏活动中，感知科学现象和科学规律，在体验科学游戏乐趣的同时，激发学生主动进行科学探究的乐趣。因此，教师要站在儿童的视角，从游戏的场景、语言、设计等多方面出发，让学生为了完成有趣的游戏，进行积极主动的思考，提高学生学习的主动性和自觉性。

（一）创设儿童喜欢的游戏场景

游戏作为儿童的存在方式无处不在，游戏场景可以为学生投入游戏提供有利条件。符合学生的年龄特征和心理特征的游戏场景，能激发学生的原有认知，使学生与学习资源发生链接，对学习者的认知、心理和思维状态产生正向、积极的影响。如在上苏教版科学一年级上册《做个小侦探》时，教者在科学教室里放了几盆被虫咬过的绿植、雪地上脚印等图片，然后戴上“黑猫警长”手偶布套和儿童对话。此时儿童的好奇心被激发，一下子就进入到和黑猫警长一起当侦探的游戏场景中，以高度的热情投入仔细观察、认真思考、寻找证据的游戏过程中，从而在潜移默化中获得知识、提升能力。

（二）运用儿童喜欢的游戏语言

教师组织游戏语言尽量趣味化、儿童化、具有鼓动性。开展磁铁游戏时，要为游戏取个有趣好玩儿的名称以吸引注意力，如磁铁游戏可以叫“小猫钓鱼”“小鸭子找家”等。游戏前教师要用充满激情、神秘、夸张或者鼓动性的语言介绍游戏让学生期盼游戏。游戏中教师用“比一比”“猜一猜”等语言激励学生积极参与，用引导性语言如：谁最动脑筋，哪组最会合作，谁做得最好等，以鼓励学生拓展思维，大胆参与。游戏结束后，教师要从游戏效果、游戏体验、游戏展示等方面对学生进行激励性评价，让学生在游戏中没有心理压力，没有紧张感，不用害怕失败或惩罚，从而获得愉快的情绪体验，以提升学生的游戏积极性和对学习的向往。

（三）设计儿童喜欢的游戏活动

好奇心和求知欲是推动学生科学学习的原动力，游戏是最符合低年级学生身心发展特点和认知能力的教学模式，也是低年级学生实现深度学习的重要途径。有效地实施深度学习，需要教师根据学生的年龄特征和兴趣爱好，设计出儿童喜爱的趣味科学游戏，吸引学生以高度的热情参与到游戏学习中。如在教苏教版科学二年级上册《形状改变了》时，教师设计了学生爱玩的“变脸游戏”，学生在音乐中边玩边动，有效地调动了学生的学习积极性，从而深入参与到物体弹性的研究活动中。事实证明，根据学生兴趣点设计科学趣味游戏，能使学生注意力集中，从而对整堂课起到推波助澜的作用；反之如果教学过于刻板，低年级学生注意力分散，会迅速失去对科学的兴趣。

二、寻找切入点设计游戏

深度学习离不开学生的切身体验，而科学游戏可以给儿童更多的“直接感知”“亲身体验”“实际操作”的机会，是一种符合儿童身心发展特点的、快乐而自主的实践活动。但是教学作为一种自觉的活动，应关注学生学习活动的内在教育意义的挖掘、丰富和提升，而不能停留在创造庸俗的快乐体验。所以，科学教学进行科学游戏时，必然要设计与课程标准、教学目标一致的科学游戏，唯有如此，学生才会在亲历观察、实践与操作时，真正有深入知识内核的亲身感受、感悟和体会。

（一）寻找游戏内容和教学内容的融合点

游戏教学具有传统教学无可比拟的优势，它能有效激发学生的求知欲，让学生更容易理解学习内容，更好地理解和掌握科学知识。如在教学小学自然沪科教版二年级下册《物体的沉和浮》时，教师用电脑技术创设了小兔要过河的游戏情景，然后出示了各种材料，要求学生借助材料帮助小兔子过河。这里由于很好地把探究沉浮秘密的教学内容和小兔借助哪些材料过河的游戏内容紧紧地融合在一起，所以学生全身心地沉浸在游戏中的过程就是进行科学探究的过程。儿童通过猜测、实验，测试各种材料在水中的沉浮状态，初步感知物体在水中的沉浮规律，最后学生应用实验结论，成功完成了帮助小兔子渡河的游戏任务。这里，由于课堂设计的游戏内容和教学内容高度吻合，所以学生沉浸在有趣且真实、有价值的游戏中，从而在深度体验中达到对科学知识的深度理解。

（二）寻找游戏规则和探究方法的融合点

游戏规则在游戏中的作用不可低估，而游戏规则通常包含着公平公正、科学合理等元素，而这些元素与科学探究方法有很多相通之处，教师如果能据此找到与教学的融合点，那对学生掌握探究方法、经历探究过程起着不可估量的作用。如在上教科版科学二年级下册的《测试反应快慢》时，教师开始用尺子和学生互玩“我抓你放”游戏，引导学生在玩中思考找出游戏规则的不严密之处，进而启发学生为玩更高级的游戏，必须设计使用更为精密的游戏器具、建立更为公平的游戏规则。学生经过讨论，设计出了更为精准的“速度反应尺”。学生为了游戏更公平，就自发地对游戏的操作、游戏的开始、游戏的次数、数据的记录等诸多事项作出了明确的规定。这里，学生设计精准游戏器具的过程，实际上是设计实验的过程，而讨论制订游戏规则的过程，其实就是设计对比实验的过程，而游戏操作过程也就是学生进行对比实验的过程。由于教师巧妙地把握了游戏规则和探究方法的融合点，所以学生投身游戏的过程中学会了学习、学会了探究。

（三）寻找游戏方式和学习过程的融合点

“比、做、演”是学生喜闻乐见的游戏活动方式，比即是比赛，游戏的乐趣在于玩、争、赛，因此竞赛具有游戏的一切特征。做，就是动手操作，让低年级学生调动各种感官、用身体参与学习。演，就是展演，让学生兴趣盎然地表演、展示。合理的游戏方式和结构，对促进和帮助学生学习有着不可估量的作用。在科学课堂上，教师要找到学习过程和游戏方式的融合点，从而调动课堂气氛，增强课堂活力，帮助学生积极参与学习过程。如在教学教科版科学一年级下册《观察与比较》时，教师根据内容选用了“比”的游戏形式贯穿整个课堂，学生在“挑战”“升级挑战”“终极挑战”的三级晋级游戏中完成了观察和比较的科学技能训练，达到游戏形式和学习过程的完美融合。

三、紧扣链接点进行游戏

深度学习不是停留在知识表层，而是更强调深入知识内核，强调把握事物本质和深层意义。深度学习与实际运用密不可分，学以致用越深刻、理解越透彻。学生的能力从单一情境模仿到多样情景加工，最终在现实活动的运用中产生。实际生活中儿童会有更多的“感知”“体验”和“操作”的机会，教师应紧紧抓住科学游戏与现实生活的链接点，让他们在实际运用中深度理解所学知识。

（一）让游戏材料来自儿童生活

科学游戏不仅要考虑能否促进学生主动参与和积极思维，而且要遵循从生活中来到生活中去的原则，紧密结合学生生活的游戏材料，以便再现生活场景。如在教学苏教版科学一年级下册《盐和糖哪儿去了》时，教者从小毛驴驮着盐和糖过河的故事情景，引发“盐和糖哪儿去了”这个科学问题，这时教师提供了一年级学生生活中熟悉的盐、糖、沙子、面粉等材料，而不是实验室常备的高锰酸钾。学生通过观察比较获得了丰富的表象，从而建立了溶解的概念。而由于这些材料极易获得，帮助学生实现了游戏与生活的链接，所以很多儿童在课外再次选择身边的材料进行反复实验，既感受到了操作游戏的乐趣，还提升了学生课外探索能力，同时进一步深化了概念的理解。

（二）在亲子游戏中深化应用

科学游戏不仅仅局限于科学课内，课外还有更广阔的科学游戏空间。设计安全、有趣的亲子科学游戏，既能帮助孩子更深入地体验身边的科学，又能密切亲子关系、让家长了解科学。如在教学苏教版科学一年级上册《感官总动员》后，布置了学生回家和父母玩“蒙眼猜菜”游戏，让学生在蒙着眼睛吃菜、捏着鼻吃菜的过程中，进一步体验感官在观察中的重要作用。除此之外，还可以设计其他不受课堂时间限制的游戏活动，如“寻宝”“秘密故事讲述”等，鼓励学生在课外进行进一步探究。

在教学中教师只有与儿童的天性和天趣合作，挖掘学生的兴趣点、寻找与教学的融合点、把握学生的生长点、紧扣游戏的介入点，设计结构化游戏，使用游戏元素来帮助学习，做个游戏环境的创设者、游戏进展的支持者、游戏过程的观察者，儿童活动的参与积极性才会被很好地调动，高阶思维能力才会得到很好提升，深度学习才会在科学课堂发生。

第三节　让惊奇与探究相伴

亚里士多德和柏拉图等哲学家认为，当我们面对熟悉的概念，探索新奇的思想时，惊奇是唯一的动力。在科学学习中，惊奇也会引导学生产生进一步探索的冲动，在科学课上刻意寻求和设计“惊奇”支持科学探究，可以收到事半功倍的效果。

一、惊奇教学法的内涵及其意义

（一）惊奇教学法的内涵

惊奇教学法最近出现在《2019 创新教学法报告》中，引起了人们的关注。这种教学法是指当学生观察到奇妙的事件，所产生的体验能够强烈激发学生的好奇心，从而产生进一步学习和探究的兴趣，它能够促使学生从各种角度来思考所观察到的现象。惊奇教学法与引导发现学习有一些相似之处，都是教师通过实验探索的过程帮助学生解决问题或理解问题，但它的不同之处在于是探索如何开始的，惊奇教学法通过展示一个激发好奇心的物体或事件，以一种新的方式呈现熟悉的事物，设置一个谜题。

马修·麦克法尔博士说：“如果说学校应该做些什么来提高学生的成就，在我心中，答案就是唤起惊奇。”他把“惊奇”这一元素引入学习之中，创造了惊奇学习。马修认为，当一个孩子全身心、多感官地被一个东西所吸引，心中产生巨大的疑问，引发的强烈内在动机会贯穿于他的整个学习过程中，从而完成高质量的学习。而科学课程融入激发好奇心的活动，能够培养学生新的理解方式，激发他们进一步探究的兴趣并引发他们的想象。

（二）惊奇教学法的意义

1. 惊奇教学法能激发探究兴趣

惊奇教学法强调学生“乐学”“愿学”，希望学生以积极、投入、自觉的心理状态进入到学习活动中。“兴趣”不同于“乐趣”，它是人们对事物产生持久关注，并一以贯之地付诸行动的心理状态。卢梭将“兴趣”和学生的成长体验紧密联系在一起，称学生从事某事是发自内在的意愿，而非习俗、纲常和强权的要求。赫尔巴特提出“兴趣的多方面性”，既强调活动过程中的审视凝神，又提倡基于内在积极性的多样化追求。杜威认为“兴趣”是学生成长中不可或缺的，它与明确的目标、坚定的行动紧密相关，是人的内在专注和外在毅力的有机相融。

惊奇教学法也关注学生的学习体验，充分考虑内容与学生现有能力的关联度，结合学生不断变化的认知结构和思维路径进行设计。教师从教材知识的“搬运工”转变为学生心智启发的“引导者”，根据学生不断变化的学习需求，将原本抽象化的知识化解为令人惊奇的实物化操作或形象化讲解，按照经验和科学、归纳和演绎、组织和关联、比较和分类的方式，打破学生学习内容和心理发展状态的隔阂，使之对学习产生迷恋。学生从而发生“要我学”到“我要学”的行为转变，自觉主动地参与到学习体验之中。

2. 惊奇教学法能制造“学习困惑”

杜威认为，“学习就要学会思维。思维的缘由是遇到了某种困惑。”“惑”是新事物、新概念、新命题等新异的学习对象，在学生的认知实践活动中，因为与学生已有认知结构发生不协调而产生的正常心理活动现象。但在现实中，学生面对关于“还有没有什么不懂的地方”“还有什么问题”的询问中，常以沉默或摇头予以回应。

在现实中，学生无“惑”的一个重要原因是由于新产生的外在刺激，已经被学生既有的认知结构借助适应了。无“惑”的学习，无论在内容上，还是在方法上，都无益于学生的思维发展，也难以实现过程的“深入”和结果上的“深度”。惊奇教学法通过制造“惊异”，让学生产生困惑，从而驱动学生开展探究。

二、与惊奇相融的科学教学环节

马修. 麦克福尔博士以他先前的工作为基础，将惊奇描述为一系列阶段：(1) 预期：一种对即将发生的事情的预感和了解更多的渴望。(2) 邂逅：体验惊奇的时刻。(3) 调查：追求惊奇，更好地理解它或继续体验。(4) 发现：开始理解惊奇的原因。(5) 传播：继续探寻这个惊奇，并进行分享与庆祝。

结合科学教育实际和马修. 麦克福尔博士关于惊奇的几个阶段，我们认为在小学科学课堂中科学探究与惊奇教学法融合后的教学环节可以分为以下几个：

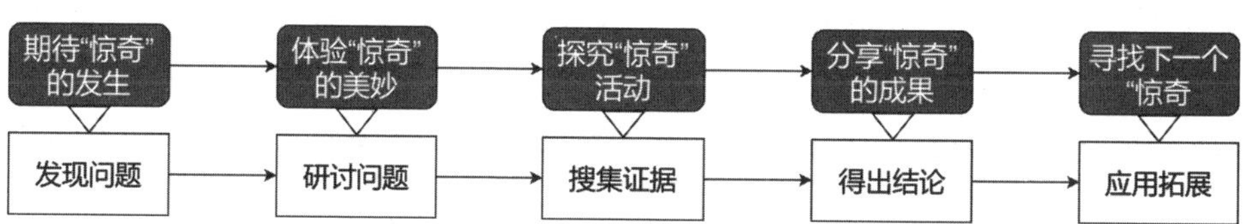

下面以苏教版六年级《变色花》为例，说说与惊奇相融的科学教学各环节：

在环节 1 中，教师要想方设法有意构造课堂上的“惊奇”。为了让学生期待惊奇的发生，要注意“惊奇”出现的“仪式感”。有时教师可以精心准备一些特别的道具，如黑布盖住的匣子、金色信封等，有意制造神秘的环境和氛围，以引发期待和发现“好奇”的心理。在教学《变色花》时，课堂开始出示一个神秘黑匣子，说今天带来一个礼物要送给大家，当大家充满期待时，教师从黑匣子中拿出一朵白颜色的花。此时，学生也一片唏嘘，而教师在表示遗憾的同时，拿出一个神秘液体对着“白花”喷了几下，瞬间“白花”变“红花”，“惊奇”由此也发生了。

在环节 2 中，由于每个“惊奇”的设计都是有建设性的，惊奇的体验是美妙的，所以应该允许学习者在看到“惊奇”后，分享他们对惊奇的想法。这种分享也是研讨问题的过程，也是很有意义的：如为什么是这样的？接下来会怎样？围绕这些问题都可以开启一段探究旅程。在《变色花》教学时，学生在看到“白花”变“红花”的“惊奇”后，纷纷分享自己对“惊奇”发生原因的猜测，他们在分享交流中注意力集中到了这瓶神秘液体上，于是老师因势利导带学生进入到制作神秘液体活动中。

在环节 3 中，和惊奇相遇后，学生自然地就有了探究背后秘密的渴望，此时教师尽量帮助他们，满足学生的要求，全力以赴地参与到思考和行动相结合的探究活动中。学生兴奋地探寻变色花秘密的过程中，教师根据学生的需要提供紫甘蓝、塑料袋、白醋、小苏打以及各种酸碱液体等材料，以帮助他们不断探索。

在环节 4 中，学生经过自己亲身参与的活动明白“惊奇”背后的秘密后，很乐于和学习同伴分享和展示，此时开始分享是满足学生的心理诉求，而在科学探究中是得出科学结论的环节。当学生自以为终于揭开变色花的秘密时，教师就创造机会让学生充分分享。为了加深学生的认知，教师分别拿出三朵“白花”，让学生也来模仿“白花”变“红花”魔术，谁知当兴奋的三名学生喷上自己制造的“神秘液体”时，大家惊奇地发现：第一个学生并没有让“白花”如愿变色！第二个学生让“白花”变“绿花”了！第三个孩子终于让“白花”变成了“红花”！原因何在？学生在再次讨论释疑中，知识得到了巩固。

在环节 5 中，学生带着探索和理解开始下一轮惊奇的追寻，此时教师只要给学习者一个新的环境，可以是熟悉的生活场景，此时学生用新的观察和理解方式再次投入到情境中，身边熟悉的物体又会成为下一个“惊奇”的发生地，也成了探究和想象地起点。在《变色花》最后的环节，教师赠送学生每人一支白纸做的“白叶白花”，告诉学生这只是普通的纸花，请同学们运用自己的智慧，在父母或者同学们面前表演变“红花绿色”的神奇魔术。

在《变色花》这课中，教师把探究和“惊奇”相融，让学生经历了从发现“惊奇”到制造“惊奇”的过程，科学探究从不自觉走向自觉，由感性到理性，提升了学生的科学素养。

三、探究和惊奇相融的教学策略

（一）让探究从惊奇开始

美国著名教育家杜威认为“儿童的心理内容基本上是以本能活动为核心的先天生理机能的不断发展、生长。教育的本质和作用是促进这种本能的生长，除自身以外，没有别的目的”。这一主张强调对学生本能、天性与兴趣的激发，重视对学生内部动机的培养。内部动机是学生个体内部促使其深度学习的内源力，一般表现为强烈的求知愿望，对未知世界的好奇心及兴趣，认真积极的学习态度等。

1. 用魔术、实验设置惊奇

问题是一把打开学生思维大门的钥匙，教师可在科学探究中采用设置悬念、制造谜团的方法来制造一些奇异现象，来抓住学生的注意力和好奇心，令他们产生探索的欲望，让科学探究变得像“寻宝”那样新奇。如在教学生认识水蒸发现象时，教师先用湿抹布在黑板上写了一个大大的“水”字，当学生看着这个“水”字慢慢消失时，“水到哪里去了”这个谜团就在学生脑子中浮现。由于这个实验是指向学生的认知规律和思维发展规律，所以为他们顺利进入科学探究奠定良好基础，学生很快就进入到“东方寻宝”式的问题探究中。

2. 用故事、谜语设置惊奇

古希腊哲学家亚里士多德提出：“思维来自惊奇和疑问，学生的思维活跃于疑问的交叉点。”学生有“惊奇和疑问”时才会去思考、探索，才能有所发现、有所创造。精彩而带有惊奇色彩的课堂引入，会集中学生的注意力，激发学生对新知识的求知欲望；反之学生注意力涣散，失去对科学的兴趣。在导入新课时，如果选用儿童喜爱的故事、猜谜等新颖方式，也能制造“惊奇”，给学生以愉快而刺激的感受。

如在教学苏教版二年级上册《天空中的星体》时，上课时教师让学生猜谜："明又明，亮又亮，一团火球挂天上""夜晚皎洁一盏灯，时而弯来时而圆""青石板上钉银钉，数来数去数不清"，学生在饶有兴趣的猜谜中，注意力一下子集中了，并通过谜面的解读，对太阳、月亮、星星的特征有了理解，从而进入到探索星体奥秘的活动中。由于"惊奇和疑问"产生，所以学生自然就进入到探究揭秘环节了。

（二）让探究过程充斥惊奇

在新课程的背景下，没有单一的方法能维持学生学习的动机，只有教学中教学方法和方式的变化，惊奇不断，才有利于各种方法和方式的优势互补、相互配合，实现课堂教学的最优化，从而提高教学活动的质量和效率。

1. 分段刺激法

小学生注意力持久性并不长，一节课的时间设计不当，可能对于他们来说过于漫长。因此教师要特别关注到这点，使用分段刺激法，科学合理地安排好课堂时间。一般来说，当一节课堂教学进行到 15～20 分钟这个时间节点时，必须对学生进行一次教学刺激。这个教学刺激应该富含深意，遵循学生的年龄特点、感性特征、能力储备以及身心发展的规律，从而使学生从始至终保持注意力。这个刺激可以是有目的的有趣教学环节，最好能给孩子们"惊奇"。如在教学苏教版一年级下册《形形色色的动物》进行到 15～20 分钟时，穿插了"猜动物"的游戏，孩子自告奋勇上台来模拟一种动物的姿态，或者模拟一种动物的叫声，也可以说出某种动物的谜语，其他小朋友根据这些特征说出动物名称，这样学生在惊奇中大脑得到休息，知识也得到巩固，为下半节课的高效学习打下了基础。

2. 多样教学法

现代教育家斯宾塞说："教育要使人愉快，要让一切的教育带来乐趣。"教育心理学指出："教学内容和方法的新颖性、多样性、趣味性，是激发儿童学习动机的重要条件。"单一的教学方式是不能激发学生的深层动机的，针对学生好动、好奇、好探究、好想象的特点，灵活选择多样化、富有趣味的教学方式，有助于唤醒、激活孩子内心深处渴望和需要，全方位激发学生深层动机。

如在教学苏教版一年级上册《做个小侦探》时，教师就用语言制造了一个神秘有趣又让人惊奇不断、惊喜不断的探究环境。课堂开始，教师先用佩服的语气对孩子说："我最喜欢侦探柯南了，他是个观察细致入微、断案如神的好侦探呢，真是让人佩服得五体投地！你们呢?"学生也都异口同声地说"喜欢!"然后教师用神秘的语气说："这个雪地上留下了很多神秘的脚印，到底发生了什么事呢？小朋友今天也来当一回侦探，好不?"这样学生就不知不觉进入神秘的寻宝环节。而在学生汇报时，教师用充满激情而富有感染力的语言告诉学生"侦探需要搜集证据!""证据需要侦探仔细观察!"等语言激起学生思维的浪花。

（三）让探究在惊奇中延伸

科学探究从来不是以铃声响起开始或结束的，深度学习中的学习者也往往愿意热切地沉迷于学习，自觉地追求课程要求以外的知识，而这一切自觉行为的背后都是基于学习者对科学学习的热爱。课堂的结课活动非常重要，它是导入新课的延续和补充。如果说导入的目的是激发学生的学习兴趣和动机，那么结束时应该让这种兴趣和动机化为对知识的理解和技能的掌握。活泼有趣的课堂结束，可以让探究无限延伸。

1. 揭秘结课法

在一节课的最后三分钟内，教师像揭开神秘舞女的面纱一样，缓缓揭示课堂开始时的惊异和困惑，从而得到一个妙趣横生的课堂结束活动。如在教学"物体的弹性"时，教师课堂开始表演了用尺子把粉笔弹上天花板的场景，在课堂结束时就问学生：通过探究，现在你们知道粉笔是受到什么力向上运动的？学生在揭秘中运用了所学知识。使用所学知识是一种令人兴奋的有效方法，当学生意识到所学知识可以变成财富时，学习将变得更有趣，原本枯燥的知识也将更深刻地存入学生们的大脑。

2. 知识应用法

对于新知识。学生是需要时间去消化的，学生只有真正在现实生活中应用知识，才能体会到学习的价值，才能衡量自己的学习效果。为此，在课堂结课时，教师可以再次设置悬疑，布置任务，激励学生去做些有趣的事情。比如在学习“压缩空气”后，除了让他们解释生活中的一些现象，让学生找找日常生活中还有哪些地方应用了压缩空气？并且要求他们应用“压缩空气的性质”制作一个空气枪玩，学生的兴趣自然延伸到实际生活情境中。

3.“惊奇”收集法

收集“惊奇”是学生很愿意做的事，在科学探究过程中经常让学生分享在探究中“让我惊奇的是……”，在课堂结束时，要鼓励孩子们去学校以外广阔世界搜集各种让他们“惊奇”的现象，并且要求学生把“惊奇”收集回来，写下来、拍下来、带回来和大家分享。科学教学中经常举办“我的惊奇”交流会，要求学生描述和展示自己看到的“惊奇”，说说自己为什么收集这个“惊奇”？然后大家一起讨论这个“惊奇”……这种做法，不但可以帮助孩子们养成观察和发现世界的好习惯，而且让他们永久地保持探究世界的强烈欲望。

让学生热爱学习是学习的终极目标。科学教学只有在深度学习的理念指引下，灵活地运用各种教学策略，才能让学生主动从课内到课外、从校内到校外，主动地沉浸到探究中，从而在探究中学会探究，在探究中学会学习，在探究中最终成长为一名终身学习者！

教学案例　浮沉子的秘密

【教学内容】 自编教学内容。

【设计说明】

本课内容是《小学科学课程标准》中物质科学领域中“生活中的力”，结合四年级上册“浮力”延伸而来。本课程以揭开沉浮子沉浮的秘密为主线，按照由浅入深的逻辑顺序，逐渐深入地引导学生探究。本课内容共安排了四部分：第一部分场景激趣引入，通过模拟器的演示和组成激发学生想动手制作的兴趣。第二部分，制作浮沉子，通过分组制作的成功经验分享，带动失败小组分析制作失误原因，小结浮沉子的制作要领。第三部分，探究秘密，沿着在制作过程中关注度最高的疑问深入探究，通过猜测、实验验证，探寻浮沉子自由沉浮的秘密。第四部分，拓展开发，根据出示的各种浮沉子图片和实物研究它们浮沉的秘密，让学生进一步掌握浮沉子的工作原理。

四年级学生已具有一定的研究能力，以沉浮子为主线，对增强学生探究物质世界奥秘的好奇心，具有积极意义。学生在探究中可以知道，通过探究发现改变物体的体积、改变水的密度，可以实现物体在水中的沉浮。在本课设计中，根据学生基础，着眼让他们通过探索，知道改变物体的重量可以实现在水中的沉浮，从而了解浮力和物体在水中的沉浮秘密，同时拓宽了潜水艇的知识，以满足了学生的探索需要，更易激发学生对科学的热爱，增强他们的探索精神。

【教学目标】

科学知识：在学会制作“浮沉子”的基础上能通过动手探索，知道“浮沉子”的工作原理。

科学探究：能够积极参与“浮沉子”的探秘，愿意与小组同学共同合作探究。

科学态度：培养细心观察，认真思考的科学态度。能激发学生课外继续探究的热情。

科学、技术、社会与环境：初步认识到“浮沉子”原理在生物和其他方面的应用。

【教学过程】

一、激趣导入

1. 展示场景演示仪，演示“浮沉子”的上浮和下潜。

提问：你知道这条“剑鱼”是什么制作而成的吗？

2. 出示“浮沉子”的组成。

它是塑料滴管和螺帽组装而成的。

3. 引导学生动手制作。

揭示“浮沉子”的概念，告知它最早是法国科学家笛卡尔的发明。提问：

你们想不想像个科学家一样动手制作一个“浮沉子”?

【评析】从颜色鲜艳的海洋场景，模拟“剑鱼”上浮和下沉入手，学生的注意力很快就被吸引到了沉浮着的“剑鱼”身上，在揭示它的组成后学生就更好奇了，一根滴管和一枚螺帽居然就能在水里自由沉浮，由此更激发学生动手制作的热情。为引导学生进入深度学习奠定基础。

二、制作“浮沉子”

1. 介绍实验器材，出示实验要求。

每个小组一个装水的矿泉水瓶，一根塑料滴管、一枚螺帽、一个烧杯。

实验要求：(1) 小组成员讨论，利用这些材料怎样制作?

(2) 小组成员分工合作，完成制作。

(3) 比一比，哪一组做得又快又好。

2. 介绍成功的经验、分析失败的原因。

实验成功的小组成员介绍制作成功的经验，或者提醒大家避免哪些可能造成实验失败的操作。实验失败的小组成员介绍失败的原因。

【评析】先由成功的小组分享成功的经验，对失败的小组能起到自我纠正的作用。尤其是那些先失败后成功的小组，他们的失败教训对其他小组能起到警示作用，同时揭示制作要领。这样的经验分享、失误自纠可以让学生掌握制作要素。让每个小组都能完成制作。

三、探究“浮沉子”的秘密

1. 提问：同学们，你们在制作和试验浮沉子的过程中有没有什么疑问?你们最想解开的疑问是什么?

从学生的各种疑问中选择关注度最高的“浮沉子为什么会上浮和下沉的?”进行探究。

2. 猜测：你们猜想浮沉子的上浮和下潜与什么有关?

根据学生的各种猜测引导学生通过观察思考发现，可能与塑料滴管内的水量有关。

3. 实验设计：提供红墨水，引导学生如何验证猜测。

根据浮沉子的制作及以上环节的猜测，让学生自主设计红墨水在验证实验中的作用，完成实验装置改造，并完成验证实验。

4. 实验发现：根据将红墨水替换滴管内的清水后，通过挤压矿泉水瓶，观察到滴管内水面上升，浮沉子下降；松开手后，滴管迅速上升，滴管内的红墨水如水柱般喷涌而出。

5. 小结：学生代表上台用滴管演示仪小结“浮沉子”上浮和下潜的秘密。

明确浮沉子上浮和下沉的秘密是滴管内水量的多少。

【评析】从制作到经验分享，学生沉浸在“玩”浮沉子的深度学习中：逐步深入的探究实验，引导学生领会探究的一般步骤；用提供红墨水自主设计实验培养了学生设计实验的能力；让学生在实验观察中，了解“浮沉子”沉浮自如的原因，在分析的思维碰撞中进一步明确“浮沉子”的工作原理。

四、拓展开发

1. 现场制作吸管式浮沉子并演示它的浮沉。

提问：观察比较吸管式浮沉子和滴管式浮沉子在结构上有哪些相同之处。

进一步明确：浮沉子的沉浮秘密。

2. 出示各种材料制作的浮沉子。

3. 提出课后要求：试试用其他材料制作浮沉子并继续研究浮沉子的秘密。查阅资料，了解潜水艇和鱼类浮沉的原因。

【评析】生活中常见的吸管和回形针能制作成“浮沉子”，让学生不禁感叹科学的伟大，通过寻找两种浮沉子结构的相同点，让学生进一步理解“浮沉子”的沉浮秘密。提出课后拓展要求，让科学课堂知识内化为学生的生活知识，能学以致用，进一步提高学生对科学的学习和探究的热情。

【教学精彩片段】

（探究“浮沉子”的秘密教学片段）

当学生猜想浮沉子的上浮和下潜可能与塑料滴管内的水量有关时——

师：如何验证你们的猜想呢？

生：挤压矿泉水瓶子，看滴管内的水会不会变多？

师：怎么看出滴管内水的变化呢？

生：像曹冲称象一样，先在滴管上标出水的位置？挤压后再看看水的位置到哪里了？

师：真聪明，是个好方法。我们来试试。

（按回答学生的做法尝试一遍，少数学生能观察到水的位置变化。）

师：能不能想出一个让大家都一目了然的方法呢。老师给你们提供一瓶红墨水，你们能想到好办法吗？

生：把滴管里的清水换成红墨水。

师：可以。观察什么样的现象验证浮沉子的沉浮和滴管内水量的多少有关？

生：观察滴管内红墨水的位置。

生：观察红墨水会不会从滴管里面出来。

师：如果能观察到红墨水从滴管里出来，说明跟水量有关系，具体现象让实验证明吧。

【片段赏析】教师在科学教学中不再是知识的传授者，而是学生科学学习中的引领者、帮助者。转变传统教学观念，用学生的疑问引发深层面的探索，充分体现学生的深度学习。让学生发挥主体作用，自己动脑解决问题，但又不是放任不管，任学生漫无边际地发挥，在学生需要时进行适当的点拨，使学生的科学学习更具实效性。

【教学评述】

让孩子爱上科学，保持对科学的学习和探究热情是科学老师的责任。让小学生参与丰富多彩的探究活动，既拓展了视野、培养学生观察、思考的能力，又让学生体会解释生活中科学奥秘的快乐。一个能“上浮下潜”的小精灵，一再激起学生的探索热情。在提出疑惑到解决疑惑中，思维和创造能力得到很好发展。从红墨水喷射而出时浮沉子迅速上浮时学生的惊叹和笃定的眼神中可以看出，学生得到的不仅是沉浸在深度学习中的快乐，还有他们通过自己努力而获得新知的满足感，这样的探索还是值得肯定的。

（顾月明）

教学案例 像火箭那样驱动小车

【教学内容】自主研发。

【设计说明】

课堂是科学教学的主阵地，科学课堂追求深度学习就是要深入科学学科本质，触及学生心灵深处、体现学习本质。在深度学习的发生过程中，教学者和学习者以高阶思维发展和实际问题解决为目标，以整合知识为内容，批判性地自主探究、实践，从而获得新知和新思，建构认知，并能迁移运用。本课根据苏教版小学科学四年级上册《各种各样的力》中“反冲力”进行自编的教学内容，单独拿出来，学生非常感兴趣。在教学时教师设计制作了多件教具、学具，旨在促进学生的深度学习。

【教学目标】

科学知识：通过多个实验探究，自主建构“反冲力”这一概念。

科学探究：组装反冲小车并探究反冲小车的运动规律，培养分析问题的能力。

科学态度：通过组装、调整、驱动反冲小车，让学生充分投入实际问题的解决过程，培养其团队合作、严谨探究、实事求是的精神品格。

科学技术社会与环境：初步了解反冲力在生活、生产、航空等方面的应用。

【教学准备】

反冲小车组建、水火箭、发射架、反冲乒乓炮、反冲水轮机、反冲蒸汽船、灭火器。

【教学过程】

一、认知冲突、思维导入

师生玩气球，引导学生深入思考。

师：今天老师给大家带来了一个气球（出示长条气球），大家玩过吗？

生：玩过（异口同声）。

师：怎么玩?

生：吹、拍!

师：你能让气球飞起来吗？给大家演示一下。

（学生演示，吹大气球后放手，气球飞了起来。）

生：学生吹气球吹不起来。

师：同学们力气太小了，老师来玩一玩。

（拿出打气筒，演示打气，然后悄悄打个结，继续放飞。）

生：气球怎么飞不起来了呢?

生：老师的气球打了个结，所以飞不起来。

师：为什么没有打结的气球能飞起来呢?

生：……

【评析】为了制造冲突，在学生玩气球之后，教师再来玩气球，学生满怀期待，遗憾的是放手之后，气球并没有飞起来，因为提前将气球的喷嘴打了个节。这样有了对比，有了冲突，便引发了学生的主动质疑与对气球飞行本质有了深入的思考和探究欲望。

二、基于事实，自构概念

师：气球能够飞起来，说明气球受到了一个力的推动。静止的气球突然向上或者向前运动，说明这个力的方向是怎样的?

生：向上、向前!

师：这个力是由什么产生的呢?

生：气球里的气体喷出来的。

师：喷气的方向呢?

生：向下、向后!

师：我们发现气球受到的力的方向和喷气的方向是?

生：相反!

师：这个力我们把它叫做反冲力。那现在谁能概括一下什么叫反冲力?

生：气球里的气体喷出来时产生一个与喷气方向相反的力，叫反冲力。

师：生活中，我们还有什么事依靠反冲力运动的？

生：喷气式飞机、火箭……

师：说到火箭，今天老师就给大家带来了一个火箭模型，请大家欣赏。

在2016年10月11日，我国发射了神舟11号载人航天飞船，我们通过视频来回顾一下发射时的震撼场面（播放视频）。请同学们分析一下，火箭升空的原理。

生：火箭向下喷出高温、高压的气体，产生反冲力，使火箭升空。

师：说得很好！今天老师带来了一套小玩具，出示小车，大家能不能像火箭那样驱动我们的小车呢？这节课我们就一起来研究《像火箭那样驱动小车》。（揭示课题）

【评析】学生在平时生活中有着丰富的玩气球经验，在学生玩气球之后，教师直接抛出反冲力的概念，让学生去理解，这样会使他们对概念的由来及内涵本质体会不深刻。这里，学生在教师玩气球的基础上进行有效的提问和引导，帮助他们自主构建“反冲力”这一概念。接下来，教师启发学生联系生活，举出实例或者应用迁移，强化他们对概念的理解和内化。

三、真情实境，主动探究

师：我们怎样才能像火箭那样驱动小车呢？

师：出示材料包里的组件。

生：举手交流怎么拼装小车组件。

师：请同学们小组合作组装喷气式小车。

（将气球安装在小车上，需要一个固定装置——喷气嘴，预先帮学生将气球用扎带箍紧在气嘴上，以免学生力度不够而漏气。一个小组安排一辆小车，大家都想尝试操作，涉及用嘴对着喷嘴吹气，每人发放一段一次性吸管，稍微一用力就可以套在喷嘴上，卫生，便捷。）

生：展示做好的小车，先将气球箍紧在喷嘴上，固定在小车上，在喷嘴上套上一次性吸管，吹鼓气球。在小车放手前，先把喷嘴堵上，避免漏气。

师：请同学们驱动小车，每个人发放一个吹起管，避免重复使用。

师：比一比谁的小车开得远，请出选手来比赛。

（和学生适当交流并讲解小车开得远近和哪些因素有关，因为时间原因所以暂不深入。）

【评析】深度教学要求学生灵活运用知识与技能到具体的情境中解决实际问题，为创设深度教学课堂环境，教师要根据教学目标，为学生准备好学具，让学生充分投入到实际问题解决过程中。本课的实际问题就是组装反冲小车并探究其运动规律。小车看似简单，但实际操作过程中，要指导学生观察喷嘴构造，联想喷嘴的使用方法，分析问题的能力从而得到了培养。小组合作拼装，个体实践操作，这个过程中又引发了学生的思考：我怎样能把小车开得远？

四、应用迁移，强化建构

师：刚才我们观察的气球、火箭、汽车都是喷的什么物质产生的反冲力啊？

生：气体。

师：那么还可通过喷发什么物质产生反冲力呢？

生：水。

师：说得非常好。下面老师就来做一个喷水反冲实验。出示实验器材并演示。

（器材主体是一个纯净水瓶，在下段边缘处等距钻三个小孔，将带弯头的三根吸管长的一端分别插入水瓶一截，为防漏水，用玻璃胶在每根吸管的抽口处打上一圈，然后将短的一段弯向同一个方向。瓶盖处钻孔，固定一根细绳，打上玻璃胶以防漏气，再在瓶盖下方的瓶身上钻小孔，用透明胶将小孔封住。瓶子灌大半瓶水，绳子悬挂固定，撕开透明胶，三根吸管朝一个方向喷出水柱，瓶子反方向转动。）

师：大家观察到这个实验装置由哪些材料构成？

生：一个饮料瓶，一根吸管，一根线，水。

师：吸管里喷出的是什么（水蒸汽）？瓶子怎么会转动的？

生：瓶中的水从下面吸管喷出来，产生一个反冲力，让瓶子反方向旋转起来。

师：非常好！同学们知道水加热能成为什么？

生：水蒸汽。

师：利用水加热产生水蒸汽，从而产生反冲力，可以吗？

生：可以！

（播放教师自制教具蒸汽轮船开动视频，让学生感知蒸汽轮船工作原理。取泡沫板用小锯条锯出小船形状，在船上架高固定一支玻璃试管，灌入自来水，管口紧紧塞入用脱脂棉球包裹的弯头吸管，试管另一端下部放置一个金属小盒，存放加热试管用的酒精，将小船放入水中，点燃酒精加热试管，试管水受热中产生的水蒸汽沿着吸管喷入水中，小船反方向运动。）

师：注意观察喷嘴里喷出的是什么？

生：气体、水蒸汽。

师：同学们刚才动手制作、驱动了反冲小车，观看了老师演示的水轮机，蒸汽轮船开动视频，知道了喷出气体、液体可以产生反冲力。老师今天还带

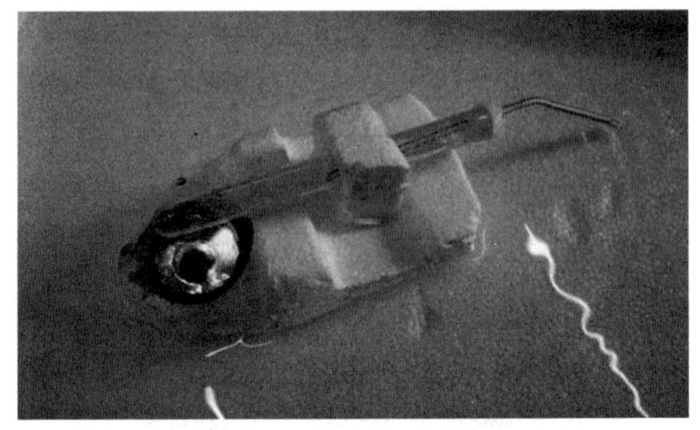

来了一个有趣的实验装置，可以让液体和气体混合喷出，产生一定的反冲力，想不想看啊！

生：想！

师：出示水火箭装置，近距离让学生观察水火箭构造，现场往水火箭里加入自来水。

生：观看水火箭发射视频。

师：火箭尾部喷出了什么？效果如何？火箭怎么会发射出去的？

生：气筒打进的空气混合着水产生的反冲力，威力巨大，把水火箭推向了几十米高空。

（若时间允许，带领学生到室外操场发射水火箭，为了节省时间，提前准备组装好的水火箭，请一个力气大一点的男生往水火箭里打气发射水火箭，教师简单讲解压缩空气知识，其他同学围观加油，场面热烈，效果很好，把整节课推向了高潮。）

师：刚刚同学们见识了水和空气产生的反冲力威力巨大（边说边取下实验室墙上挂的灭火器）。

生：这不是灭火器吗？

师：灭火器也能产生巨大的反冲力，播放灭火器驱动小车的视频。

生：（发出阵阵惊叹。）

师：（适时提问）小车靠什么驱动的？

生：灭火器喷出的白色粉末产生的反冲力？

师：光有白色粉末就能产生反冲力？

生：还有压缩空气的作用。

师：非常好！

【评析】教师在制作反冲小车的基础上，引导学生层层深入思考，从而构建反冲力概念。探究并没有结束，在学生兴趣正浓时由空气迁移到液体（水），再由液态水迁移到气态水蒸汽，再通过水火箭发射，灭火器驱动小车，迁移到气、水混合，气、粉混合也能产生反冲力，此刻学生的欢呼和惊叹将课堂推向了高潮，深度学习就发生了。

（朱科宏）

教学案例　轮子的故事

【教学内容】

苏教版小学科学一年级上册第四单元《用双手创造》第三课《轮子的故事》。

【设计说明】

《轮子的故事》一课是苏教版小学科学一年级上册第四单元的第三课。本单元从科学与技术、与生活、与社会的关系角度来认识科学，从最基础的人造物与自然物、人造世界与人工世界区分，到了解衣食住行等各种物品的演化过程，再到阅读“轮子的故事”，让学生初步感知科学技术是在不断发展的。本课选择一项具体的技术发明——轮子，让学生了解轮子是怎么一步步发展而来的，而用我们的双手也可以做成一辆小车，并且把习得的知识运用到动手制作活动中。通过阅读和安装轮子的活动，体会轮子的省力作用，认识到科技产品在不断地改进和发展。

一年级小学生对轮子不陌生，每天都能见到汽车、生活用品上的轮子。但他们对轮子的作用、发展史就相对模糊了。本课在观察、分析、动手操作过程中，让其体验轮子的创造发明历程，认识轮子发展大致过程，体会轮子的作用。

【教学目标】

科学知识：阅读轮子的发展历史，了解轮子在发展过程中的关键变化。

科学探究：通过推重物的对比活动，体会轮子的省力作用；通过给小车安装轮子和吸管轴套，发现轴套的作用。

科学态度：体会动手解决问题带来的乐趣，能在好奇心的驱使下，对常见的轮子外在特征、自然现象表现出探究兴趣。

科学、技术、社会与环境：认识到科技产品的不断改进对社会的作用。

【教学过程】

一、真实经历，体验轮子的作用

1. 情境导入：小朋友们，老师给大家带来一箱礼物，哪位小朋友能帮老师把这箱书推到讲台前面来？学生尝试。

师：看来啊这箱书实在是太重了，那请小朋友们想想看有没有什么好办法，可以让一个小朋友就能很轻松地把这箱书推到讲台前面来呢？

（两个学生演示利用塑料管推动箱子。）

汇报交流：两次推箱子的感受有什么不同。

2. 学生分组体验轮子的作用。

师：其他小朋友想不想也来体验一下？

边讲边演示：我们先用一根手指通过橡皮筋拉动盒子，感受一下需要多少力气，并观察橡皮筋的变化。然后再把吸管放到盒子下面，用同一根手指通过橡皮筋再拉一拉盒子，感受一下需要多少力气，比一比两次感受有什么不同，橡皮筋的变化有什么不同。

3. 学生分组活动：利用盒子、吸管感受滚木的作用。

汇报：请小朋友们说一说两次拉动盒子的感受，橡皮筋的变化有什么不同。

4. 小结：看来，这些圆圆的滚木确实帮我们省了很多力气，你们看，聪明的古人就曾用这样的方法搬运重物。（PPT 出示古人利用滚木搬运重物的

图片）

5. 思考：刚才我们利用滚木拉动重物时，有什么不方便的地方？学生讨论。

师：滚木的使用让搬运重物轻松了许多，但是使用起来不是很方便，需要不停移动滚木，那你有什么好办法吗？那我们一起去看看古人是怎么做的？PPT 出示木轮。

【评析】学生通过推重物活动来真实体会轮子的省力作用，引发学生研究轮子的兴趣。把学生实验中推改为拉，让学生通过橡皮筋拉动重物，这样学生不仅可以明显感受到在桌面拉动重物和在圆柱形物体上拉动重物所用的力量不同，还可以根据橡皮筋拉伸的长度来判断轮子是不是省力。

二、师生互动，讲述轮子的历史

1. 观看视频：轮子的历史。

2. 学生活动：先给图片排序，再在小组内讲一讲轮子的发展经过。

3. 学生展示排序结果，并上台讲一讲轮子的故事。

4. 小结：轮子在漫长的岁月中不断地改进，变得越来越快，越来越坚固，也越来越平稳了。

5. 生活中的轮子。

师：小朋友，你在生活中哪些地方见过轮子啊？学生汇报。

小结：小朋友们找了这么多轮子啊，看来轮子在生活中无处不在，下面我们一起来看一些例子。课件：轮子应用。

6. 欣赏新型轮子。

师：同学们，现在人们仍在不停地研究制造更好的轮子，我们来欣赏一些新型轮子。出示新型轮子：无充气轮子，可折叠轮子，会发光的轮子。

7. 唱一唱，夸一夸轮子。

师：小朋友们认识了这么多神奇的轮子，让我们一起唱首歌《小小轮子》，夸一夸轮子吧！

【评析】通过科技史的学习，体会科学技术在不断地发展。先通过一段视频介绍轮子的发展历史，再让学生在小组内利用图片给轮子发展的不同阶段排序，然后对照图片讲一讲轮子发展的过程，这样设计降低了学生讲故事的难度，又可以让每个学生得到锻炼的机会。最后再让学生展示排序结果，在讲台上讲一讲轮子的故事，并完成板书。唱一唱环节不仅是对轮子在生活中应用的小结，同时也活跃了课堂的气氛，让孩子们在紧张的课堂学习中稍作放松。

三、亲手实践，感受轮子的作用

1. 认识材料，交流制作方法。

师：动手之前先动脑，怎样才能把轮子安装到车身上面去呢？

学生交流，小结制作方法：

方法一：给盒子戳 4 个洞，车轴穿过小洞，装上轮子。

方法二：将吸管粘在盒子底部，把轴穿过吸管，再装上轮子，吸管相当于轴套。

2. 学生活动。

两人一组选择一种方法制作小车。

3. 分享、展示、交流。从以下几方面交流：轮子是不是很对称？位置是不是很恰当？轮子是不是能够很快地转动？滚动过程当中能不能保持方向的稳定？

【评析】动手实践，给小车安装轮子，是要让学生经历一次制作活动，尤其是学生将小车制作完成之后进行的分享交流，比如“轮子是不是很对称”“位置是不是很恰当”“轮子是不是能够很快地转动”“滚动过程当中能不能保持方向的稳定”。通过这一系列活动让学生明白科技产品就是在不断尝试、不断改进中逐步完善的。

四、总结拓展

小结：小朋友们，今天我们学习了有关轮子的故事，好玩吗？轮子的发展经历了哪些阶段呢？

拓展延伸：小朋友们，其实人们仍然在不断改进着轮子，请小朋友想一想还能给那些物体装上轮子，课后把你设计的轮子画下来。

【设计意图】拓展延伸，将课堂延伸到课外，培养学生的创新能力及长时间对同一事物保持兴趣并持续研究的专注力。

【教学精彩片段】

（师生互动，讲述轮子的发展史）

师：今天老师就带领大家一起走进轮子的故事。（黑板板书轮子的故事）

轮子发展到今天这个样子，中间经历了什么样的过程呢，今天让我们通过一段视频了解轮子的历史。（播放视频）

师：听完了轮子的故事，小朋友们能不能按照轮子出现的先后排排序，把优点多的排在后面，优点少的排在前面，请小组长拿出我们的卡片各组进行排序并在小组内讲一讲轮子的故事，开始！

学生开始活动，教师巡视指导。

师：停，请把卡片收进抽屉里面，我们邀请一个组的小朋友来讲述轮子的故事，我把大卡片发给他们让他们给轮子排排序。

生：组员分别讲述每个时期轮子的故事，讲述完成后按照顺序将卡片贴到黑板上。

【片段赏析】让孩子们通过科技史的学习，体会科学技术在不断地发展。先通过一段视频介绍轮子的发展历史，再让学生在小组内利用图片给轮子的发展的不同阶段排序，然后对照图片讲一讲轮子发展的过程，这样设计降低了学生讲故事的难度，又可以让每个学生得到锻炼的机会。最后再让学生展示排序结果，在讲台上讲一讲轮子的故事，并完成板书。这样做可以让每个孩子深入体会轮子的改进，体会到科学技术在不断地发展，还能训练孩子们在团队中的语言表达能力。

【教学评述】

低年级的科学课堂是有问题的课堂，从体验轮子的作用入手，带着疑惑、产生兴趣展开对轮子的探究。在实验中真实体会轮子带来的便利，由兴趣引导思考和实践，是低年级学生学习科学的一个切入口，也是带领低年级学生走进和热爱科学的着手点。本课还应用了歌曲，识别轮子的发展史故事等多种手段来融合科学教育，让低年级的科学课活泼起来，学生喜欢了，才是科学最美好的开始。

（缪毅）

教学案例　推和拉

【教学内容】苏教版小学科学二年级上册第三单元第一课。

【设计说明】

本课是小学阶段关于“力”的内容的第一课。对于二年级儿童来说，因为力看不见摸不着，而嬉戏是儿童的天性，所以本课将知识点与游戏进行有效整合，强调让学生在探索、体验和发现中学习科学。游戏只是形式，教学的目的是让学生在愉悦的氛围中体验和观察力，逐步引领学生用“力的大小、力的方向、拉力、推力”等科学语言来描述他们的发现。同时，课堂中给予学生充分展示自我的机会，培养学生的探究意识和学习意识，全面提高学生的科学素养。

【教学目标】

科学知识：知道推力和拉力有大小和方向。

科学探究：能在参与各类游戏活动中掌握探究方法，并通过互动交流对力达成共识。

科学态度：对生活中有关力的科学现象产生探究兴趣。

科学、技术、社会与环境：了解力在日常生活中的应用。

【教学过程】

一、创设情境，导入新课

1. 提问：（出示视频）孩子们，瞧，视频里的人在做什么动作？

2. 学生回答。

3. 小结：我们在超市购物的时候，常常会推购物车、拉购物篮，今天的这节课我们就来探究推和拉的秘密。（出示课题）

【评析】购物视频导入新课快能够营造一种愉快轻松的学习氛围，诱发学生学习动机，激发学生学习兴趣，同时又聚焦本课要探究的对象——推和拉的秘密。

二、区分推和拉

1. 交流：生活中你们在哪些地方需要用到“推”的方法？哪些地方又需要用到“拉”的方法？

2. 小结：看来小朋友们在生活中有很多推和拉的经验，今天也给大家带来了一些图片。

3. （出示“马拉车”图片）提问：这幅图表示的是哪一个动作，推还是拉？

4.（出示其余四张图：屎壳郎推粪球、推土机推土、小朋友拉拉杆书包、拉网捕鱼）布置任务：在小组里，和同伴们说一说，下面的这些图又表示了哪一个动作，推还是拉？

5. 交流讨论。

6. 小结：推和拉是我们生活中经常要用到的两种动作。

【评析】以动物、机器、人为例，调动学生生活经验，鼓励学生用自己的语言描述推的动作和拉的动作，让学生在课堂讨论交流中实现思维的碰撞，提升科学素养。

三、体验推和拉，认识推力和拉力有大小

1. 谈话：孩子们，你们想不想体验一下推和拉？看，这是什么？（出示拉力器、注射器）想不想玩一玩它？怎么玩？

2. 布置任务：拉一拉拉力器，推一推注射器，一会儿告诉老师，在这个过程中，你的感受。

3. 学生体验活动。

4. 交流汇报：说一说你们的感受。用力怎么样？不用力又会怎样？

5. 小结：要用力，才能拉动拉力器、推动注射器。

【评析】有趣的拉动拉力器、推动注射器活动，让学生积极主动地参与到课堂教学中，学生在交流感受过程中发现力的存在。

6. 提问：能不能给这两个力取个名字？（板书：推力、拉力）

过渡：小朋友们，既然你们已经知道了推和拉会产生两个基本的力——推力和拉力。那我们接下来就进行一个拉力、推力大比拼，来找一找拉力和推力有什么特点？

7. 谈话：我们请出几位小朋友，到讲台前来参加“拉力大比拼”，其他小朋友要认真观察拉力器的变化哦。

8. 交流：你观察到了什么？你是怎么判断出他的拉力比较大？拉得长、拉得持久说明了什么？拉得短，说明了什么？拉力有没有大小？

9. 谈话：推力有没有大小呢？再请几位小朋友，参加“推力大比拼”。

10. 交流：（放在投影仪下）看看他们的注射器，你看到了什么？你是怎么判断出他的推力更大？

推出更多的黏土说明了什么？说明他的推力有什么特点呢？

11. 小结：我们可以通过观察用力后物体的变化，来判断力的大小。拉力有大小，推力也有大小。（板书：大小）

【评析】在“拉力大比拼”环节中，学生观察拉力器的长短不同，初步意识到拉力有大有小。故而，引发学生对推力是否有大小的思考？在“推力大比拼”中，学生验证了推力也有大小。

四、认识推力和拉力有方向

1.（出示图片：拔河比赛）提问：

（1）图中表示的是拉力还是推力？

（2）请你在大屏幕上用箭头画出拉力的方向。

（3）谁的拉力更大？说一说你判断的依据。

2. 小结：拉力是有方向的。（板书：方向）

3.（出示图片：爸爸和儿子在同侧推箱子）提问：（1）谁在用力推箱子？（2）请你上台来将用力的方向在大屏幕上用箭头表示出来。（3）箱子往哪移？

4.（出示图片：爸爸和儿子在不同侧推箱子）提问：（1）请你上台来将推力的方向在大屏幕上用箭头表示出来。（2）箱子往哪移？（3）你为什么这样认为？

5. 学生讨论活动。

6. 小结：推力是有方向的。

【评析】教学中设置拔河比赛、推箱子游戏，引导学生思考探究力的大小和方向的关系，丰富了学生学习过程，更有助于提高学生自主学习能力和自主探究能力。

五、拓展延伸

谈话：通过今天的学习，我们认识到了生活中常见的两种力，分别是推力和拉力（指着板书），还知道了力有两个特点，力不仅有……还有……孩子们，下课后，带着今天学过的知识去找找生活中各种各样的拉力和推力吧！

【评析】帮助学生巩固复习这节课学到的内容，最后激发学生探究生活中有关力的科学现象的兴趣。

【教学精彩片段】

师：老师今天给同学们带来了这两样东西。左边是一个拉力器，右边是一支没有针头的注射器，我在注射器里面加了一些超轻黏土。

师：那么，待会儿我们要怎样玩它们呢？知道怎么玩吗？

师：左边的拉力器我们可以一个人拉，也可以小组合作来拉它。因为材料有限，我们每组抽屉里只有两个拉力器，但是右边的注射器，每个小朋友都能拿到一个，每个人都能体验一下推的感觉。接下来，我们看一下活动小要求，我们不是光玩就可以的，大家等会儿要说一说，在推和拉的过程中，你的感受是什么？我给同学们 3 分钟时间，好，活动开始。

生：（学生体验活动。）

师：好，时间到。现在请各组小组长把材料收到抽屉里，哪一组最快安静下来，我们要表扬。表扬第×组、第×组。现在你能告诉老师，在刚刚的体验活动中，你有什么感受吗？你来说。

生 1：要身子往后仰。

师：还有谁来说一说，怎样才能拉动拉力器呢？

生 2：推和拉都需要用力。

师：还有谁来说？

生 3：推黏土的时候一定要非常用力，如果不用力，黏土就推不出来了。

师：要非常用力。老师要表扬这一组，因为这位同学表述得非常清晰。

还有没有？你来说。

生4：拉的时候也要用力，但在拉的时候力就稍微少一些，因为黏土很黏，所以有点推不出来。

师：观察得非常仔细，你分析得也很有道理。其他小朋友，你们发现了吗，这四位同学在说他们感受的时候，有一个共同的特点，都说到了一个什么词？

生：力。

师：要用到什么呢？

生：力。

【片段评析】本片段是一个游戏式探究活动。在探究活动开始前，老师提出简洁明了的问题：在推注射器、拉拉力器时，你有什么感受？明确的活动目标，不仅促使学生高效地完成探究过程，而且培养了学生积极、认真、专注的科学探究态度。活动后，老师鼓励学生交流感受，学生在思维碰撞中发现共同之处——力的存在。原来，看不见摸不着的力，在老师层层引导下，逐渐“有形化”。有趣的体验活动营造了轻松愉悦的课堂氛围，加上有序的课堂组织，使学生不仅获取新知识，体会到探究的乐趣，更获得思维的发展、个性化的发展。

（曹铮）

参考文献

[1] 中华人民共和国教育部. 义务教育小学科学课程标准 [M]. 北京: 北京师范大学出版社, 2017.

[2] 刘恩山. 义务教育小学科学课程标准解读 [M]. 北京: 高等教育出版社, 2017.

[3] 詹森, LeAnnNickelsen. 深度学习的 7 种有力策略 [M]. 温暖, 译. 上海: 华东师范大学出版社, 2010.

[4] 兰本达, P. E. 布莱克伍德, P. F. 布兰德韦恩. 小学科学教育的"探究-研讨"教学法 [M]. 陈德璋, 张泰金, 译. 北京: 人民教育出版社, 1983.

[5] 菲尔·比德尔. 完美结束一堂课的 35 个好创意: 让最后 10 分钟有趣且富有成效 [M]. 杨颖玥, 张尧然, 译. 北京: 中国青年出版社, 2014.

[6] 刘月霞, 郭华. 深度学习: 走向核心素养 [M]. 北京: 教育科学出版社, 2019.

[7] 胡庆芳, 孙祺斌, 李爱军, 等. 有效课堂提问的 22 条策略 [M]. 上海: 华东师范大学出版社, 2015.

[8] 丁邦平, 赵亚夫. 小学科学有效教学模式 [M]. 北京: 北京师范大学出版社, 2014.

[9] D. A. 库伯. 体验学习: 让体验成为学习和发展的源泉 [M]. 王灿明, 朱水萍, 等译. 上海: 华东师范大学出版社, 2008.

[10] 钟启泉. 课堂转型: 静悄悄的革命 [J]. 上海教育科研, 2009, 000

(003)：4-6，57.

[11] 余文森. 核心素养导向的课堂教学 [J]. 教学月刊·中学版（政治教学），2018，(6)：63-64.

[12] 陈静静，谈杨. 课堂的困境与变革：从浅表学习到深度学习——基于对中小学生真实学习历程的长期考察 [J]. 教育发展研究，2018，38(Z2)：96-102.

[13] 郭华. 深度学习的关键是真正落实学生的主体地位 [J]. 人民教育，2019，(013)：55-58.

[14] 李沁. 促进深度学习的课堂教学三策略 [J]. 中国教育学刊，2019，(04)：105.

[15] 李松林，贺慧，张燕. 深度学习究竟是什么样的学习 [J]. 教育科学研究，2018 (10)：54-58.

[16] 安富海. 促进深度学习的课堂教学策略研究 [J]. 课程·教材·教法，2014，34 (11)：57-62.

[17] 郭华. 深度学习及其意义 [J]. 课程. 教材. 教法，2016 (11)：25-32.

[18] 康淑敏. 基于学科素养培育的深度学习研究 [J]. 教育研究，2016，37 (7)：111-118.